우아한 타입스크립트
with 리액트

지은이 우아한형제들 웹프론트개발그룹 woowa-typescript@googlegroups.com

우아한형제들의 프론트엔드 개발자가 속한 그룹이다. 그 외 서버개발그룹, 모바일앱개발그룹이 있다. 우아한형제들의 개발자들은 지속적으로 좋은 제도와 문화를 만들어가며 성장하기 위해 노력하고 있다.

우아한 타입스크립트 with 리액트

배달의민족 개발 사례로 살펴보는 우아한형제들의 타입스크립트와 리액트 활용법

초판 1쇄 발행 2023년 10월 31일
초판 3쇄 발행 2024년 10월 4일

지은이 우아한형제들 웹프론트개발그룹 / **감수** 김민태 / **펴낸이** 전태호
펴낸곳 한빛미디어(주) / **주소** 서울시 서대문구 연희로2길 62 한빛미디어(주) IT출판2부
전화 02-325-5544 / **팩스** 02-336-7124
등록 1999년 6월 24일 제25100-2017-000058호 / **ISBN** 979-11-6921-156-7   93000

총괄 송경석 / **책임편집** 홍성신 / **기획·편집** 김대현
디자인 표지 우아한형제들 디자인팀 내지 박정화 / **전산편집** 다인
영업 김형진, 장경환, 조유미 / **마케팅** 박상용, 한종진, 이행은, 김선아, 고광일, 성화정, 김한솔 / **제작** 박성우, 김정우

이 책에 대한 의견이나 오탈자 및 잘못된 내용은 출판사 홈페이지나 아래 이메일로 알려주십시오.
파본은 구매처에서 교환하실 수 있습니다. 책값은 뒤표지에 표시되어 있습니다.
한빛미디어 홈페이지 www.hanbit.co.kr / 이메일 ask@hanbit.co.kr

지금 하지 않으면 할 수 없는 일이 있습니다.
책으로 펴내고 싶은 아이디어나 원고를 메일(writer@hanbit.co.kr)로 보내주세요.
한빛미디어(주)는 여러분의 소중한 경험과 지식을 기다리고 있습니다.

16

17

18

19

20

21

22

우아한
=(타입:
스크립트
)=>{(()
};

우아한형제들
웹프론트개발그룹 지음

김민태 감수

우아한테크　한빛미디어
Hanbit Media, Inc.

감수자의 말

개발자로서의 여정은 성장을 향한 지속적인 탐구와 노력의 연속이다. 특히 주니어 개발자들은 더 큰 욕망과 열정으로 성장을 향해 나아간다. 이 책은 우아한형제들의 주니어 개발자들에게 제시된 "어떻게 성장할 수 있을까?"라는 질문에 대한 대답 중 하나이다.

현재 국내 개발 업계는 신입 개발자에게 가혹해보일 정도로 다양한 기술 학습 경험을 요구한다. 치열한 취업 환경에서 살아남기 위해 필요한 기술을 습득하려면 무척 힘들고 험난한 과정을 거쳐야 할 뿐만 아니라 능숙하게 활용하는 데까지 많은 시간이 소요된다.

대부분의 개발자는 효율이라는 이름 아래 많은 부분을 건너뛰고 기술을 학습한다. 하지만 개발자로서 한 단계 더 성장하기 위해서는 어떤 기술의 개념과 구조에 대해 깊이 고민하고 집중해야 한다. 이런 과정은 성장과 발전을 위한 필수적인 토대가 된다. 다시 말해 스텝업을 하기 위해서는 단순히 기술 습득에 그치지 않고 기술에 대한 탐구와 성찰의 과정이 필요하다. 당연히 많은 시간과 노력이 든다.

비록 이 책의 저자들은 시니어 개발자가 아닌 주니어 개발자들이지만 2년여 동안 타입스크립트에 대해 끊임없이 고민하고 탐구하며 이 책을 집필했다. 따라서 같은 입장인 주니어 개발자가 이 책의 내용에 대해 좀 더 공감하면서 실무적인 예시를 통해 유용한 인사이트를 얻을 수 있을 것이다. 이 책이 기술을 더 깊이 탐구하고 성장의 길을 열어보는 데 도움이 되길 바라며, 개발자로서의 여정을 풍요롭게 만들어주길 희망한다.

우아한형제들 기술이사 **김민태**

감사의 말

이 책을 완성하기까지 수많은 구성원의 도움을 받았다. 도움 주신 모든 분께 감사 인사를 전한다. 먼저 책을 집필하는 데 많은 관심과 세심한 조언을 해주신 김민태 님, 표지를 섬세하게 만들어준 디자인파트의 정명문 님, 출판사와 지속적인 소통을 통해 많은 내용을 정리하고 전달해준 DR팀 구은희 님, 집필 과정에서 여러 부분을 세심하게 검토해준 법무팀 관계자, 이 책을 출판할 수 있게 도와준 한빛미디어 관계자, 다양한 피드백을 해주었던 시니어 개발자들에게 감사의 마음을 전한다.

이렇게 많은 분의 도움으로 이 책이 탄생할 수 있었다. 다시 한번 여러 구성원의 도움과 지지에 감사드린다.

우아한형제들 웹프론트개발그룹 저자 일동

이 책에 대하여

타입스크립트를 왜 배워야 할까?

타입스크립트를 배워야 하는 이유는 다양하다.

- 오류 예방: 컴파일 단계에서 타입을 검사하기 때문에 실행 단계에서 발생할 수 있는 오류를 사전에 발견하고 수정할 수 있다.
- 코드 가독성과 유지보수성 향상: 타입을 명시적으로 지정함으로써 코드의 의미를 명확하게 표현할 수 있고, 코드의 재사용성과 유지보수성을 높일 수 있다.
- 협업 효율성 향상: 타입을 통해 코드의 의도를 명확하게 전달할 수 있기 때문에 협업 효율성을 높일 수 있다.
- 자바스크립트와 호환: 타입스크립트는 자바스크립트와 100% 호환되기 때문에 자바스크립트가 사용되는 어떤 곳이든 타입스크립트를 사용할 수 있다.

이러한 특징으로 인해 많은 개발 조직이 타입스크립트를 사용하고 있으며, 개발자로서 더 나은 역량을 갖추기 위한 스킬 중 하나로 여겨지기 때문에 프론트엔드 개발자라면 익혀두는 게 좋다.

이 책의 대상 독자

타입스크립트나 자바스크립트를 접해본 적이 있지만 타입스크립트를 기초부터 깊이 있게 배우고 싶은 프론트엔드 주니어 개발자를 대상으로 한다. 이 책은 타입스크립트의 기본 개념과 특징을 알려주고, 우아한형제들의 사용 예시를 기반으로 실무에서 타입스크립트와 리액트를 어떻게 활용하는지를 설명한다.

이 책을 읽기 전에 알아야 할 지식

HTML, CSS, 자바스크립트 기초를 배운 경험이 있다면 수월하게 이 책을 읽을 수 있다. 또한 리액트에서의 타입스크립트 활용법을 다루고 있기 때문에 리액트 기본 지식도 알고 있어야 한다.

이 책의 구성

1장 들어가며

자바스크립트의 역사와 한계를 간단히 알아보면서 타입스크립트가 등장하게 된 배경을 살펴본다.

2장 타입

정적 타이핑을 하기 위해 타입스크립트가 제공하는 타입과 관련된 내용을 살펴본다. 타입이란 무엇이며 다른 언어에서 타입은 어떻게 동작하는지를 살펴보고, 타입스크립트의 타입을 어떻게 쓸 수 있는지 알아본다.

3장 고급 타입

자바스크립트 자료형에 없는 타입스크립트만의 타입 시스템을 소개한다. 그리고 타입의 개념을 응용하여 좀 더 심화한 타입 검사를 수행하는 데 필요한 지식을 살펴본다.

4장 타입 확장하기·좁히기

타입 확장과 타입 좁히기의 개념을 살펴보며 더욱 확장성 있고 명시적인 코드 작성법에 대해 알아본다.

5장 타입 활용하기

우아한형제들의 타입스크립트 활용 사례를 소개한다. 우아한형제들의 실무 코드 예시를 살펴보면서 정확한 타이핑을 하지 못해 발생하는 문제를 타입스크립트의 다양한 기법과 유틸리티 타입을 활용해 해결해본다.

6장 타입스크립트 컴파일

타입스크립트가 실행되는 전반적인 흐름을 살펴보고, 타입스크립트 컴파일러의 주요 역할과 구조에 대해 알아본다. 그리고 실제로 어떻게 컴파일하는지를 확인해본다.

7장 비동기 호출

API를 요청하고 응답받는 행위는 모두 비동기로 이루어진다. 7장은 타입스크립트에서 비동기 요청을 어떻게 처리하고 관리하는지를 다룬다.

8장 JSX에서 TSX로

리액트에서 사용하는 JSX 문법을 타입스크립트에 어떻게 적용하는지를 소개한다.

9장 훅

리액트에서 제공하는 몇 가지 훅을 사용하여 상태 또는 사이드 이펙트를 다루는 방법을 소개한다. 또한 상태 로직을 재사용할 수 있게 해주고, 컴포넌트의 복잡성을 낮춰주는 커스텀 훅에 대해 알아본다.

10장 상태 관리

리액트 애플리케이션에서 가장 중요한 역할을 하는 상태에 대해 알아본다. 기본적인 상태의 개념을 익히고 어떻게 효율적으로 상태를 관리할 수 있는지를 살펴본다.

11장 CSS-in-JS

CSS-in-JS는 자바스크립트에서 CSS를 작성하는 방식이다. CSS-in-JS를 적용하면 CSS 스타일을 문서 레벨이 아니라 컴포넌트 레벨로 추상화해주기 때문에 관리가 용이해진다. 11장에서는 CSS-in-JS의 개념과 사용법에 관해 알아본다.

12장 타입스크립트 프로젝트 관리

타입스크립트 프로젝트에서 유용하게 활용할 수 있는 개념과 팁을 소개한다.

13장 타입스크립트와 객체 지향

이 장에서는 타입스크립트와 리액트 환경에서 객체 지향을 어떻게 활용하고 더 나은 방향으로 발전시킬 수 있는지 알아본다.

개발 환경

이 책은 다음과 같은 환경 기반으로 설명하고 있다.

- 운영체제: macOS
- 타입스크립트 5.1
- 리액트 17 이상

타입스크립트 버전을 5.1로 명시해두었으나 예시 코드마다 버전이 조금씩 다를 수 있다. 리액트는 대부분 17 이상 버전을 기준으로 설명하고 있으나, 일부 코드는 16 버전 기준으로 작성되었다.

정오표와 피드백

편집 과정에서 오탈자를 확인하는 절차를 거쳤음에도 미처 발견하지 못한 오탈자나 내용에 대한 오류는 출판사 도서 정보 페이지에 등록하기를 바란다. 이 책에서 사용하는 예시 코드는 아래 깃허브 링크에서 확인할 수 있으며 책과 관련한 궁금한 점은 대표 이메일에 문의하면 된다.

- 예시 코드: https://github.com/woowa-typescript
- Q&A: woowa-typescript@googlegroups.com

목차

**2장
타입**

**3장
고급 타입**

**6장
타입스크립트
컴파일**

**7장
비동기 호출**

```
1   (1장) =>
2   {(<들어가며/>)
3   };
```

이 장에서는 자바스크립트의 역사와 한계를 간단히 알아보면서 타입스크립트가 등장하게 된 배경을 살펴본다.

1.1 웹 개발의 역사

1 자바스크립트의 탄생

1990년대에는 마이크로소프트Microsoft의 인터넷 익스플로러Internet Explorer와 넷스케이프 커뮤니케이션즈Netscape Communications의 넷스케이프 내비게이터Navigator가 가장 많이 사용되는 웹 브라우저였다. 1995년에 넷스케이프의 브랜든 아이크Brendan Eich는 웹의 다양한 콘텐츠를 표현하기 위해 이미지, 플러그인 요소를 쉽게 조합할 수 있는 새로운 언어가 필요하다고 생각하고 자바스크립트JavaScript를 만들었다. 자바스크립트는 C, 자바Java와 유사한 기본 문법을 가지고 있으며 별로 유명하지 않던 객체 지향 언어인 셀프Self의 프로토타입 기반 상속 개념과 Lisp 계열 언어 중 하나인 스킴Scheme의 일급 함수 개념을 차용한 경량의 프로그래밍 언어였다.

브랜든 아이크는 자바스크립트를 웹 대응 언어로서 완벽한 해결책으로 제시하기보다 빠르게 시장 반응을 확인할 수 있는 프로토타입 언어로 출시할 것을 목표로 하여 단 10일 만에 개발했다. 인터넷 익스플로러도 자바스크립트에 대항하기 위해 Jscript라는 자바 파생 언어를 도입했지만, 당시에는 자바스크립트와 Jscript 모두 사용자에게 유의미한 편의성을 제공하지 못했다.

2 자바스크립트 표준, ECMAScript의 탄생

그러면 어떻게 자바스크립트가 브라우저에서 널리 사용되기 시작했을까? 경쟁 관계이던 넷스케이프와 마이크로소프트는 자신들의 브라우저에 새로운 기능을 빠르게 늘리기 시작했는데 이렇게 추가된 기능은 각자의 브라우저에서만 동작했다. 특히 인터넷 익스플로러와 내비게이터의 DOM 구조는 완전히 다르기 때문에 브라우저마다 웹 페이지가 다르게 동작하거나 제대로 동작하지 않는 크로스 브라우징Cross Browsing 이슈가 발생했다. 따라서 개발자는 어떤 기능을 추가하기 위해서는 두 개의 스크립트를 따로 개발해야 하는 어려움을 겪어야만 했다.

또한 초기의 자바스크립트는 브라우저 생태계를 고려해서 작성된 것이 아니었고 단지 새로운 기능이 추가되는 형태로 발전했다. 이에 따라 자바스크립트와 브라우저의 발전 속도 간의 차이가 나기 시작했고 결국 브라우저는 자바스크립트의 변화를 따라가지 못했다. 자바스크립트에 어떤 기능이 추가된다면 런타임runtime 환경인 브라우저도 이 기능을 지원할 수 있어야 한다. 새로운 버전의 브라우저가 출시되어 자바스크립트의 새로운 기능을 지원하더라도 사용자가 예전 버전의 브라우저를 사용한다면 이 기능은 무용지물이 된다. 이런 문제를 해결하기 위해 자바스크립트에 폴리필polyfill과 트랜스파일transpile 같은 개념이 등장하기도 했다.

 폴리필(polyfill)과 트랜스파일(transpile)

폴리필은 브라우저가 지원하지 않는 코드를 브라우저에서 사용할 수 있도록 변환한 코드 조각이나 플러그인을 말한다. 트랜스파일은 최신 버전의 코드를 예전 버전의 코드로 변환하는 과정을 말한다. 둘 다 최신 기능을 구버전의 실행 환경에서 동작할 수 있게 바꿔주는 역할을 한다. 유명한 폴리필 라이브러리로 core.js와 polyfill.io를 들 수 있으며 대표적인 트랜스파일러로는 바벨Babel이 있다.

따라서 jQuery같이 브라우저 호환성을 고민하지 않고 한 번에 개발할 수 있도록 지원해주는 라이브러리가 유행을 끈 것은 어찌 보면 당연한 결과였다. 하지만 언제까지나 이런 라이브러리에 기대어 크로스 브라우징 이슈를 해결할 수는 없었고 모든 브라우저에서 동일하게 동작하는 표준화된 자바스크립트의 필요성이 제기되었다.

넷스케이프는 컴퓨터 시스템의 표준을 관리하는 Ecma 인터내셔널(국제 표준화 기구)에 자바스크립트의 표준화를 위한 자바스크립트 기술 규격을 제출했고, Ecma 인터내셔널은 EC-MAScript라는 이름으로 자바스크립트 표준화를 공식화했다. 자바스크립트가 표준화되자 정적이던 웹사이트에서 동적인 웹 애플리케이션으로의 전환이 가속화되었다.

③ 웹사이트에서 웹 애플리케이션으로의 전환

웹사이트와 웹 애플리케이션의 차이는 무엇일까? 자바스크립트가 처음 등장했던 시기의 웹은 누구에게나 같은 정보를 보여주는 역할을 수행했다. 이후 웹의 형태는 계속해서 발전했고 일방적으로 게시된 정보를 확인하는 형태인 정적인 웹사이트를 넘어 사용자가 직접 정보를 생산하고 공유할 수 있는 웹 애플리케이션이 등장했다. 웹사이트는 무엇이고 웹 애플리케이션은 무엇일까? 이 두 가지를 다르게 지칭하는 이유가 무엇인지 알아보자.

웹사이트

앞서 자바스크립트는 정적이던 웹사이트에서 동적인 웹 애플리케이션으로 몸집을 불리는 데 촉매제 역할을 했다고 언급했는데 그렇다면 웹사이트는 자바스크립트를 사용하지 않은 웹이고 웹 애플리케이션은 자바스크립트를 사용한 웹일까? 아니다. 웹사이트도 HTML, CSS와 더불어 자바스크립트로 구축한 사례가 있다.

여기서 중요한 것은 웹사이트는 수집된 데이터 및 정보를 특정 페이지에 표시하기 위한 정적인 웹이라는 것이다. 단방향으로 정보를 제공하기 때문에 사용자와 상호 작용하지 않으며, HTML에 링크가 연결된 웹 페이지 모음으로 콘텐츠가 동적으로 업데이트되지 않는다.

웹 애플리케이션

웹 애플리케이션은 사용자와 상호작용하는 쌍방향 소통의 웹을 말한다. 검색, 댓글, 채팅, 좋아요 기능 등 웹 페이지 내부에 수많은 애플리케이션이 동작하고 있기 때문에 웹 애플리케이션이라고 부른다.

현재 우리가 접하는 대부분의 웹사이트는 웹 애플리케이션이지만, 본격적으로 웹 애플리케이션 시대의 서막을 연 서비스 중 하나가 구글 지도Google Maps였다. 기존의 지도 서비스는 이미 만들어져 있는 지도를 브라우저가 다운로드해서 보여주는 형태였는데, 구글 지도는 길을 찾기 위해 사용자가 직접 출발지와 도착지를 입력할 수 있다는 점에서 쌍방향 소통이 가능한 웹 애플리케이션이다.

이러한 웹의 성장은 개발자가 구현해야 하는 결과물 규모도 이전에 비해 커졌다는 의미이기도 하다. 하지만 기존의 웹 개발 환경은 단순 정보 모음집 수준의 웹사이트 개발에 맞춰져 있어서, 수많은 애플리케이션이 동작하는 대규모 웹 애플리케이션을 만드는 데는 적합하지 않았다. 개발 규모가 커진 만큼 개발 생태계도 이런 흐름에 맞춘 변화가 필요했다.

4 개발 생태계의 발전

거대한 웹 애플리케이션이 등장하면서 개발 환경은 어떻게 변화했을까? 대규모 웹 서비스 개발의 필요성이 커지면서 하나의 웹 페이지를 통으로 개발하는 것이 아니라, 컴포넌트 단위로 개발하는 방식이 생겨났다. 또한 Ajax로 페이지 전체를 새로고침하지 않아도 자바스크립트의 비동기 요청을 사용해서 페이지의 일부 데이터를 로드할 수 있게 되었다. 이에 따라 사용자마다 부분적으로 다른 화면을 렌더링할 수 있게 되었다.

웹 서비스는 점차 페이지에서 애플리케이션의 특성을 가지게 되었다. 서비스 규모가 커짐에 따라 다뤄야 하는 데이터가 폭발적으로 늘어났고, 표현해야 하는 화면도 다양하고 복잡해졌다. 디바이스도 다양해졌다. 과거의 웹은 주로 PC와 연결되었고 디스플레이의 종류도 제한적이었다. 그러나 요즘은 수많은 디바이스가 웹과 연결되어 있으며, 웹을 표현하는 디스플레이도 모바일, 패드, 노트북, 랩톱 PC 모니터 등 매우 다양하다. 사용자는 저마다의 디바이스에 최적화된 UX/UI를 기대한다.

이런 상황과 맞물려 앞서 언급한 컴포넌트 베이스 개발^{Component Based Development}(CBD) 방법론이 등장했다.

CBD는 서비스에서 다루는 데이터를 구분하고 그에 맞는 UI를 표현할 수 있게 컴포넌트 단위로 개발하는 접근 방식이다. 요즘은 작은 컴포넌트를 조합해서 좀 더 큰 컴포넌트를 만들어가는 방식이 주류가 되었다.

 컴포넌트 베이스 개발(Component Based Development, CBD)
재사용할 수 있는 컴포넌트를 개발 또는 조합해서 하나의 애플리케이션을 만드는 개발 방법론을 말한다.

컴포넌트는 모듈과 유사하게 하나의 독립된 기능을 재사용하기 위한 코드 묶음이다. 다만 모듈과는 달리 런타임 환경에서 독립적으로 배포·실행될 수 있는 단위이다. 따라서 컴포넌트는 다른 컴포넌트와의 의존성을 최소화하거나 없애야 한다. 작은 기능을 가진 컴포넌트일수록 다른 컴포넌트에 의존하지 않고 독립적으로 존재할 수 있지만, 조합 과정에서 필연적으로 의존성이 생긴다. 의존성이란 의존하고 있는 대상의 변경에 영향받을 수 있는 가능성을 말한다. 따라서 개발자는 컴포넌트 간의 의존성을 파악해야 제대로 컴포넌트를 사용하고 변화에 대응할 수 있게 된다.

이런 개발 생태계의 발전과 거대한 동적 웹 서비스의 수요 증가는 자연스럽게 자바스크립트 개발자의 증가로 이어졌다.

⑤ 개발자 협업의 필요성 증가

결과물이 커졌기 때문에 서비스를 개발하고 나서 유지보수를 하는 데 협업의 중요성도 높아졌다. 만약 내가 전날 만든 함수를 오늘 사용한다면 함수 사용법을 쉽게 파악할 수 있지만, 한 달이 지난 후에 다시 함수를 사용하려 한다면 어떤 인자를 넣어야 하고 무엇이 반환되는지 파악하는 데 약간의 시간이 더 들 것이다. 내가 만든 함수가 아니라면 어떨까? 개발에 투입된 인원이 5명, 10명 이상이라면 어떨까?

개발에 투입된 인원이 많아질수록 코드를 파악하기 어려워지는 것은 당연지사다.[1] 보통 하나의 서비스를 만드는 데 여러 명의 개발자가 참여한다. Open API를 사용하는 것처럼 다른 동료가 작성한 코드를 사용할 때마다 내부 구현을 들여다보거나 만든 사람을 찾아 직접 질문하는 것은 너무 많은 자원이 드는 일이다. 이마저도 만든 사람이 회사에 남아있어야 가능하다. 따라서 거대한 프로덕트를 개발할 때 효과적인 유지보수를 위한 협업 보완책이 필요하게 되었다. 대규모 프로덕트를 개발하고 나서 자바스크립트는 과연 유지보수에 적합한 언어였을까?

1.2 자바스크립트의 한계

① 동적 타입 언어

자바스크립트 특징 중 하나가 동적 타입 언어라는 것이다. 이 말은 변수에 타입을 명시적으로 지정하지 않고 코드가 실행되는 런타임에 변숫값이 할당될 때 해당 값의 타입에 따라 변수 타입이 결정된다는 것을 의미한다. 예를 들어 변수 a의 타입이 number인지 string인지는 실제 코드가 동작할 때 a에 값이 할당되는 순간, 그 값이 1인지 '1'인지에 따라 결정된다.

② 동적 타이핑 시스템의 한계

앞에서 설명한 내용은 자바스크립트를 사용하는 개발자, 즉 사람의 한계라고 바꿔 말할 수 있다. 아래 코드를 살펴보자.

---

1 우아한형제들에 프론트엔드 개발자만 23명에 달하는 팀도 존재한다.

```
// 이 함수는 숫자 a, b의 합을 반환한다
const sumNumber = (a, b) => {
  return a + b;
};

sumNumber(1, 2); // 3
```

이 코드를 실행하면 어떤 에러도 발생하지 않고 정상적으로 동작한다. 즉, 정상적인 코드다. 다음 코드도 살펴보자.

```
// 이 함수는 숫자 a, b의 합을 반환한다
const sumNumber = (a, b) => {
  return a + b;
};

sumNumber(100); // NaN
sumNumber("a", "b") // ab
```

첫 번째 예시 코드와 달라진 점은 sumNumber 함수를 실행할 때 인자에 하나의 숫자만 전달하거나 숫자가 아닌 문자를 전달했다는 것이다. 그런데도 어떤 에러도 발생하지 않고 정상적으로 동작한다. 따라서 여전히 정상적인 코드다. 동의하는가? 아마도 주석과 함수 이름 때문에 고개를 갸웃거리게 될 것이다.

코드에 적힌 주석과 함수 이름은 두 수의 합을 구하기 위한 함수로 명시하고 있다. 하지만 해당 함수는 하나의 숫자만 전달했을 때도 오류없이 NaN 값을 반환하거나, 숫자가 아닌 문자열의 합을 구하는 데도 사용될 수 있다. 즉 개발자 의도와는 다르게 동작할 수 있다. 그런데도 자바스크립트 엔진은 이 코드를 문제 없이 실행한다. 왜냐하면 자바스크립트는 동적 타입 언어이자 상당히 관대한 언어이기 때문이다. 동적 타입 언어라는 특성 때문에 sumNumber 함수를 호출할 때 사용되는 인수 값에 따라 a와 b의 타입이 결정된다.

자바스크립트의 관대함은 이뿐만이 아니다. b가 undefined이기 때문에 + 연산자의 피연산자가 될 수 없지만 오류를 발생시키지 않고, b를 적절한 타입인 NaN으로 형변환한 다음 실행을 이어 나간다. 자바스크립트 엔진에서 주석, 함수 이름, 개발자 의도 같은 것은 고려 대상이 아니다. 따라서 이 코드는 기계 입장에서는 정상적이지만 사람 입장에서는 정상적이지 않은 코드이다. 자바스크립트는 이 문제를 어떻게 해결하려 했을까?

③ 한계 극복을 위한 해결 방안

거대한 웹 서비스를 개발하는 데 수많은 개발자의 협업이 필요한 상황에서 위와 같은 동적 타이핑 시스템의 한계는 상당한 어려움을 야기했다. 따라서 개발자들은 자바스크립트 인터페이스의 필요성을 느끼게 되었고 JSDoc, propTypes, 다트 같은 해결 방안이 등장했다.

JSDoc

JSDoc은 모듈, 네임스페이스, 클래스, 메서드, 매개변수 등에 대한 API 문서 생성 도구다. 주석에 @ts- check를 추가하면 타입 및 에러 확인이 가능하며 자바스크립트 소스코드에 타입 힌트를 제공하는 HTML 문서를 생성할 수 있다. 하지만 어디까지나 주석의 성격을 지니고 있기 때문에 강제성을 부여해 사용하기 어렵다는 단점이 있다.

propTypes

propTypes는 리액트에서 컴포넌트 props의 타입을 검사하기 위해 사용하는 속성이다. prop에 유효한 값이 전달되었는지 확인할 수 있지만, 전체 애플리케이션의 타입 검사를 하는 데는 사용할 수 없다. 또한 리액트라는 특정 라이브러리에서만 사용할 수 있다는 점에서 한계가 있다.

다트

다트Dart는 구글이 자바스크립트를 대체하기 위해 제시한 새로운 언어로 타이핑이 가능하다는 점에서는 앞서 소개한 propTypes나 JSDoc 같은 보조 수단보다 근본적인 해결책으로 보였다. 그러나 자바스크립트가 이미 자리매김한 상황에 새로운 언어의 등장으로 과거의 브라우저(인터넷 익스플로러 vs 넷스케이프 내비게이터) 전쟁처럼 개발의 파편화를 불러올 수 있어 다트를 달갑지 않게 보는 시선이 강했다.

3가지 모두 의미 있는 해결 방안이었으나 자바스크립트 스스로가 인터페이스를 기술할 수 있는 언어로 발전해야 한다는 목소리가 더욱 커졌다.

우형 이야기

WoowahanJS 개발 비화

과거 우아한형제들에서는 퍼블리셔가 HTML과 CSS를 담당하고 서버 개발자가 PHP, ASP 등으로 웹 페이지를 구현해서 전달하는 전통적인 방식의 서버 사이드 렌더링 구조를 사용하고 있었다.

그러나 서비스가 복잡한 웹 애플리케이션으로 발전하면서 퍼블리셔는 기존 업무보다 더 큰 범위의 프론트엔드 업무를 수행해야 했다. 당시 유행하던 리액트^{React}, 앵귤러^{Angular} 같은 외부 프레임워크를 빠르게 학습해서 프론트엔드 직무를 수행한다는 것은 쉬운 일이 아니었다.

따라서 퍼블리셔 직군이 프론트엔드 직무에 적응할 수 있도록 업무를 수행할 수 있도록 Backbone .js 기반의 오픈소스 프레임워크인 WoowahanJS를 개발했다. 초기의 WoowahanJS는 아주 간단한 코드로도 동작하게끔 단순하게 구현되었고, 이후 퍼블리셔의 숙련도에 발맞춰 점진적으로 업데이트되었다.

WoowahanJS는 웹 페이지에서 웹 애플리케이션으로 서비스가 성장하는 시점에 퍼블리셔가 프론트엔드 개발자로 연착륙할 수 있도록 도와주는 데 적절한 프레임워크였다. 하지만 시간이 지나면서 처음에는 보이지 않던 다양한 문제점이 나타나기 시작했다.

- 테스트 환경과 개발 도구의 부족
- jQuery로 DOM을 직접 조작하기 때문에 사이드 이펙트$^{Side\ effect}$가 발생할 위험이 높음
- 오토 렌더링$^{Auto\ Rendering}$을 지원하지 않아 외부 프레임워크에 비해 성능이 떨어짐
- 오픈소스지만 외부에서 많이 사용되는 프레임워크가 아니었기 때문에 신입 개발자에게는 러닝 커브가 높음
- 복잡한 애플리케이션이 늘어나고 중복된 코드를 줄이기 위해 컴포넌트 기반 개발을 하는데, 변경점이 생길 때마다 인터페이스를 파악하기 어려워 코드 추적과 탐색에 많은 시간이 소요됨

WoowahanJS 개발은 분명 의미 있는 시도였다. 하지만 다양한 이유와 인터페이스를 알기 쉽지 않다는 자바스크립트의 언어적 한계에 부딪히고 말았다. 이후 우아한형제들 웹 서비스는 리액트와 타입스크립트를 표준으로 사용하게 된다. 자세한 이야기가 궁금하다면 FEConf 2019 Korea의 〈팀장님 우린 내일부터 리액트 + 타입스크립트로 갑니다〉 영상을 시청해보길 바란다.

④ 타입스크립트의 등장

시간이 지나 마이크로소프트는 자바스크립트의 슈퍼셋^{Superset} 언어인 타입스크립트^{TypeScript}를 공개했다. 다트와 달리 자바스크립트 코드를 그대로 사용할 수 있었고, 아래와 같은 단점을 극복할 수 있었기 때문에 많은 환영을 받았다.

> **슈퍼셋(Superset)**
>
> 기존 언어에 새로운 기능과 문법을 추가해서 보완하거나 향상하는 것을 말한다. 슈퍼셋 언어는 기존 언어와 호환되며 일반적으로 컴파일러 등으로 기존 언어 코드로 변환되어 실행된다.

안정성 보장

타입스크립트는 정적 타이핑을 제공한다. 컴파일 단계에서 타입 검사를 해주기 때문에 자바스크립트를 사용했을 때 빈번하게 발생하는 타입 에러를 줄일 수 있고, 런타임 에러를 사전에 방지할 수 있어 안정성이 크게 높아진다.

개발 생산성 향상

VSCode 등의 IDE에서 타입 자동 완성 기능을 제공한다. 이 기능으로 변수와 함수 타입을 추론할 수 있고, 리액트를 사용할 때 어떤 prop을 넘겨야 하는지 매번 확인하지 않아도 사용부에서 바로 볼 수 있기 때문에 개발 생산성이 크게 향상된다.

협업에 유리

타입스크립트를 사용하면 복잡한 애플리케이션 개발·협업에 유리하다. 타입스크립트는 인터페이스^{interface}, 제네릭^{Generic} 등을 지원하는데 인터페이스가 기술되면 코드를 더 쉽게 이해할 수 있게 도와준다. 또한 복잡한 애플리케이션일수록 협업하는 개발자 수도 증가하는데 자동 완성 기능이나 기술된 인터페이스로 코드를 쉽게 파악할 수 있다.

타입스크립트 인터페이스(interface)

타입스크립트 인터페이스는 객체 구조를 정의하는 역할을 한다. 다시 말해 특정 객체가 가져야 하는 속성과 메서드의 집합을 인터페이스로 정의해서 객체가 그 구조를 따르게 한다.

자바스크립트에 점진적으로 적용 가능

타입스크립트는 자바스크립트의 슈퍼셋이기 때문에 일괄 전환이 아닌 점진적 도입이 가능하다. 전체 프로젝트가 아닌 일부 프로젝트, 그중에서도 일부 기능부터 점진적으로 도입해볼 수 있다. 우아한형제들도 주문 접수 앱 웹 뷰의 새 기능에 리액트와 타입스크립트를 선제적으로 적용해본 후에 대대적으로 리액트 + 타입스크립트로 개편하는 전략을 사용했다.

혹여나 지금까지 설명한 내용이 '자바스크립트를 사용하면 안 된다. 무조건 타입스크립트를 사용해야 한다'는 의미로 받아들이지 말길 바란다. 단지 여러 사람이 함께 거대하고 복잡해진 웹 애플리케이션을 개발할 때 혹은 생산성과 안정성을 고민할 때 타입스크립트가 좋은 선택지가 될 수 있다는 것을 의미할 뿐이다. 다음 장부터 본격적으로 타입스크립트에 대해 알아보는 시간을 가져보자.

```
1    (2장) =>
2    {(<타입/>)
3    };
```

타입스크립트는 정적 타이핑을 제공한다. 이 장에서는 정적 타이핑을 하기 위해 타입스크립트가 제공하는 타입과 관련된 내용을 살펴본다. 타입이란 무엇이며 다른 언어에서 타입은 어떻게 동작하는지를 먼저 살펴보고, 타입스크립트의 타입을 어떻게 쓸 수 있는지 알아본다.

❶ 자료형으로서의 타입

모든 프로그래밍 언어는 변수를 선언하는 것부터 시작한다. 프로그래밍 언어에서 변수란 값을 저장할 수 있는 공간[1]이자 값을 가리키는 상징적인 이름이다. 개발자는 변수를 선언하고 그 변수에 특정한 값인 데이터를 할당한다.

```
var name = "zig";
var year = 2022;
```

이 예시에서는 name과 year라는 이름으로 선언한 변수에 각각 "zig"와 2022라는 값을 할당하고 있다. 컴퓨터의 메모리 공간은 한정적이다. 따라서 특정 메모리에 값을 효율적으로 저장하기 위해서는 먼저 해당 메모리 공간을 차지할 값의 크기를 알아야 한다. 값의 크기를 명시한다면 컴퓨터가 값을 참조할 때 한 번에 읽을 메모리 크기를 알 수 있어 값을 훼손하지 않고 가져올 수 있다. 예를 들어 메모리에 숫자 타입 값이 할당되어 있다면 자바스크립트 엔진은 이 값을 숫자로 인식해서 8바이트 단위로 메모리 공간에 저장된 값을 읽어올 것이다.

변수에 저장할 수 있는 값의 종류는 프로그래밍 언어마다 다르다. 최신 ECMAScript 표준을 따르는 자바스크립트는 다음과 같은 7가지 데이터 타입[data type](자료형)을 정의한다.

- undefined
- null
- Boolean(불리언)
- String(문자열)
- Symbol(심볼)
- Numeric(Number와 BigInt)
- Object

---

[1] 여기서 공간은 컴퓨터의 메모리를 가리킨다.

이와 같은 유형을 데이터 타입 또는 자료형이라고 한다. 데이터 타입은 여러 종류의 데이터를 식별하는 분류 체계로 컴파일러에 값의 형태를 알려준다. 메모리에 저장된 값을 데이터 타입으로 설명할 수 있으며 모든 데이터를 해석할 때 데이터 타입 체계가 사용된다. 메모리의 관점에서의 데이터 타입은 프로그래밍 언어에서 일반적으로 타입으로 부르는 개념과 같다. 개발자는 타입을 사용해서 값의 종류를 명시할 수 있고 메모리를 더욱 효율적으로 사용할 수 있다.

② 집합으로서의 타입

프로그래밍에서의 타입은 수학의 집합과 유사하다. 타입은 값이 가질 수 있는 유효한 범위의 집합을 말한다.

```
const num: number = 123;
const str: string = "abc";

function func(n: number) {
  // ...
}

func(num);
func(str); // 🖱 Argument of type 'string' is not assignable to parameter of type
'number'
```

어떤 값이 T 타입이라면 컴파일러(또는 개발자)는 이 값으로 어떤 일을 할 수 있고, 어떤 일을 할 수 없는지를 사전에 알 수 있다. 타입 시스템은 코드에서 사용되는 유효한 값의 범위를 제한해서 런타임에서 발생할 수 있는 유효하지 않은 값에 대한 에러를 방지해준다.

위의 예시에서는 func()이라는 함수의 인자로 number 타입 값만 할당할 수 있도록 제한되어 있다. 따라서 number의 집합에 속하지 않는 string 타입의 str을 func() 함수의 인자로 사용하면 에러가 발생한다. 마치 집합의 경계처럼 func() 함수의 인자로 들어갈 수 있는 값을 number 타입의 집합으로 제한하는 것이다.

함수 인자에 들어갈 값의 타입을 정의하지 않은 경우를 살펴보자. 다음과 같이 인자로 받은 값에 2를 곱해 반환하는 함수가 있다고 하자.

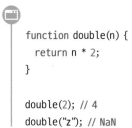

```
function double(n) {
  return n * 2;
}

double(2); // 4
double("z"); // NaN
```

double ( )의 내부 동작을 살펴보면 숫자를 인자로 받을 거라고 기대한다는 것을 알 수 있다. 만약 인자로 숫자가 아닌 다른 타입 값을 전달하면 의도치 않은 작업을 수행해서 원하는 값을 얻지 못한다. 하지만 함수의 매개변수 타입을 명시한다면 올바르지 않은 타입의 값으로 함수를 호출했을 때 타입스크립트 컴파일러는 곧바로 에러를 발생시킨다.

```
function double(n: number) {
  return n * 2;
}

double(2); // 4
double("z"); // 🚨 Error: Argument of type 'string' is not assignable to parameter of
type 'number'(2345)
```

일단 타입을 제한하면 타입스크립트 컴파일러는 함수를 호출할 때 호환되는 인자로 호출했는지를 판단한다. 2의 타입은 number이므로 double ( )의 매개변수 타입인 number에 할당할 수 있고, 타입스크립트 컴파일러는 코드를 문제 없이 컴파일한다. 하지만 string 타입인 'z'는 number에 할당할 수 없기 때문에 에러가 발생한다.

③ 정적 타입과 동적 타입

만약 자바스크립트만을 사용했다면 변수와 값을 다룰 때 타입은 고려하지 않고 코드를 작성했을 수도 있다. 그러나 자바스크립트에도 분명히 타입이 존재한다. 다만 개발자가 컴파일 이전에 타입을 직접 정의해줄 필요가 없었을 뿐이다. 타입을 결정하는 시점에 따라 타입을 정적 타입static type과 동적 타입dynamic type으로 분류할 수 있다.

정적 타입 시스템에서는 모든 변수의 타입이 컴파일타임에 결정된다. 코드 수준에서 개발자가 타입을 명시해줘야 하는 C, 자바, 타입스크립트 등이 정적 타입 언어에 속한다. 조금 번거롭게 느껴지기도 하지만 컴파일타임에 타입 에러를 발견할 수 있기 때문에 프로그램의 안정성을 보장할 수 있다.

동적 타입 시스템에서는 변수 타입이 런타임에서 결정된다. 파이썬^{Python}, 자바스크립트가 대표적인 동적 타입 언어로 개발자는 직접 타입을 정의해줄 필요가 없다. 프로그램을 실행할 때 타입 에러가 발견되기 때문에 개발 과정에서 에러 없이 마음껏 코드를 작성할 수 있지만 언제 프로그램에 오류가 생길지 모르는 불안감에 휩싸이게 된다.

런타임에서 타입을 예측할 수 없다면 매우 위험한 상황이다. 다음 예를 살펴보자. multiply-ByThree() 함수 인자로 들어올 값의 타입을 number라고 가정하고 연산을 수행할 때 실제로 런타임에 입력되는 변수가 string 타입 값을 갖고 있다면 예상치 못한 결과를 반환해서 오류가 발생한다.

```
function multiplyByThree(number) {
  return number * 3;
}

multiplyByThree(10); // 30
multiplyByThree("f"); // NaN
```

 컴파일타임과 런타임

개발자가 작성한 소스코드를 실행하려면 몇 가지 과정을 거쳐야 하는데 시점에 따라 컴파일타임과 런타임으로 구분할 수 있다. 기계(컴퓨터, 엔진)가 소스코드를 이해할 수 있도록 기계어로 변환되는 시점을 컴파일타임이라고 하며 이후 변환된 파일이 메모리에 적재되어 실행되는 시점을 런타임이라고 부른다.

④ 강타입과 약타입

타입이 결정되는 시점은 다르지만 모든 프로그래밍 언어에는 값의 타입이 존재한다. 자바스크립트는 개발자가 반드시 타입을 명시해줄 필요가 없는 언어이지만, 나름대로 타입을 이해하려고 노력하고 있다. 개발자가 의도적으로 타입을 명시하거나 바꾸지 않았는데도 컴파일러 또는 엔진 등에 의해서 런타임에 타입이 자동으로 변경되는 것을 암묵적 타입 변환implicit coercion/conversion이라고 한다.

암묵적 타입 변환 여부에 따라 타입 시스템을 강타입strongly type과 약타입weakly type으로 분류할 수 있다. 강타입 특징을 가진 언어에서는 서로 다른 타입을 갖는 값끼리 연산을 시도하면 컴파일러 또는 인터프리터에서 에러가 발생한다. 이에 반해 약타입 특징을 갖는 언어에서 서로 다른 타입을 갖는 값끼리 연산할 때는 컴파일러 또는 인터프리터가 내부적으로 판단해서 특정 값의 타입을 변환하여 연산을 수행한 후 값을 도출한다.

빼기(-) 연산자가 여러 언어에서 어떻게 동작하는지 살펴보자.

 더하기(+) 연산자를 활용한 예시를 들지 않은 이유는 자바스크립트의 더하기(+) 연산자는 문자열, 숫자 타입을 모두 사용할 수 있기 때문이다. 따라서 점진적 타입을 사용하는 타입스크립트 역시 문자열과 숫자 타입 간의 더하기(+) 연산을 할 수 있기 때문에 강타입과 약타입을 분류하는 예시로 적합하지 않다.

C++

```
#include <iostream>
int main() {
  std::cout << '2' - 1; // '2'는 아스키 값으로 50이다
}
```

```
> make -s
>       .
/main 49
```

자바

```java
class Main {
  public static void main(String[] args) {
    System.out.println('2' - 1);
  }
}
```

```
> sh -c javac -classpath .:target/dependency/* -d . $(find . -type f -name '*.java')
>        java -classpath .:target/dependency/*
Main 49
```

파이썬

```python
print('2' - 1)

Traceback (most recent call last): File
  "main.py", line 1, in <module>
    print('2' - 1)
TypeError: unsupported operand type(s) for -: 'str' and 'int'
```

루비

```ruby
puts "2" - 1
```

```
>        bundle exec ruby main.rb
Traceback (most recent call last):
main.rb:1:in `<main>': undefined method `-' for "2":String (NoMethodError)
Did you mean? -@
exit status 1
```

자바스크립트

```javascript
console.log("2" - 1);
// 1
```

타입스크립트

```
console.log("2" - 1); // '2' error
// type error
The left-hand side of an arithmetic operation must be of type 'any', 'number',
'bigint' or an enum type.
```

C++, 자바, 자바스크립트에서는 서로 다른 타입을 갖는 값(문자열/숫자)으로 빼기(-) 연산을 수행하면 정상적으로 동작한다. C++와 자바에서는 내부적으로 문자열 타입 값을 숫자 타입인 아스키 값으로 변경해서 연산한다. 또한 자바스크립트에서는 문자열로 표기된 숫자를 실제 숫자 값으로 변환해서 빼기 연산을 한다. 이에 반해 파이썬Python, 루비Ruby, 타입스크립트에서는 컴파일러 혹은 인터프리터에서 타입 에러type error가 발생한다. 결론적으로 C++, 자바, 자바스크립트는 약타입 언어로 파이썬, 루비, 타입스크립트는 강타입 언어로 분류할 수 있다.

암묵적 변환은 개발자가 명시적으로 타입을 변환하지 않아도 다른 데이터 타입끼리 연산을 진행할 수 있는 편리함을 제공하지만, 작성자의 의도와 다르게 동작할 수 있기 때문에 예기치 못한 오류가 발생할 가능성도 높아진다. 예를 들어 자바스크립트는 타입이 명백하게 잘못 작성된 코드도 암묵적 타입 변환을 수행해서 어떻게든 결과를 도출한다.

```
const a = 3 + []; // "3"
const b = null + 12; // 12

let obj = {};
obj.foo; // undefined

function foo(num) {
  return num / 2;
}
foo("bar"); // NaN
```

앞의 코드에서 자바스크립트가 오류를 내뱉지 않고 어떤 값이든 반환하는 것이 항상 바람직하지만은 않다. 예를 들어 '2' - 1의 연산 결과가 1인 것은 어느 정도 납득할 수 있는 결과다. 반면 3 + [] 예시에서 숫자 타입 값과 배열 간의 연산 결과가 문자열 타입의 값임을 알 수 있다. 이것은 쉽게 납득할 수 있는 연산 결과가 아니다. 오히려 이럴 때는 컴파일타임 혹은 런타임에서 타입 에러가 발생하는 게 안전할 수 있다.

자바스크립트는 약타입 언어이기 때문에 런타임에서 발생할 수 있는 에러를 예측하고 방지하는 코드를 작성하는 것이 프로그램을 안전하게 만드는 데 도움이 된다. 여기서 '안전한'이라는 표현은 타입 안정성을 의미한다. 타입을 사용해서 프로그램이 유효하지 않은 작업을 수행하지 않도록 방지하는 것이다. 타입을 명시해서 코드를 작성한 후에는 프로그램 내에 기술된 개발자의 의도가 논리적으로 합당한지 검사하는 기준이 필요하다.

타입 검사기가 프로그램에 타입을 할당하는 데 사용하는 규칙 집합을 타입 시스템이라고 한다. 타입 시스템은 크게 두 가지로 구분한다. 어떤 타입을 사용하는지를 컴파일러에 명시적으로 알려줘야 하는 타입 시스템이 있고, 자동으로 타입을 추론하는 타입 시스템도 있다. 타입스크립트는 두 가지 타입 시스템의 영향을 모두 받았다. 즉 개발자는 직접 타입을 명시하거나, 타입스크립트가 타입을 추론하도록 하는 방식 중에서 선택할 수 있다. 타입스크립트에서 사용하는 타입 시스템은 뒤에서 구체적으로 살펴볼 것이다.

⑤ 컴파일 방식

컴파일의 일반적인 의미는 사람이 이해할 수 있는 방식으로 작성한 코드를 컴퓨터가 이해할 수 있는 기계어로 바꿔주는 과정을 말한다. 즉 개발자가 자바, C# 등의 고수준high-level 언어로 소스코드를 작성하면, 컴파일러는 컴퓨터가 해석할 수 있는 바이너리binary 코드로 변환한다. 바이너리는 0과 1로 이루어진 이진 코드를 말한다. 언어마다 컴파일 과정과 단계에 조금씩 차이가 있지만 기본적으로 컴파일은 서로 다른 수준(고수준-저수준) 간의 코드 변환을 의미한다.

그러나 타입스크립트의 컴파일 결과물은 여전히 사람이 이해할 수 있는 방식인 자바스크립트 파일이다. 타입스크립트가 탄생한 이유는 사람이 이해하기 쉬운 방식으로 코드를 작성하기 위해서가 아니라 자바스크립트의 컴파일타임에 런타임 에러를 사전에 잡아내기 위한 것이다. 타입스크립트를 컴파일하면 타입이 모두 제거돼 자바스크립트 소스코드만이 남게 된다.

이처럼 타입스크립트는 다른 타입의 개념을 사용하는 언어와는 구별되는 특징을 가지고 있다. 자바스크립트는 그 자체로 언어지만 타입스크립트를 자바스크립트에 타입이라는 레이어를 끼얹은 일종의 템플릿 언어Template Languages 또는 확장Extensions 언어로 해석하는 의견도 있다.

타입스크립트의 타입 시스템

① 타입 애너테이션 방식

타입 애너테이션type annotation이란 변수나 상수 혹은 함수의 인자와 반환 값에 타입을 명시적으로 선언해서 어떤 타입 값이 저장될 것인지를 컴파일러에 직접 알려주는 문법이다. 언어마다 타입을 명시해주는 방법은 다르다.

자바와 C#에서는 변수 앞에 데이터 타입을 작성한다. 아래 자바 코드를 보자.

```java
int woowahanNum = 2010; // Integer (whole number)
float woowahanFloatNum = 2.01f; // Floating point number
char woowahanLetter = 'B'; // Character
boolean woowahanBool = true; // Boolean
String woowahanText = 'WoowaBros'; // String
```

자바에서는 변수에 데이터 타입을 명시하지 않는다면 에러가 발생한다.

```java
woowahanText = 'WoowaBros';
// 🚨 error: cannot find symbol woowahanText
```

cannot find symbol이라는 식별자를 찾지 못했다는 에러 메시지를 볼 수 있다. 자바에서는 항상 변수 이름보다 데이터 타입을 우선 명시해줘야 한다. 개발자는 woowahanText를 변수 이름으로 사용했지만 자바 컴파일러는 이것을 타입 구문으로 여겨서 에러가 발생한다. 타입스크립트의 타입 선언 방식은 조금 다르다. 변수 이름 뒤에 : type 구문을 붙여 데이터 타입을 명시해준다.

```typescript
let isDone: boolean = false;
let decimal: number = 6;
let color: string = "blue";
let list: number[] = [1, 2, 3];
let x: [string, number]; // tuple
```

타입스크립트는 기존 자바스크립트 코드에 점진적으로 타입을 적용할 수 있는 특징을 가지고 있다. 위의 예시에서 : type 선언부를 제거해도 코드가 정상적으로 동작한다. 하지만 타입을 제거하면 타입스크립트 타입 시스템이 타입 추론을 하는 과정에서 어려움을 겪을 것이다.

② 구조적 타이핑

타입을 사용하는 여러 프로그래밍 언어에서 값이나 객체는 하나의 구체적인 타입을 가지고 있다. 타입은 이름으로 구분되며 컴파일타임 이후에도 남아있다. 이것을 명목적으로 구체화한 타입 시스템Nominal Reified Type Systems이라고 부르기도 한다.

```
class Animal {
  String name;
  int age;
}
```

또한 서로 다른 클래스끼리 명확한 상속 관계나 공통으로 가지고 있는 인터페이스가 없다면 타입은 서로 호환되지 않는다.

```
interface Developer {
  faceValue: number;
}

interface BankNote {
  faceValue: number;
}

let developer: Developer = { faceValue: 52 };
let bankNote: BankNote = { faceValue: 10000 };

developer = bankNote; // ✅ OK
bankNote = developer; // ✅ OK
```

그러나 타입스크립트에서 타입을 구분하는 방식은 조금 다르다. 이름으로 타입을 구분하는 명목적인 타입 언어의 특징과 달리 타입스크립트는 구조로 타입을 구분한다. 이것을 구조적 타이핑Structural type system이라고 한다.

③ 구조적 서브타이핑

앞서 타입스크립트의 타입 시스템을 집합으로 이해할 수 있다고 언급했었다. 타입스크립트의 타입은 값의 집합set of values으로 생각할 수 있다. 타입은 단지 집합에 포함되는 값이고 특정 값은 많은 집합에 포함될 수 있다. 따라서 타입스크립트에서는 특정 값이 string 또는 number 타입을 동시에 가질 수 있다.

```
type stringOrNumber = string | number;
```

이처럼 집합으로 나타낼 수 있는 타입스크립트의 타입 시스템을 지탱하고 있는 개념이 바로 구조적 서브타이핑Structural Subtyping이다.

구조적 서브타이핑이란 객체가 가지고 있는 속성(프로퍼티)을 바탕으로 타입을 구분하는 것이다. 이름이 다른 객체라도 가진 속성이 동일하다면 타입스크립트는 서로 호환이 가능한 동일한 타입으로 여긴다.

```
interface Pet {
  name: string;
}

interface Cat {
  name: string;
  age: number;
}

let pet: Pet;
let cat: Cat = { name: "Zag", age: 2 };

// ✅ OK
pet = cat;
```

Cat은 Pet과 다른 타입으로 선언되었지만 Pet이 갖고 있는 name이라는 속성을 가지고 있다. 따라서 Cat 타입으로 선언한 cat을 Pet 타입으로 선언한 pet에 할당할 수 있다.

구조적 서브타이핑은 함수의 매개변수에도 적용된다.

```
interface Pet {
  name: string;
}
let cat = { name: "Zag", age: 2 };
function greet(pet: Pet) {
  console.log("Hello, " + pet.name);
}

greet(cat); // ✅ OK
```

greet() 함수의 매개변수에 들어갈 수 있는 값은 Pet 타입으로 제한되어 있다. 그러나 타입을 명시하지 않은 cat 객체를 greet() 함수의 인자로 전달해도 코드는 정상적으로 실행된다. cat 객체는 Pet 인터페이스가 가지고 있는 name 속성을 가지고 있어 pet.name의 방식으로 name 속성에 접근할 수 있기 때문이다.

위와 같은 타이핑 방식이 구조적 타이핑이다. 이 절의 제목인 구조적 서브타이핑에서도 알 수 있듯이 타입스크립트의 서브타이핑, 즉 타입의 상속 역시 구조적 타이핑을 기반으로 하고 있다. 클래스를 사용한 다음 예시를 살펴보자.

```
class Person {
  name: string;
  age: number;

  constructor(name: string, age: number) {
    this.name = name;
    this.age = age;
  }
}

class Developer {
  name: string;
  age: number;
  sleepTime: number;

  constructor(name: string, age: number, sleepTime: number) {
    this.name = name;
```

```
    this.age = age;
    this.sleepTime = sleepTime;
  }
}

function greet(p: Person) {
  console.log(`Hello, I'm ${p.name}`);
}

const developer = new Developer("zig", 20, 7);

greet(developer); // Hello, I'm zig
```

Developer 클래스가 Person 클래스를 상속받지 않았는데도 greet(developer)는 정상적으로 동작한다. Developer는 Person이 갖고 있는 속성을 가지고 있기 때문이다.

서로 다른 두 타입 간의 호환성은 오로지 타입 내부의 구조에 의해 결정된다. 타입 A가 타입 B의 서브타입이라면 A 타입의 인스턴스는 B 타입이 필요한 곳에 언제든지 위치할 수 있다. 즉, 타입이 계층 구조로부터 자유롭다.

④ 자바스크립트를 닮은 타입스크립트

타입스크립트의 타입 시스템은 구조적 서브타이핑을 사용한다고 했다. 이것은 명목적 타이핑 nominal typing과는 대조적인 타이핑 방식이다. 명목적 타이핑은 타입의 구조가 아닌 타입의 이름만을 가지고 구별하는 것으로 C++, 자바 등에서 사용한다.

명목적 타이핑에서 두 변수는 같은 이름의 데이터 타입으로 선언된 경우에만 서로 호환된다. 앞에서 사용했던 Cat과 Arrow를 자바 코드로 작성해보자.

```
class Cat {
  String name;
    public void hit() {}
}

class Arrow {
  String name;
```

```
      public void hit() {}
  }

  public class Main {
    public static void main(String[] args) {
      // 🖥 error: incompatible types: Cat cannot be converted to Arrow
      Arrow cat = new Cat();
      // 🖥 error: incompatible types: Arrow cannot be converted to Cat
      Cat arrow = new Arrow();
    }
  }
```

Cat과 Arrow 클래스는 String 타입의 name 변수와 hit() 메서드를 가지고 있다는 점에서 구조적으로 동일하지만, 각 클래스로 생성한 인스턴스는 서로 호환되지 않는다. 명목적 타이핑을 채택한 언어에서는 이름으로 타입을 구분하기 때문에 구조가 같더라도 이름이 다르다면 다른 타입으로 취급한다.

명목적 타이핑은 타입의 동일성^{equivalence}을 확인하는 과정에서 구조적 타이핑에 비해 조금 더 안전하다. 개발자가 의도한 타입이 아니라면 변수에 타입을 명시하는 과정에서 에러를 내뱉기 때문이다. 즉, 객체의 속성을 다른 객체의 속성과 호환되지 않도록 하여 안전성을 추구한다.

그런데도 타입스크립트가 구조적 타이핑을 채택한 이유는 타입스크립트가 자바스크립트를 모델링한 언어이기 때문이다. 자바스크립트는 본질적으로 덕 타이핑^{duck typing}을 기반으로 한다. 덕 타이핑은 어떤 함수의 매개변숫값이 올바르게 주어진다면 그 값이 어떻게 만들어졌는지 신경 쓰지 않고 사용한다는 개념이다.

타입스크립트는 이런 동작을 그대로 모델링한다. 타입스크립트는 자바스크립트의 특징을 그대로 받아들여 명시적인 이름을 가지고 타입을 구분하는 대신 객체나 함수가 가진 구조적 특징을 기반으로 타이핑하는 방식을 택했다. 구조적 타이핑 덕분에 타입스크립트는 더욱 유연한 타이핑이 가능해졌다. 쉬운 사용성과 안전성이라는 두 가지 목표 사이의 균형을 중시하는 타입스크립트에서는 객체 간 속성이 동일하다면 서로 호환되는 구조적 타입 시스템을 제공하여 더욱 편리성을 높였다.

자바스크립트의 덕 타이핑과 타입스크립트의 구조적 타이핑은 서로 구분되는 타이핑 방식이지만, 실제 사용하는 코드를 보면 차이가 없어 보인다. 두 가지 타이핑 방식 모두 이름으로 타입을 구분하는 명목적 타이핑과는 달리 객체가 가진 속성을 기반으로 타입을 검사하기 때문이다.

덕 타이핑과 구조적 타이핑의 차이는 타입을 검사하는 시점에 있다. 덕 타이핑은 런타임에 타입을 검사한다. 자바스크립트는 덕 타이핑 언어다. 구조적 타이핑은 컴파일타임에 타입체커가 타입을 검사한다. 다시 말하지만 타입스크립트는 구조적 타이핑을 채택하고 있다.

덕 타이핑과 구조적 타이핑 모두 객체 변수, 메서드 같은 필드를 기반으로 타입을 검사한다는 점에서는 동일하지만, 타입을 검사하는 시점이 다르다. 덕 타이핑은 주로 동적 타이핑에서 구조적 타이핑은 정적 타이핑에서 사용된다.

 덕 타이핑

어떤 타입에 부합하는 변수와 메서드를 가질 경우 해당 타입에 속하는 것으로 간주하는 방식이다.

"만약 어떤 새가 오리처럼 걷고, 헤엄치며 꽥꽥거리는 소리를 낸다면 나는 그 새를 오리라고 부를 것이다"

⑤ 구조적 타이핑의 결과

타입스크립트 구조적 타이핑의 특징 때문에 예기치 못한 결과가 나올 때도 있다.

```
interface Cube {
  width: number;
  height: number;
  depth: number;
}

function addLines(c: Cube) {
  let total = 0;

  for (const axis of Object.keys(c)) {
    // 🔺 Element implicitly has an 'any' type
    // because expression of type 'string' can't be used to index type 'Cube'
    // 🔺 No index signature with a parameter of type 'string'
    // was found on type 'Cube'
```

```
      const length = c[axis];

      total += length;
    }
  }
}
```

addLines() 함수의 매개변수인 c는 Cube 타입으로 선언되었고, Cube 인터페이스의 모든 필드는 number 타입을 가지기 때문에 c[axis]는 당연히 number 타입일 것이라고 예측할 수 있다. 그러나 c에 들어올 객체는 Cube의 width, height, depth 외에도 어떤 속성이든 가질 수 있기 때문에 c[axis]의 타입이 string일 수도 있어 에러가 발생한다. 즉, 아래와 같은 상황이다.

```
const namedCube = {
  width: 6,
  height: 5,
  depth: 4,
  name: "SweetCube", // string 타입의 추가 속성이 정의되었다
};

addLines(namedCube); // ☑ OK
```

타입스크립트는 c[axis]가 어떤 속성을 지닐지 알 수 없으며 c[axis] 타입을 number라고 확정할 수 없어서 에러를 발생시킨다. 타입스크립트 구조적 타이핑의 특징으로 Cube 타입 값이 들어갈 곳에 name 같은 추가 속성을 가진 객체도 할당할 수 있기 때문에 발생하는 문제다.

이러한 한계를 극복하고자 타입스크립트에 명목적 타이핑 언어의 특징을 가미한 식별할 수 있는 유니온Discriminated Unions 같은 방법이 생겨났다.

⑥ 타입스크립트의 점진적 타입 확인

타입스크립트는 점진적으로 타입을 확인하는gradually typed 언어다. 점진적 타입 검사란 컴파일 타임에 타입을 검사하면서 필요에 따라 타입 선언 생략을 허용하는 방식이다. 타입을 지정한 변수와 표현식은 정적으로 타입을 검사하지만 타입 선언이 생략되면 동적으로 검사를 수행한다. 타입 선언을 생략하면 암시적 타입 변환이 일어난다.

```
function add(x, y) {
  return x + y;
}

// 위 코드는 아래와 같이 암시적 타입 변환이 일어난다
function add(x: any, y: any): any;
```

add( ) 함수의 매개변수 x와 y에 타입을 선언하지 않았지만 타입스크립트 컴파일러는 x, y가 잘못된 것이라고 여기지 않는다. 다만 타입을 명시하지 않았기 때문에 타입스크립트 컴파일러는 add( ) 함수의 인자 x, y와 함수의 반환 값을 모두 any 타입으로 추론한다.

이처럼 타입스크립트에서는 필요에 따라 타입을 생략할 수도 있고 타입을 점진적으로 추가할 수도 있다. 타입스크립트에서 프로그램을 컴파일하는 데 반드시 모든 타입을 알아야 하는 것은 아니다. 그러나 타입스크립트는 컴파일타임에 프로그램의 모든 타입을 알고 있을 때 최상의 결과를 보여준다.

타입스크립트는 자바스크립트의 슈퍼셋 언어이기 때문에 모든 자바스크립트 코드는 타입스크립트 코드라고 봐도 무방하다. 따라서 .ts 파일에 자바스크립트 문법으로 소스코드를 작성하더라도 문제가 발생하지 않는다.[2] 특히 타입을 지정하지 않은 자바스크립트 코드를 타입스크립트로 마이그레이션할 때 타입스크립트의 점진적 타이핑이라는 특징을 유용하게 활용할 수 있다.

그러나 이러한 특징 때문에 타입스크립트의 타입 시스템은 정적 타입의 정확성을 100% 보장해주지 않는다. 모든 변수와 표현식의 타입을 컴파일타임에 검사하지 않아도 되기 때문에 타입이 올바르게 정해지지 않으면 런타임에서 에러가 발생하기도 한다.

```
const names = ["zig", "colin"];
console.log(names[2].toUpperCase());
// TypeError: Cannot read property 'toUpperCase' of undefined
```

---

2 단, tsconfig의 설정에 따라 다를 수 있다.

⑦ 자바스크립트 슈퍼셋으로서의 타입스크립트

타입스크립트는 기존 자바스크립트 코드에 정적인 타이핑을 추가한 것으로 자바스크립트의 상위 집합이다. 타입스크립트 문법은 모든 자바스크립트 문법을 포함하고 있다. 선택적으로 타이핑을 도입할 수 있는 특징 때문에 타입스크립트는 자바스크립트가 가지고 있는 여러 문제를 그대로 가지고 있지만 이 점 덕분에 타입스크립트를 도입하는 데 진입장벽이 낮아졌다.

모든 자바스크립트 코드는 타입스크립트라고 볼 수 있지만 반대로 모든 타입스크립트 코드가 자바스크립트 코드인 것은 아니다. 다시 말하지만 타입스크립트는 타입을 명시하는 문법을 가지고 있기 때문이다.

예를 들어 다음 코드는 타입스크립트에서 유효하다.

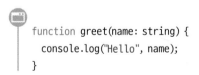

```
function greet(name: string) {
  console.log("Hello", name);
}
```

그러나 자바스크립트 런타임에서는 오류가 발생한다.

```
// 🗒 SyntaxError: Unexpected token
```

: string은 타입스크립트에서 쓰이는 타입 구문이다. 타입 구문을 사용하는 순간부터 자바스크립트는 타입스크립트의 영역으로 들어가게 된다.

또한 타입스크립트 컴파일러는 타입스크립트뿐만 아니라 일반 자바스크립트 프로그램에서도 유용하게 사용할 수 있다.

```
let developer = "Colin";
console.log(developer.toUppercase());
```

이 코드를 타입스크립트 컴파일러로 실행하면 다음과 같은 오류가 발생한다.

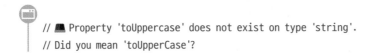

```
// 🖥 Property 'toUppercase' does not exist on type 'string'.
// Did you mean 'toUpperCase'?
```

developer 변수가 문자열이라는 것을 알려주지 않아도 타입스크립트는 초깃값(여기서는 Colin)으로 타입을 추론해서 toUppercase 대신 toUpperCase 메서드로 대체할 것을 제안한다.

만약 같은 코드를 자바스크립트 런타임에서만 실행하면 다음과 같은 에러를 던져줄 뿐이다.

```
// 🖥 developer.toUppercase is not a function
```

8 값 vs 타입

값value은 프로그램이 처리하기 위해 메모리에 저장하는 모든 데이터다. 다르게 말하면 프로그램에서 조작하고 다룰 수 있는 어떤 표현이며 다양한 형태의 데이터를 포함한다. 수학적 개념에서 값으로 여기는 1, 2, 3과 같은 데이터는 물론이고 1 + 2 같은 식이 반환하는 결괏값 3도 값에 해당한다. 프로그래밍 관점에서는 문자열, 숫자, 변수, 매개변수 등이 값에 해당한다.

```
11; // 숫자 값
"hello typescript"; // 문자열 값
let foo = "bar"; // 변숫값
```

객체 역시 값이다. 그리고 자바스크립트에서는 함수도 값이다. 모든 것이 객체인 언어답게 자바스크립트 함수는 런타임에 객체로 변환되기 때문이다.

```
// 함수
function goWork(developer) {
  console.log(`tired ${developer}`);
}
```

값은 어떠한 식을 연산^{evaluate}한 것으로 변수에 할당할 수 있다. 아래 예시에서는 developer 라는 변수에 "zig"라는 문자열 값을 할당했다.

> ⓘ 일반적으로 evaluate를 '평가한다'는 뜻으로 해석하지만 프로그래밍에서는 값을 구하다 또는 문제를 푼다는 의미로 이해하기도 한다.

```
const developer = "zig";
```

앞서 언급한 대로 함수 역시 값으로 볼 수 있다. 위 예시에서 정의된 함수 goWork를 다른 방식으로 정의하면 다음과 같다.

```
// 함수
const goWork = function (developer) {
  console.log(`tired ${developer}`);
};
```

함수 역시 변수에 할당할 수 있는 값임을 알 수 있다. 자바스크립트 대신 타입스크립트를 사용하게 되면서 타입이라는 개념이 등장한다. 타입스크립트는 변수, 매개변수, 객체 속성 등에 : type 형태로 타입을 명시한다.

```
const a: string = "hello";
const b: number = 2022;
const c: boolean = true;
const d: number[] = [1, 2, 3];
```

또는 type이나 interface 키워드로 커스텀 타입을 정의할 수도 있다.

```
type Person = {
  name: string;
  age: number;
};

interface Person {
  name: string;
  age: number;
}
```

값 공간과 타입 공간의 이름은 서로 충돌하지 않기 때문에 타입과 변수를 같은 이름으로 정의할 수 있는데 타입스크립트가 자바스크립트의 슈퍼셋인 것과 관련이 있다. 타입스크립트 문법인 type으로 선언한 내용은 자바스크립트 런타임에서 제거되기 때문에 값 공간과 타입 공간은 서로 충돌하지 않는다.

```
type Developer = { isWorking: true };
const Developer = { isTyping: true }; // ✅ OK

type Cat = { name: string; age: number };
const Cat = { slideStuffOffTheTable: true }; // ✅ OK
```

타입스크립트 코드에서 타입과 값을 구분하는 것은 어렵지 않다. 타입은 주로 타입 선언(:) 또는 단언 문(as)으로 작성하고 값은 할당 연산자인 =으로 작성한다.

다음 예시 코드에서 변수 developer의 타입은 Developer이며 developer에 할당된 값은 { name: "Zig", isWorking: true }라는 사실을 쉽게 알 수 있다.

```
interface Developer {
  name: string;
  isWorking: boolean;
}

const developer: Developer = { name: "Zig", isWorking: true };
```

함수의 매개변수처럼 여러 개의 심볼이 함께 쓰인다면 타입과 값을 명확하게 구분해야 한다.

```
function postTIL(author: Developer, date: Date, content: string): Response {
  // ...
}
```

이 예시에서 author, date, content는 값으로 Developer, Date, string은 타입으로 사용되었다.

이처럼 타입스크립트에서는 값과 타입이 함께 사용된다. 값과 타입은 타입스크립트에서 별도의 네임스페이스에 존재한다. 타입스크립트는 개발자가 작성한 코드 문맥을 파악해서 스스로 값 또는 타입으로 해석한다. 값이 사용되는 위치와 타입이 사용되는 위치가 다르기 때문에, 코드가 어디에서 사용되었는지에 따라 타입인지 값인지를 추론할 수 있는 것이다.

타입스크립트에서 값과 타입의 구분은 맥락에 따라 달라지기 때문에 값 공간과 타입 공간을 혼동할 때도 있다. 다음 예시 코드를 보자.

```
function email(options: { person: Person; subject: string; body: string }) {
  // ...
}
```

자바스크립트의 구조 분해 할당을 사용하면 email 함수의 매개변수로 넘기는 options 객체를 아래와 같이 풀어 쓸 수 있다.

```
function email({ person, subject, body }) {
  // ...
}
```

그러나 같은 코드를 타입스크립트에서 구조 분해 할당하면 오류가 발생한다.

```
function email({ person:
  Person, // 🖥️ subject:
  string, // 🖥️ body:
  string, // 🖥️
}) {
  // ...
}
```

> 🔎 **구조 분해 할당(Destructuring assignment)**
>
> ES6부터 도입된 자바스크립트의 기능으로 자바스크립트 또는 타입스크립트에서 배열이나 객체의
> 속성을 개별 변수로 분해하여 그 값을 변수에 할당하는 것을 말한다.

값의 관점에서 Person과 string이 해석되었기 때문에 오류가 발생했다. 개발자의 의도는 매개변수 객체의 속성인 person을 Person 타입으로, subject와 body를 string 타입으로 설정하여 함수 매개변수에 들어올 수 있는 객체 타입을 제한하는 것이었다. 그러나 위 코드에서 Person, string이 값 공간에 있는 것으로 해석되고, person과 Person은 각 함수의 매개변수 객체 내부 속성의 키-값 쌍에 해당하는 것으로 해석된다.

이와 같은 값-타입 공간을 혼동하는 문제를 해결하기 위해 값과 타입을 구분해서 작성해야 한다.

```
function email({
  person,
  subject,
  body,
}: {
  person: Person;
  subject: string;
  body: string;
}) {
  // ...
}
```

개발을 하다 보면 때때로 프로그래밍 언어 창시자가 개발자를 일부러 곤경에 빠뜨리려고 언어의 문법을 복잡하게 설계한 게 아닐까 하는 생각이 들 때도 있다. 타입스크립트에는 앞서 언급한 대로 타입과 값이 혼용되는 것 말고도 값과 타입 공간에 동시에 존재하는 심볼도 있다. 대표적인 것이 클래스^class와 enum이다.

타입스크립트에서 헷갈리는 것 중 하나가 클래스에 관한 것이다. 자바스크립트 ES6에서 등장한 클래스는 객체 인스턴스를 더욱 쉽게 생성하기 위한 문법 기능^syntactic sugar으로 실제 동작은 함수와 같다.

```
class Rectangle {
  constructor(height, width) {
    this.height = height;
    this.width = width;
  }
}

const rect1 = new Rectangle(5, 4);
```

동시에 클래스는 타입으로도 사용된다. 즉 타입스크립트 코드에서 클래스는 값과 타입 공간 모두에 포함될 수 있다.

```
class Developer {
  name: string;
  domain: string;

  constructor(name: string, domain: string) {
    this.name = name;
    this.domain = domain;
  }
}

const me: Developer = new Developer("zig", "frontend");
```

변수명 me 뒤에 등장하는 : Developer에서 Developer는 타입에 해당하지만 new 키워드 뒤의 Developer는 클래스의 생성자 함수인 값으로 동작한다.

타입스크립트에서 클래스는 타입 애너테이션으로 사용할 수 있지만 런타임에서 객체로 변환되어 자바스크립트의 값으로 사용되는 특징을 가지고 있다.

클래스와 마찬가지로 타입스크립트 문법인 enum 역시 런타임에 객체로 변환되는 값이다. enum은 런타임에 실제 객체로 존재하며, 함수로 표현할 수도 있다.

```
enum Direction {
  Up, // 0
  Down, // 1
  Left, // 2
  Right, // 3
}
```

enum 예시를 순수 자바스크립트 코드로 컴파일하면 다음과 같다.

```
"use strict";
var Direction;
(function (Direction) { Direction[(Direction["Up"]
  = 0)] = "Up"; Direction[(Direction["Down"] = 1)]
  = "Down"; Direction[(Direction["Left"] = 2)] =
  "Left"; Direction[(Direction["Right"] = 3)] =
```

```
    "Right";
  })(Direction || (Direction = {}));
```

enum도 클래스처럼 타입 공간에서 타입을 제한하는 역할을 하지만 자바스크립트 런타임에서
실제 값으로도 사용될 수 있다.

```
enum WeekDays {
  MON = "Mon",
  TUES = "Tues",
  WEDNES = "Wednes",
  THURS = "Thurs",
  FRI = "Fri",
}

// 'MON' | 'TUES' | 'WEDNES' | 'THURS' | 'FRI'
type WeekDaysKey = keyof typeof WeekDays;
function printDay(key: WeekDaysKey, message: string) {
  const day = WeekDays[key];
  if (day <= WeekDays.WEDNES) {
    console.log(`It's still ${day}day, ${message}`);
  }
}
printDay("TUES", "wanna go home");
```

이 예시에서는 enum이 타입으로 사용됐다. WeekDays enum에 keyof typeof 연산자를 사용
해서 type WeekDaysKey를 만들어, printDay() 함수의 key 인자에 넘겨줄 수 있는 값의 타
입을 제한한다.

이와 달리 enum이 값 공간에서 사용되는 예를 살펴보자.

```
// enum이 값 공간에서 사용된 경우
enum MyColors {
  BLUE = "#0000FF",
  YELLOW = "#FFFF00",
  MINT = "#2AC1BC",
}
```

```
function whatMintColor(palette: { MINT: string }) {
  return palette.MINT;
}

whatMintColor(MyColors); // ☑
```

이 예시에서 MyColors enum은 마치 일반적인 객체처럼 동작한다. whatMintColor() 함수
의 인자인 palette는 MINT라는 속성을 갖는 객체고, MyColors는 string 타입의 MINT 속성
을 가지고 있기 때문에 코드가 정상적으로 실행된다.

타입스크립트에서 어떠한 심볼이 값으로 사용된다는 것은 컴파일러를 사용해서 타입스크립트
파일을 자바스크립트 파일로 변환해도 여전히 자바스크립트 파일에 해당 정보가 남아있음을
의미한다. 반면 타입으로만 사용되는 요소는 컴파일 이후에 자바스크립트 파일에서 해당 정보
가 사라진다.

자바스크립트 문법의 여러 키워드가 타입스크립트에서 값 또는 타입으로 해석되는 방식을 정
리하면 다음과 같다.

표 타입스크립트에서 자바스크립트의 키워드가 해석되는 방식

키워드	값	타입
class	Y	Y
const, let, var	Y	N
enum	Y	Y
function	Y	N
interface	N	Y
type	N	Y
namespace	Y	N

우형 이야기

Q. 팀 내에서 enum과 유니온 타입을 사용하나요?

배달이팀 딱히 제한은 없지만 enum을 선호하는 편이에요. IDE에서 거의 지원을 다 해주긴 하지만 유니온 타입은 내가 어떤 타입을 가졌는지 전부 기억해야 하고, 변경이 필요하면 사용되는 곳을 모두 찾아서 바꿔야 할 때가 있어요. 특히 string 타입의 유니온 타입은 리팩터링하기에 번거로운 점이 많은 것 같아요. 유니온 타입은 타입이니까 순회가 안 되지만 enum은 값이기 때문에 이터러블iterable하죠.

즉, 유니온 타입은 타입이지만 enum은 값이기 때문에 검증이 가능합니다. 하지만 enum은 정의부를 바꾸면 알아서 사용하는 쪽에서도 변경되니까 편한 것 같아요. 그래서 넓은 범위에 확장해서 써야 한다면 enum을 쓰고 있습니다. 또한 코드 가독성이 유니온 타입에 비해서 더 좋은 점도 있는 것 같아요. 우리 팀은 DX(개발 경험)적인 측면에서 enum을 더 선호한다고 할 수 있겠네요.

물론, enum은 트리쉐이킹이 되지 않기 때문에 번들 사이즈에 영향을 줄 수 있지만 const enum을 사용하면 해결할 수 있어요. 사실 enum을 쓴다고 해서 전체 파일의 번들 사이즈가 서비스에 영향을 미칠정도로 커지지 않으니 크게 고민하지는 않아요.

냥이팀 enum은 잘 사용하지 않았어요. 타입스크립트에서 타입을 선언하는 용도로 enum이 있어야 하는지 잘 모르겠어요. enum이 들어갈 수 있는 값을 타입으로 강제해놓고 객체로 만들어야 맞지 않나 하는 생각을 많이 했어요.

enum은 타입을 위한 문법이라기보다 개발을 위한 문법 같아요. enum의 기능이 타입스크립트 컴파일러에 의해 동작하는 것이 이상하게 느껴집니다. 예를 들어 enum의 리버스 매핑 기능은 컴파일러에서 처리되면 안 되는 동작이라고 생각해요. 그래서 사용하지 않는 편이에요.

타입스크립트를 처음 배울 때 타입스크립트를 자바스크립트에서 실행되는 구문이라고 생각해서 에러를 내는 경우가 많은데 enum도 비슷한 것 같아요.

메이팀 우리 팀도 enum은 지양하고 있어요. enum은 사용하기에는 되게 편한데 자바스크립트로 컴파일될 때 IIFE로 바뀌는 게 그건 잃지만 성능에 영향을 줄 수 있다는 것을 본 것 같아서 그 이후로는 습관적으로 안 쓰기 시작했어요.

🧠 트리쉐이킹(tree-shaking)

자바스크립트 · 타입스크립트에서 사용하지 않는 코드를 삭제하는 방식이다. 나무를 흔들면 죽은 나뭇잎이 떨어지는 모습을 보고 이름을 따왔다고 한다. ES6 이후의 최신 애플리케이션 개발 환경에서는 웹팩Webpack, 롤업Rollup 같은 모듈 번들러를 사용한다. 이러한 도구로 번들링 작업을 수행할 때 사용하지 않는 코드는 자동으로 삭제된다. CommonJS 모듈은 트리쉐이킹을 지원하지 않지만 ES6 이후에는 파일 내 특정 모듈만 임포트하면 해당 모듈을 사용하지 않는 파일 코드는 삭제되어 더 작은 크기의 번들링 파일을 생성할 수 있게 되었다.

9 타입을 확인하는 방법

타입스크립트에서 typeof, instanceof 그리고 타입 단언을 사용해서 타입을 확인할 수 있다. typeof는 연산하기 전에 피연산자의 데이터 타입을 나타내는 문자열을 반환한다. typeof 연산자가 반환하는 값은 자바스크립트의 7가지 기본 데이터 타입(Boolean, null, undefined, Number, BigInt, String, Symbol)과 Function(함수), 호스트 객체 그리고 object 객체가 될 수 있다.

```
typeof 2022; // "number"
typeof "woowahan"; // "string"
typeof true; // "boolean"
typeof {}; // "object
```

타입스크립트에는 값 공간과 타입 공간이 별도로 존재한다. 타입스크립트에서 **typeof** 연산자도 값에서 쓰일 때와 타입에서 쓰일 때의 역할이 다르다.

```
interface Person {
  first: string;
  last: string;
}

const person: Person = { first: "zig", last: "song" };

function email(options: { person: Person; subject: string; body: string }) {}
```

값에서 사용된 **typeof**는 자바스크립트 런타임의 **typeof** 연산자가 된다.

```
const v1 = typeof person; // 값은 'object'
const v2 = typeof email; // 값은 'function'
```

반면 타입에서 사용된 **typeof**는 값을 읽고 타입스크립트 타입을 반환한다.

```
type T1 = typeof person; // 타입은 Person
type T2 = typeof email; // 타입은 (options: { person: Person; subject: string; body:
string; }) => void
```

person 변수가 **interface Person** 타입으로 선언되었기 때문에 타입 공간에서의 **typeof person**은 Person을 반환한다. **email** 함수는 타입 공간에서 typeof 연산자로 값을 읽을 때 함수의 매개변수 타입과 리턴 타입을 포함한 함수 시그니처 타입을 반환한다.

예시의 v1과 v2는 const 키워드로 선언된 변수로 값이 할당될 공간이다. 값 공간의 typeof 는 피연산자인 person과 email의 런타임 타입을 가리키는 문자열을 반환한다. 즉, 값에서 사용된 typeof 연산자는 자바스크립트 typeof 연산자와 동일하게 동작한다.

자바스크립트 클래스는 typeof 연산자를 쓸 때 주의해야 한다. 앞서 선언한 Developer 클래스를 다시 보자.

```
class Developer {
  name: string;
  sleepingTime: number;

  constructor(name: string, sleepingTime: number) {
    this.name = name;
    this.sleepingTime = sleepingTime;
  }
}

const d = typeof Developer; // 값이 'function'
type T = typeof Developer; // 타입이 typeof Developer
```

자바스크립트의 클래스는 결국 함수이기 때문에 값 공간에서 typeof Developer의 값은 function이 된다. 타입 공간에서 typeof Developer의 반환 값은 조금 특이한데 type T에 할당된 Developer는 인스턴스의 타입이 아니라 new 키워드를 사용할 때 볼 수 있는 생성자 함수이기 때문이다.

```
const zig: Developer = new Developer("zig", 7);
type ZigType = typeof zig; // 타입이 Developer
```

Developer 클래스로 생성한 zig 인스턴스는 Developer가 인스턴스 타입으로 생성되었기 때문에 타입 공간에서의 typeof zig 즉, type ZigType은 Developer를 반환한다.

그러나 Developer는 Developer 타입의 인스턴스를 만드는 생성자 함수이다. 따라서 typeof Developer 타입도 그 자체인 typeof Developer가 된다. typeof Developer를 풀어서 설명하면 다음과 같다.

```
new (name: string, sleepingTime: number): Developer
```

자바스크립트에서 instanceof 연산자를 사용하면 프로토타입 체이닝 어딘가에 생성자의 프로토타입 속성이 존재하는지 판단할 수 있다. typeof 연산자처럼 instanceof 연산자의 필터링으로 타입이 보장된 상태에서 안전하게 값의 타입을 정제하여 사용할 수 있다.

```
let error = unknown;

if (error instanceof Error) {
  showAlertModal(error.message);
} else {
  throw Error(error);
}
```

타입스크립트에서는 타입 단언이라 부르는 문법을 사용해서 타입을 강제할 수도 있는데 as 키워드를 사용하면 된다. 타입 단언은 개발자가 해당 값의 타입을 더 잘 파악할 수 있을 때 사용되며 강제 형 변환과 유사한 기능을 제공한다.

> ⊙ 다른 언어의 타입 캐스팅과 타입스크립트의 타입 단언은 유사한 부분도 있지만 일치하는 개념은 아니다. 결국 타입스크립트 코드는 자바스크립트로 변환되고 타입스크립트의 타입 시스템과 문법은 컴파일 단계에서 제거된다. 따라서 컴파일 단계에서는 타입 단언이 형 변환을 강제할 수 있지만 런타임에서는 효력을 발휘하지 못한다.

```
const loaded_text: unknown; // 어딘가에서 unknown 타입 값을 전달받았다고 가정

const validateInputText = (text: string) => {
  if (text.length < 10) return "최소 10글자 이상 입력해야 합니다.";
  return "정상 입력된 값입니다.";
};

validateInputText(loaded_text as string); // as 키워드를 사용해서 string으로 강제하지 않
으면 타입스크립트 컴파일러 단계에서 에러 발생
```

이외에도 타입을 검사하는 다른 방법이 있는데 타입 가드^{Type Guard}라는 패턴도 있다. 타입 가드는 특정 조건을 검사해서 타입을 정제하고 타입 안정성을 높이는 패턴이다. 타입 가드는 4.2에서 자세히 살펴보자.

2.3 원시 타입

앞서 말했듯이 타입스크립트는 자바스크립트의 슈퍼셋이기 때문에 자바스크립트와 대응되는 부분이 많지만 차이점도 있다. 자바스크립트에서 값은 타입을 가지지만 변수는 별도의 타입을 가지지 않는다. 따라서 자바스크립트의 변수에는 어떤 타입의 값이라도 자유롭게 할당할 수 있다. 타입스크립트는 이 변수에 타입을 지정할 수 있는 타입 시스템 체계를 구축한다. 특정 타입을 지정한 변수에 해당 타입의 값만 할당할 수 있는 식이다. 앞에서 언급한 자바스크립트의 7가지 원시 값은 타입스크립트에서 원시 타입으로 존재한다.

 원시 값과 원시 래퍼 객체

앞서 자바스크립트의 내장 타입을 파스칼 표기법[3]으로 표기했다. 반면 타입스크립트에서는 이에 대응하는 타입을 소문자로 표기한다. 자바스크립트는 컴파일 시점에 타입스크립트의 타입 시스템이 적용되지 않으므로 타입스크립트와 구별하기 위해 소문자로 표기하지 않았다. 타입을 파스칼 표기법으로 표기하면 자바스크립트에서 이것을 원시 래퍼 객체라고 부른다. null과 undefined를 제외한 모든 원시 값은 해당 원시 값을 래핑한 객체를 가진다.

원시 래퍼 객체는 이름에서 알 수 있듯이 원시 값이 아닌 객체라는 점에 주의하자. 따라서 타입스크립트에서는 내장 원시 타입에 해당하는 타입을 파스칼 표기법으로 쓰지 않도록 주의해야 한다. 타입스크립트에도 원시 래퍼 객체가 존재하는데 이것은 고유한 타입으로 분류되기 때문에 둘은 엄연히 다르다.

---

3 단어의 첫 글자를 대문자로 쓰고 나머지 글자는 소문자로 쓰는 방식이다. 프로그래밍에서 변수, 함수, 클래스 등의 이름을 작성할 때 주로 사용된다.

① boolean

```
const isEmpty: boolean = true;
const isLoading: boolean = false;

// errorAction.type과 ERROR_TEXT가 같은지 비교한 결괏값을 boolean 타입으로 반환하는 함수
function isTextError(errorCode: ErrorCodeType): boolean {
  const errorAction = getErrorAction(errorCode);
  if (errorAction) {
    return errorAction.type === ERROR_TEXT;
  }
  return false;
}
```

오직 true와 false 값만 할당할 수 있는 boolean 타입이다. 앞의 예시는 errorAction.type과 ERROR_TEXT가 같은지 비교한 결괏값을 boolean 타입으로 반환하는 함수다. 여기서 볼 수 있듯이 비교식의 결과도 boolean 타입을 갖는다.

자바스크립트에는 boolean 원시 값은 아니지만 형 변환을 통해 true / false로 취급되는 Truthy / Falsy 값이 존재한다. 앞서 말했듯이 이 값은 boolean 원시 값이 아니므로 타입스크립트에서도 boolean 타입에 해당하지 않는다.

② undefined

```
let value: string;
console.log(value); // undefined (값이 아직 할당되지 않음)

type Person = {
  name: string;
  job?: string;
};
```

정의되지 않았다는 의미의 타입으로 오직 undefined 값만 할당할 수 있다. 일반적으로 초기화되지 않은 값을 의미하며 앞의 예시처럼 변수 선언만 하고 값을 할당하지 않을 때 undefined가 반환되는 것을 볼 수 있다. 또한 Person 타입의 job 속성은 옵셔널로 지정되어 있는

데 이런 경우에도 undefined를 할당할 수 있다. 즉, 초기화되어 있지 않거나 존재하지 않음을 나타낸다.

③ null

```
let value: null | undefined;
console.log(value); // undefined (값이 아직 할당되지 않음)

value = null;
console.log(value); // null
```

오직 null만 할당할 수 있다. 자바스크립트에서 보통 빈 값을 할당해야 할 때 null을 사용한다. 이때 사용된 null은 명시적·의도적으로 값이 아직 비어있을 수 있음을 보여주는데 undefined가 null과 무엇이 다른지를 짐작할 수 있다. 자바스크립트에서는 흔히 값이 없다는 것을 나타낼 때 null과 undefined를 혼용한다. 심지어 동등 연산자(==)로 둘을 비교하면 서로 동등하다는 결과인 true 값을 볼 수 있다. 하지만 null과 undefined가 비슷해보여도 엄연히 따로 존재하는 원시 값이기 때문에 서로의 타입에 할당할 수 없다. 둘의 차이를 좀 더 알아보기 위해 아래 예시를 보자.

```
type Person1 = {
  name: string;
  job?: string;
};

type Person2 = {
  name: string;
  job: string | null;
};
```

모든 사람은 이름과 직업을 가진다고 가정해보자. 사람마다 현업에 종사하고 있을 수도 있고 무직일 수도 있다. Person1은 job이라는 속성이 있을 수도 또는 없을 수도 있음을 나타낸다. 즉, job이라는 속성 유무를 통해 무직인지 아닌지를 나타낸다. Person2는 job이라는 속성을 사람마다 갖고 있지만 값이 비어있을 수도 있다는 것을 나타낸다. 따라서 명시적인 null 값을 할당해 무직인 상태를 나타낸다고 볼 수 있다.

number

```
const maxLength: number = 10;
const maxWidth: number = 120.3;
const maximum: number = +Infinity;
const notANumber: number = NaN;
```

자바스크립트의 숫자에 해당하는 모든 원시 값을 할당할 수 있다. 자바 같은 언어에서는 byte·short·int·long·double·float 등 다양한 숫자 타입으로 구분되어 있는 것과 달리 자바스크립트의 숫자는 정수, 부동소수점수를 구분하지 않기 때문에 모두 number 타입에 할당할 수 있다. 자바스크립트에서 숫자에 해당하는 원시 값 중 NaN이나 Infinity도 포함된다. NaN은 Not A Number의 줄임말로 숫자가 아님을 나타낸다. 예를 들어 Number("Hello World")의 반환 값은 해당 문자열을 숫자로 변환할 수가 없기 때문에 NaN이다. Infinity는 무한대를 나타내는 숫자형 값이다.

bigInt

```
const bigNumber1: bigint = BigInt(999999999999);
const bigNumber2: bigInt = 999999999999n;
```

ES2020에서 새롭게 도입된 데이터 타입으로 타입스크립트 3.2 버전부터 사용할 수 있다. 이전의 자바스크립트에서는 가장 큰 수인 Number.MAX_SAFE_INTEGER($2^{53}-1$)를 넘어가는 값을 처리할 수 없었는데 bigInt를 사용하면 이보다 큰 수를 처리할 수 있다. number 타입과 bigint 타입은 엄연히 서로 다른 타입이기 때문에 상호 작용은 불가능하다.

6 string

```
const receiverName: string = 'KG';
const receiverPhoneNumber: string = "010-0000-0000";
const letterContent: string = `안녕, 내 이름은 ${senderName}이야.`;
```

문자열을 할당할 수 있는 타입이다. 공백도 **string** 타입에 해당한다. 작은따옴표(')나 큰따옴표(")로 둘러싼 문자열말고도 백틱(`)으로 감싼 문자열 내부에 변숫값을 포함할 수 있는 템플릿 리터럴^{template literal} 문법도 있다.

7 symbol

```
const MOVIE_TITLE = Symbol("title");
const MUSIC_TITLE = Symbol("title");
console.log(MOVIE_TITLE === MUSIC_TITLE); // false

let SYMBOL: unique symbol = Symbol(); // A variable whose type is a 'unique symbol'
type must be 'const'
```

ES2015에서 도입된 데이터 타입으로 Symbol( ) 함수를 사용하면 어떤 값과도 중복되지 않는 유일한 값을 생성할 수 있다. 위에 예시처럼 "title"이라는 동일한 문자열을 넘겨줬을 때도 서로 다른 값을 가지고 있음을 알 수 있다. 타입스크립트에는 **symbol** 타입과 **const** 선언에서만 사용할 수 있는 **unique symbol** 타입이라는 **symbol**의 하위 타입도 있다.

지금까지 언급한 원시 타입 중에서 **number**, **string**, **boolean**은 가장 대표적인 3가지 원시 타입이자 다른 타입을 구성하는 기본 원소 같은 타입이기 때문에 가장 많이 사용되며, 사용자에 따라 다르게 사용될 여지가 적다. 반면 **null**이나 **undefined**는 **tsconfig** 옵션이나 사용자 취향에 따라 다르게 사용될 여지가 있다.

타입스크립트의 모든 타입은 기본적으로 **null**과 **undefined**를 포함하고 있다. 하지만 **tsconfig**의 **strictNullChecks** 옵션을 활성화했을 때는 사용자가 명시적으로 해당 타입에 **null**이나 **undefined**를 포함해야만 **null**과 **undefined**를 사용할 수 있다. 그렇지 않으면 **null**과 **undefined**가 될 수 있는 경우에 타입스크립트 에러가 발생하는데 보통 타입 가드로

null과 undefined가 되는 경우를 걸러낸다. ! 연산자를 사용해서 타입을 단언하는 방법도 있다. 이를 통해 사용자는 해당 참조가 null이나 undefined가 아니라고 보장할 수 있다. 일반적으로 타입 가드를 사용하는 것이 더 안전하다고 여겨져 단언문보다 타입 가드가 좀 더 선호되는 경향이 있다. 타입 가드는 4장에서 자세히 살펴볼 예정이다.

2.4 객체 타입

앞에서 언급한 7가지 원시 타입에 속하지 않는 값은 모두 객체 타입으로 분류할 수 있다. 자바스크립트에서 객체의 범주는 원시 타입에 비해 굉장히 넓다. 자바스크립트에서는 이런 값을 모두 객체라고 일컫는데 타입스크립트에서는 다양한 형태를 가지는 객체마다 개별적으로 타입을 지정할 수 있다. 예를 들어 배열 또는 클래스를 타입으로 지정할 수 있으며 매우 복잡한 구조를 가진 객체도 타입으로 만들어 관리할 수 있다.

1 object

자바스크립트 객체의 정의에 맞게 이에 대응하는 타입스크립트 타입 시스템은 object 타입이다. object 타입은 가급적 사용하지 말도록 권장되는데 나중에 다룰 any 타입과 유사하게 객체에 해당하는 모든 타입 값을 유동적으로 할당할 수 있어 정적 타이핑의 의미가 크게 퇴색되기 때문이다. 다만 any 타입과는 다르게 앞서 다룬 원시 타입에 해당하는 값은 object 타입에 속하지 않는다. 아래 예시는 object 타입의 광범위함을 보여준다.

```
function isObject(value: object) {
  return (
    Object.prototype.toString.call(value).replace(/\[|\]|\s|object/g, "") === "Object"
  );
}

// 객체, 배열, 정규 표현식, 함수, 클래스 등 모두 object 타입과 호환된다
isObject({});
isObject({ name: "KG" });
```

```
isObject([0, 1, 2]);
isObject(new RegExp("object"));
isObject(function () {
  console.log("hello wolrd");
});
isObject(class Class {});

// 그러나 원시 타입은 호환되지 않는다
isObject(20); // false
isObject("KG"); // false
```

2 {}

중괄호({})는 자바스크립트에서 객체 리터럴 방식으로 객체를 생성할 때 사용한다. 타입스크립트에서 객체를 타이핑할 때도 중괄호를 쓸 수 있는데, 중괄호 안에 객체의 속성 타입을 지정해주는 식으로 사용한다. 이것은 타이핑되는 객체가 중괄호 안에서 선언된 구조와 일치해야 한다는 것을 말한다.

```
// 정상
const noticePopup: { title: string; description: string } = {
  title: "IE 지원 종료 안내",
  description: "2022.07.15일부로 배민상회 IE 브라우저 지원을 종료합니다.",
};

// SyntaxError
const noticePopup: { title: string; description: string } = {
  title: "IE 지원 종료 안내",
  description: "2022.07.15일부로 배민상회 IE 브라우저 지원을 종료합니다.",
  startAt: "2022.07.15 10:00:00", // startAt은 지정한 타입에 존재하지 않으므로 오류
};
```

참고로 자바스크립트에서 빈 객체를 생성하기 위해 const obj = {};와 같은 구문을 사용할 수 있다. 타입스크립트 역시 이에 대응하는 타입으로 {}를 사용할 수 있는데 자바스크립트와 마찬가지로 빈 객체임을 의미한다. 따라서 {} 타입으로 지정된 객체에는 어떤 값도 속성으로 할당할 수 없다.

사실 빈 객체 타입을 지정하기 위해서는 {}보다 유틸리티 타입으로 Record<string, never>처럼 사용하는 게 바람직하다. 유틸리티 타입은 5장에서 자세히 살펴볼 것이다.

```
let noticePopup: {} = {};
noticePopup.title = "IE 지원 종료 안내"; // (X) title 속성을 지정할 수 없음
```

{} 타입으로 지정된 객체는 완전히 비어있는 순수한 객체를 의미하는 것이 아니다. 자바스크립트 프로토타입 체이닝으로 Object 객체 래퍼에서 제공하는 속성에는 정상적으로 접근할 수 있다. 타입스크립트에서 객체 래퍼를 타입으로 지정할 수 있는 데도 이러한 이유 때문에 소문자로 된 타입스크립트 타입 체계를 사용하는 게 일반적이다.

```
console.log(noticePopup.toString()); // [object Object]
```

③ array

타입스크립트는 자바스크립트 객체를 세분화해서 타입을 지정할 수 있는 타입 시스템을 갖고 있다고 했다. 자바스크립트에서는 흔히 사용하는 객체 자료구조 외에도 배열, 함수, 정규식 등이 객체 범주에 속한다. 타입스크립트에서는 이런 각각의 객체에 타입을 지정할 수 있다. 자바스크립트의 배열 자료구조는 원소를 자유롭게 추가하고 제거할 수 있으며 타입 제한 없이 다양한 값을 다룬다. 즉 하나의 배열 안에 숫자, 문자열과 같은 서로 다른 값이 혼재될 수 있다. 그러나 이런 쓰임은 타입스크립트가 추구하는 정적 타이핑 방향과 맞지 않는다.

타입스크립트에서는 배열을 array라는 별도 타입으로 다룬다. 타입스크립트 배열 타입은 하나의 타입 값만 가질 수 있다는 점에서 자바스크립트 배열보다 조금 더 엄격하다. 하지만 자바스크립트와 마찬가지로 원소 개수는 타입에 영향을 주지 않는다. 타입스크립트에서 배열 타입을 선언하는 방식은 Array 키워드로 선언하거나 대괄호([])를 사용해서 선언하는 방법이 있다. 두 방식은 결과적으로 같으므로 개인 취향 혹은 팀의 컨벤션에 따라 하나를 선택해서 사용하면 된다.

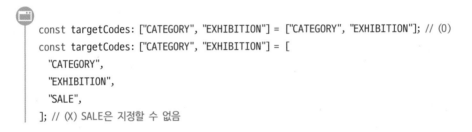

```
const getCartList = async (cartId: number[]) => {
  const res = await CartApi.GET_CART_LIST(cartId);
  return res.getData();
};

getCartList([]); // (O) 빈 배열도 가능하다
getCartList([1001]); // (O)
getCartList([1001, 1002, 1003]); // (O) number 타입 원소 몇 개가 들어와도 상관없다
getCartList([1001, "1002"]); // (X) '1002'는 string 타입이므로 불가하다
```

여기서 주의해야 할 점이 있는데 튜플 타입도 대괄호로 선언한다는 것이다. 자바스크립트에서 튜플은 조금 낯선 자료구조다. 튜플은 뒤에서 더 자세히 살펴볼 것이다. 타입스크립트 튜플 타입은 배열과 유사하지만 튜플의 대괄호 내부에는 선언 시점에 지정해준 타입 값만 할당할 수 있다. 원소 개수도 타입 선언 시점에 미리 정해진다. 이것은 객체 리터럴에서 선언하지 않은 속성을 할당하거나, 선언한 속성을 할당하지 않을 때 에러가 발생한다는 점과 비슷하다.

```
const targetCodes: ["CATEGORY", "EXHIBITION"] = ["CATEGORY", "EXHIBITION"]; // (O)
const targetCodes: ["CATEGORY", "EXHIBITION"] = [
  "CATEGORY",
  "EXHIBITION",
  "SALE",
]; // (X) SALE은 지정할 수 없음
```

배열 타입은 다음 장에서 더 살펴볼 것이다.

4 type과 interface 키워드

앞에서 언급한 타입스크립트 object 타입은 실무에서는 잘 사용하지 않는다. 자바스크립트와 대응되는 예시를 보여주기 위해 언급했을 뿐이다. 객체를 타이핑하기 위해서는 타입스크립트에서만 독자적으로 사용할 수 있는 키워드를 사용하는 게 일반적이다. 객체 범주에 속하는 배열도 마찬가지로 타입스크립트에서는 object 대신 오직 배열임을 나타내는 타입스크립트만의 배열 타입 시스템을 사용할 수 있다.

흔히 객체를 타이핑하기 위해 자주 사용하는 키워드로 **type**과 **interface**가 있다. 중괄호를 사용한 객체 리터럴 방식으로 타입을 매번 일일이 지정하기에는 중복적인 요소가 많다. 앞에서 지정한 noticePopup 객체 타입을 **type** 또는 **interface** 키워드를 사용해 다음과 같이 선언하면 반복적으로 사용돼도 중복 없이 해당 타입을 쓸 수 있다.

```
type NoticePopupType = {
  title: string;
  description: string;
};

interface INoticePopup {
  title: string;
  description: string;
}

const noticePopup1: NoticePopupType = { ... };
const noticePopup2: INoticePopup = { ... };
```

타입스크립트에서는 일반적으로 변수 타입을 명시적으로 선언하지 않아도 컴파일러가 자동으로 타입을 추론한다. 이 말은 타입스크립트 컴파일러가 변수 사용 방식과 할당된 값의 타입을 분석해서 타입을 유추한다는 것을 의미한다. 따라서 모든 변수에 타입을 일일이 명시적으로 선언할 필요가 없다.

그러나 타입 추론에 대해서는 다양한 의견이 있다. 컴파일러에 타입 추론을 온전히 맡길 것인지 명시적으로 타입을 선언할 것인지는 개인의 취향 또는 팀의 컨벤션에 따라 다를 수 있다.

우형 이야기

우형에서는 type과 interface 키워드를 어떻게 사용할까?

Q. type과 interface를 둘 다 쓸 수 있는 상황에서 팀은 주로 어떤 것을 사용하나요?

배달이팀 정해진 컨벤션이 있는 건 아니지만 대부분의 상황에서 interface를 사용하고 있습니다. 하지만 간단한 용도로는 type도 사용합니다. 만약 컨벤션으로 정한다면 공식 문서에 쓰인 내용을 바탕으로 전역global적으로 사용할 때는 interface를, 작은 범위 내에서 한정적으로 사용한다면 type을 써도 되지 않을까 하는 생각이 드네요.

냥이팀 type과 interface 둘 다 사용하고 있어요. type은 어떤 값에 대한 정의같이 정적으로 결정되어 있는 것을, interface는 확장될 수 있는 basis를 정의하거나 어떤 object 구성을 설명하는 요소라고 생각해요.

봄다리팀 필요에 따라 type 정의와 interface를 모두 사용하고 있습니다. 예를 들어 선언 병합이 필요할 때는 interface를 사용하고, computed value를 사용해야 한다면 type 정의를 쓰고 있죠.

왕팀 interface의 필요성을 느끼지 못하고 있어서 type 정의를 주로 사용하고 있어요. 현재는 아니지만 예전에 디버깅할 때 IDE에서 interface는 인터페이스 이름만 노출되고, type은 리터럴한 값이 직접 노출되었어요. 그래서 type을 사용하면 더 쉽게 타입 추론을 할 수 있어서 선호했었습니다.

Q. 팀 내에서 type이나 interface만을 써야 하는 상황이 있었나요?

배달이팀 객체 지향적으로 코드를 짤 때, 특히 상속하는 경우에 interface를 사용했던 것 같습니다. 예를 들어 extends나 implements를 사용할 때요.

냥이팀 유니온 타입이나 교차Intersection 타입 등 type 정의에서만 쓸 수 있는 기능을 활용할 때 type을 사용했습니다. interface 키워드는 예를 들어 다이얼로그Dialog 컴포넌트를 만들 때, 사이즈가 다른 다이얼로그끼리 같은 속성을 공유하는 기준 인터페이스를 정의하고 확장할 때 사용했습니다.

메이팀 props에 Record 형식을 extends할 때 interface로 선언된 변수를 넣으면 에러가 발생해서 type으로 바꿔 넣은 경험이 있습니다. 예를 들어 표 컴포넌트를 만들어서 쓸 때, 배열로 되어있는 데이터를 넣으면 피드 이름이 특정되지 않은 경우가 있어요. 이럴 때 Record로 선언해서 컴포넌트를 사용했는데 interface처럼 인덱스 키Index key가 따로 설정되지 않으면 오류가 발생하더라고요.

봄다리팀 computed value를 써야 했을 때 type 정의를 사용했습니다.

⑤ function

자바스크립트에서는 함수도 일종의 객체로 간주하지만 typeof 연산자로 함수 타입을 출력해보면 자바스크립트는 함수를 function이라는 별도 타입으로 분류한다는 것을 확인할 수 있다.

```
function add(a, b) {
  return a + b;
}

console.log(typeof add); // 'function'
```

마찬가지로 타입스크립트에서도 함수를 별도 함수 타입으로 지정할 수 있다. 다만 앞서 살펴본 객체의 타이핑과 달리 주의해야 할 점이 있다. 첫째, 자바스크립트에서 typeof 연산자로 확인한 function이라는 키워드 자체를 타입으로 사용하지는 않는다는 것이다. 둘째, 함수는 매개변수 목록을 받을 수 있는데 타입스크립트에서는 매개변수도 별도 타입으로 지정해야 한다.

다음은 이러한 주의 사항을 모두 적용한 함수의 타입 예시다. 마지막으로 함수가 반환하는 값이 있다면 반환 값에 대한 타이핑도 필요하다.

```
function add(a: number, b: number): number {
  return a + b;
}
```

앞의 예시에서는 매개변수 a와 b에 number 타입이 지정되고, 함수 이름 옆에 콜론과 함께 다시 number 타입으로 반환 값을 지정하고 있는 것을 볼 수 있다. 이 예시는 타입스크립트에서 함수를 작성할 때 매개변수와 반환 값에 대한 타입을 지정하는 문법을 설명한 것이다. 그런데 함수 자체의 타입은 어떻게 지정할 수 있을까? 호출 시그니처를 정의하는 방식을 사용하면 된다.

호출 시그니처(Call Signature)

타입스크립트에서 함수 타입을 정의할 때 사용하는 문법이다. 함수 타입은 해당 함수가 받는 매개변수와 반환하는 값의 타입으로 결정된다. 호출 시그니처는 이러한 함수의 매개변수와 반환 값의 타입을 명시하는 역할을 한다.

```
type add = (a: number, b: number) => number;
```

호출 시그니처를 들여다보면 자바스크립트의 화살표 함수와 맥락이 유사한 것을 알 수 있다. 일반적으로 자바스크립트에서는 함수를 작성할 때 `function` 키워드를 사용해서 작성하거나 화살표 함수 방식으로 작성한다. 반면 타입스크립트에서 함수 자체의 타입을 명시할 때는 화살표 함수 방식으로만 호출 시그니처를 정의한다.

```
1    (3장) =>
2    {(<고급 타입/>)
3    };
```

이 장에서는 자바스크립트 자료형에 없는 타입스크립트만의 타입 시스템을 소개한다. 그리고 타입의 개념을 응용하여 좀 더 심화한 타입 검사를 수행하는 데 필요한 지식을 살펴본다.

3.1 타입스크립트만의 독자적 타입 시스템

타입스크립트는 자바스크립트 자료형에서 제시되지 않은 독자적인 타입 시스템을 가지고 있다. 하지만 엄밀히 말하면 타입스크립트의 타입 시스템이 내포하고 있는 개념은 모두 자바스크립트에서 기인한 것이다. 단지 자바스크립트로 표현할 수단과 필요성이 없었을 뿐이다. 자바스크립트의 슈퍼셋으로 정적 타이핑을 할 수 있는 타입스크립트가 등장하면서 비로소 타입스크립트의 타입 시스템이 구축되었다.

예를 들어 타입스크립트의 any 타입을 살펴보자. 자바스크립트의 `typeof` 연산자나 `Object.prototype.toString.call(...)`를 사용하여 콘솔에서 변수 타입을 추적해봐도 any라는 문자열을 반환하는 경우를 찾을 수 없다. 따라서 any 타입은 타입스크립트에만 존재하는 독자적인 타입 시스템으로 간주할 수 있다.

그러나 any 타입의 개념은 이미 자바스크립트에서 널리 사용되고 있다. any라는 이름 그대로 어떤 타입이든 매핑할 수 있는 성질을 가지고 있는데 이는 원래 자바스크립트의 사용 방식과 일치하기 때문이다. 이 장에서 소개하는 모든 타입 시스템은 타입스크립트에만 존재하는 키워드지만, 그 개념은 자바스크립트에 기인한 타입 시스템이라는 점을 인지하고 각 타입을 살펴보자.

앞으로 다룰 타입의 계층 구조를 그림으로 나타내면 다음과 같다.

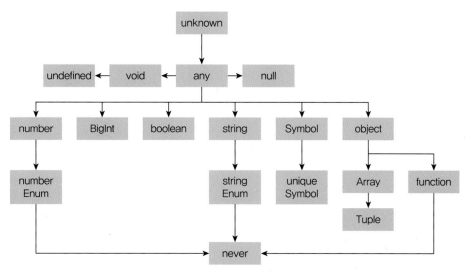

▶ 타입스크립트의 타입 계층 구조

① any 타입

any 타입은 앞서 말한 대로 자바스크립트에 존재하는 모든 값을 오류 없이 받을 수 있다. 즉, 자바스크립트에서의 기본적인 사용 방식과 같으므로 타입을 명시하지 않은 것과 동일한 효과를 나타낸다. 아래 예시에서 any로 지정한 타입에 어떠한 값을 할당하더라도 오류가 발생하지 않는다.

```
let state: any;

state = { value: 0 }; // 객체를 할당해도
state = 100; // 숫자를 할당해도
state = "hello world"; // 문자열을 할당해도
state.foo.bar = () => console.log("this is any type"); // 심지어 중첩 구조로 들어가 함수를
할당해도 문제없다
```

자연스레 any 타입의 효용성에 대해 의문을 가질 수 있다. 앞의 예시에서 볼 수 있듯이 any 타입은 타입스크립트로 달성하고자 하는 정적 타이핑을 무색하게 만들 수 있다. 타입스크립트는 동적 타이핑 특징을 가진 자바스크립트에 정적 타이핑을 적용하는 것이 주된 목적이지만 any

타입은 이러한 목적을 무시하고 자바스크립트의 동적 타이핑으로 돌아가는 것과 비슷한 결과를 가져온다.

따라서 any 타입을 변수에 할당하는 것은 지양해야 할 패턴으로 알려져 있다. 다시 말해 any를 회피하는 것은 좋은 습관으로 간주된다. 정적 타입의 관점에서 보면 이러한 주장은 매우 타당하다. 타입스크립트의 컴파일러 설정을 커스텀할 수 있는 tsconfig.json 파일에서 noImplicitAny 옵션을 활성화하면 타입이 명시되지 않은 변수의 암묵적인 any 타입에 대한 경고를 발생시킬 수 있다.

하지만 타입스크립트에서 any 타입을 어쩔 수 없이 사용해야 할 때가 있는데 대표적으로 3가지 사례를 들 수 있다.

개발 단계에서 임시로 값을 지정해야 할 때

매우 복잡한 구성 요소로 이루어진 개발 과정에서 추후 값이 변경될 가능성이 있거나 아직 세부 항목에 대한 타입이 확정되지 않은 경우가 생길 수 있다. 이럴 때 해당 값을 any로 지정하면 경고 없이 개발을 계속할 수 있다. 즉 타입을 세세하게 명시하는 데 소요되는 시간을 절약할 수 있다.

그러나 any 타입을 지나치게 남발하면 타입 안정성을 저해할 수 있다. any는 임시로 타입을 지정할 때 주로 사용되므로 타입에 대한 세부 스펙이 나오는 시점에 다른 타입으로 대체하는 경우가 많다. 하지만 any 타입으로 지정하고 나서 다른 타입으로 바꾸는 과정이 누락되면 문제가 발생할 수 있으므로 주의해야 한다.

어떤 값을 받아올지 또는 넘겨줄지 정할 수 없을 때

타입스크립트의 타입을 사용하면 정적 타이핑의 효과를 얻을 수 있다. 그러나 자바스크립트 입장에서는 어떤 값의 타입을 명확하게 지정하기 어려운 상황이 발생할 수 있다. 예를 들어 API 요청 및 응답 처리, 콜백 함수 전달, 타입이 잘 정제되지 않아 파악이 힘든 외부 라이브러리 등을 사용할 때는 어떤 인자를 주고받을지 특정하기 힘들다. 이처럼 주고받을 값이 명확하지 않을 때 열린 타입(any 타입)을 선언해야 할 수 있다.

```
type FeedbackModalParams = {
  show: boolean;
  content: string;
  cancelButtonText?: string;
  confirmButtonText?: string;
  beforeOnClose?: () => void;
  action?: any;
};
```

FeedbackModalParams라는 이름으로 선언된 타입 중에 action이라는 속성이 any로 선언된 것을 볼 수 있다. FeedbackModalParams는 피드백을 나타내기 위해 모달 창을 그릴 때 사용되는 인자를 나타내는 타입이다. 이 중 action 속성은 모달 창을 그릴 때 실행될 함수를 의미한다. 모달 창을 화면에 그릴 때 다양한 범주의 액션에 따라 인자의 개수나 타입을 일일이 명시하기 힘들 수 있다. 이럴 때 any 타입을 사용하면 다양한 액션 함수를 전달할 수 있다.

값을 예측할 수 없을 때 암묵적으로 사용

외부 라이브러리나 웹 API의 요청에 따라 다양한 값을 반환하는 API가 존재할 수 있다. 대표적인 예로 브라우저의 Fetch API를 들 수 있다. Fetch API의 일부 메서드는 요청 이후의 응답을 특정 포맷으로 파싱하는데 이때 반환 타입이 any로 매핑되어 있는 것 을 볼 수 있다.

```
async function load() {
  const response = await fetch("https://api.com");
  const data = await response.json(); // response.json()의 리턴 타입은 Promise<any>로
정의되어 있다
  return data;
}
```

이렇게 예외적으로 any 타입을 사용해야 하는 상황이 있음에도 되도록 any 타입은 지양하는 게 좋다.

왜냐하면 타입스크립트의 타입 검사를 무색하게 만들고 잠재적으로 위험한 상황을 초래할 가능성이 커지기 때문이다.

앞선 예시에서 개발자의 의도에 따르면 action 속성에 함수만 넘겨주어야 하지만, 실수 또는 악의적으로 함수가 아닌 값을 넘기더라도 타입스크립트는 이를 에러로 간주하지 않는다. 타입스크립트의 컴파일러에서는 아무런 에러가 도출되지 않지만, 실제 런타임에서 심각한 오류가 발생할 수 있다.

any 타입은 개발자에게 편의성과 확장성을 제공하기도 하지만 해당 값을 컨트롤하려면 파악해야 할 정보도 많다. 즉 도구의 도움을 받을 수 없는 상태에서 온전히 개발자 스스로 책임을 져야 함을 의미한다. 이런 맥락을 이해하지 못하면 협업 시 실수할 가능성이 커진다.

② unknown 타입

unknown 타입은 any 타입과 유사하게 모든 타입의 값이 할당될 수 있다. 그러나 any를 제외한 다른 타입으로 선언된 변수에는 unknown 타입 값을 할당할 수 없다. 아래 표는 any와 unknown 타입의 비교 내용을 담고 있다.

표 any 타입과 unknown 타입 비교

any	unknown
– 어떤 타입이든 any 타입에 할당 가능 – any 타입은 어떤 타입으로도 할당 가능(단 never는 제외)	– 어떤 타입이든 unknown 타입에 할당 가능 – unknown 타입은 any 타입 외에 다른 타입으로 할당 불가능

```
let unknownValue: unknown;

unknownValue = 100; // any 타입과 유사하게 숫자이든
unknownValue = "hello world"; // 문자열이든
unknownValue = () => console.log("this is any type"); // 함수이든 상관없이 할당이 가능하지만

let someValue1: any = unknownValue; // (O) any 타입으로 선언된 변수를 제외한 다른 변수는
모두 할당이 불가
let someValue2: number = unknownValue; // (X)
let someValue3: string = unknownValue; // (X)
```

unknown타입은 타입스크립트 3.0이 릴리스 될 때 추가되었는데 기존 타입 시스템에서 부족한 부분을 보완하기 위해 등장했다. unknown에 대응되는 자바스크립트 자료형이 무엇인지 쉽게 떠오르지 않을 만큼 타입스크립트만의 타입 시스템이라고 볼 수 있는데, unknown 타입은 이름처럼 무엇이 할당될지 아직 모르는 상태의 타입을 말한다. 이렇게만 보면 any 타입과 비슷한데 왜 unknown 타입이 추가되었을까?

앞선 예시를 다시 보자. 재미있는 점은 분명 함수를 unknown 타입 변수에 할당할 때는 컴파일러가 아무런 경고를 주지 않지만 이를 실행하면 다음과 같은 에러가 발생한다는 것이다.

```
// 할당하는 시점에서는 에러가 발생하지 않음
const unknownFunction: unknown = () => console.log("this is unknown type");

// 하지만 실행 시에는 에러가 발생; Error: Object is of type 'unknown'.ts (2571)
unknownFunction();
```

비단 함수뿐만 아니라 객체의 속성 접근, 클래스 생성자 호출을 통한 인스턴스 생성 등 객체 내부에 접근하는 모든 시도에서 에러가 발생한다. 할당 시점에는 아무런 문제가 없는데 왜 호출 시 문제가 생기는지 의아할 수 있을 것이다. unknown 타입은 어떤 타입이 할당되었는지 알 수 없음을 나타내기 때문에 unkonwn 타입으로 선언된 변수는 값을 가져오거나 내부 속성에 접근할 수 없다. 이는 unknown 타입으로 할당된 변수는 어떤 값이든 올 수 있음을 의미하는 동시에 개발자에게 엄격한 타입 검사를 강제하는 의도를 담고 있다.

any 타입을 사용하면 어떤 값이든 허용된다. 앞서 어떤 값이 할당될지 파악하기 어려운 상황에서 any 타입을 지정하여 임시로 문제를 회피하는 예시도 살펴보았다. 그리고 나중에 any 타입을 특정 타입으로 수정해야 하는 것을 깜빡하고 누락하면 어떤 값이든 전달될 수 있기 때문에 런타임에 예상치 못한 버그가 발생할 가능성이 높아진다는 것도 설명했다.

unknown 타입은 이러한 상황을 보완하기 위해 등장한 타입이다. any 타입과 유사하지만 타입 검사를 강제하고 타입이 식별된 후에 사용할 수 있기 때문에 any 타입보다 더 안전하다. 따라서 데이터 구조를 파악하기 힘들 때 any 타입 대신 unknown 타입으로 대체해서 사용하는 방법이 권장된다.

우형 이야기

우아한 형제들에서는 any와 unknown을 어떻게 사용할까?

Q. any를 사용하나요? 사용한다면 어떤 상황에서 사용할까요?

낭이팀 any는 웬만하면 쓰지 말자고 얘기하고 있어요. 특히 런타임에 오류를 방지하고 싶다면 any를 쓰지 말아야죠. 하지만 특정 타입을 어떻게 좁혀서 사용할지 모를 때 어쩔 수 없이 any를 사용한 적이 있어요. 예를 들어 응답 객체의 구조를 정확히 알 수 없는 상황이 있었어요. 응답 값이 너무 다양해서 타입으로 정의하기 곤란한 상황이었는데 이때 any를 사용한 적이 있어요. 하지만 지금 생각해보니 any를 쓸 필요가 없는 것 같아서 리팩터링하면서 전부 고쳐나가고 있어요.

타입스크립트 베이스로 작성된 코드 공간 안에 데이터 플로우가 다 들어있다면 any가 필요한 상황을 떠올리기 힘들겠죠. 하지만 외부에서 어떤 값이 들어올지 모르는 상황이라면 any를 허용할 수 있다고 생각합니다. Axios 라이브러리의 응답 객체 기본값이 any인데 라이브러리에도 들어있는 것을 보면 any가 필요한 상황이 있을 것 같아요.

그런데 깨진 유리창 이론처럼 any를 한 번 쓰기 시작하면 여기저기서 남용하게 될까 봐 걱정이 됩니다. 다른 함수나 객체에 최대한 영향을 주지 않도록 관리하는 것이 중요하겠죠. 영향을 주기 시작하면 문제가 걷잡을 수 없이 많아질 수도 있을 것 같습니다.

감자팀 웬만하면 any를 지양하려 하고 있어요. 하지만 아예 안 쓰기는 어려운 것 같아요. 예를 들어 표 컴포넌트같이 어떤 값을 받을지 모르는 상황에서 unknown을 사용하면, 가공할 때 타입 캐스팅을 모두 해야 하는 상황이 생겨서 이럴 때 any를 쓰고 있어요. 자바스크립트에서 타입스크립트로 변환하는 경우에도 그럴 수 있겠네요.

Q. unknown은 어떨 때 사용할 수 있을까요?

배달이팀 강제 타입 캐스팅을 통해 타입을 전환할 때 사용합니다. const env = process.env as unknown as ProcessEnv 같은 식으로요.

낭이팀 any보다는 좀 더 많이 사용하는 것 같아요. any는 무엇이든 괜찮다, unknown은 뭔지 모르지만 하나씩 테스트하면서 뭔지 알아내보자라는 의미라고 생각하는데 후자의 논리 전개가 필요할 때 unknown을 사용하죠. 또 unknown이 훨씬 안전한 것 같아요. any로 선언된 변수가 있을 때 length 속성을 참조하면 에러가 안 나거든요. 그런데 unknown으로 선언된 것은 에러가 발생해서 더 안전하고 엄격하다고 생각해요. 저는 unknown이 마음에 들어요.

> **왕팁** 예상할 수 없는 데이터라면 unknown을 씁니다. 타입스크립트 4.4부터 try- catch 에러의 타입이 any에서 unknown으로 변경되어서 에러 핸들링할 때도 unknown을 사용합니다. 한편 as unknown as Type같이 강제 타입 캐스팅을 하기도 하는데 사실 이것도 any와 다를 바 없어서 지양해야 합니다.

3 void 타입

다른 정적 타입 언어에서 void라는 타입을 이미 접해본 적이 있다면 이해하기 쉬울 것이다.

앞서 함수 타입을 지정하는 방법에 대해 살펴보았는데 함수에 전달되는 매개변수의 타입과 반환하는 타입을 지정해야 하는 것을 알 수 있다. 이때 매개변수를 전달하지 않는 경우에는 그냥 괄호를 비워두면 되지만 아무런 값을 반환하지 않는 경우에는 어떤 타입을 매핑해야 할까? 예를 들어 콘솔에 로그를 출력하거나 다른 함수를 실행하는 역할만 하는 함수의 경우 특정 값을 반환하지 않는다.

```
function showModal(type: ModalType): void {
  feedbackSlice.actions.createModal(type);
}

// 화살표 함수로 작성 시
const showModal = (type: ModalType): void => {
  feedbackSlice.actions.createModal(type);
};
```

자바스크립트에서는 함수에서 명시적인 반환문을 작성하지 않으면 기본적으로 undefined가 반환된다. 하지만 타입스크립트에서는 void 타입이 사용되는데 이것은 undefined가 아니다. 타입스크립트에서 함수가 어떤 값을 반환하지 않는 경우에는 void를 지정하여 사용한다고 생각하면 된다.

앞 예시와 같은 사례에서 함수 반환 타입을 void로 지정할 수 있다. void 타입은 주로 함수 반환 타입으로 사용되지만 사실 함수에 국한된 타입은 아니다. 아래처럼 변수에도 할당할 수 있지만 함수가 아닌 값에 대해서는 대부분 무의미하다. void 타입으로 지정된 변수는

undefined 또는 null 값만 할당할 수 있다. 그런데 만약 tsconfig.json에서 strictNull-Checks 옵션이 설정되었거나 컴파일 시 해당 플래그 설정이 실행되는 경우에는 null 값을 할당할 수 없다. 또한 명시적인 의미를 부여하는 관점에서 undefined와 null 타입 키워드를 직접 사용해서 타입을 지정하는 것이 더 바람직하다.

```
let voidValue: void = undefined;

// strictNullChecks가 비활성화된 경우에 가능
voidValue = null;
```

일반적으로 함수 자체를 다른 함수의 인자로 전달하는 경우가 아니라면 void 타입은 잘 명시하지 않는 경향이 있다. 함수 내부에 별도 반환문이 없다면 타입스크립트 컴파일러가 알아서 함수 타입을 void로 추론해주기 때문이다.

④ never 타입

never 타입도 일반적으로 함수와 관련하여 많이 사용되는 타입이다. never라는 단어가 내포하고 있는 의미처럼 never 타입은 값을 반환할 수 없는 타입을 말한다. 여기서 값을 반환하지 않는 것과 반환할 수 없는 것을 명확히 구분해야 한다. 자바스크립트에서 값을 반환할 수 없는 예는 크게 2가지로 나눌 수 있다.

에러를 던지는 경우

자바스크립트에서는 런타임에 의도적으로 에러를 발생시키고 캐치할 수 있다. throw 키워드를 사용하면 에러를 발생시킬 수 있는데, 이는 값을 반환하는 것으로 간주하지 않는다. 따라서 특정 함수가 실행 중 마지막에 에러를 던지는 작업을 수행한다면 해당 함수의 반환 타입은 never이다.

```
function generateError(res: Response): never {
  throw new Error(res.getMessage());
}
```

무한히 함수가 실행되는 경우

드물지만 함수 내에서 무한 루프를 실행하는 경우가 있을 수 있다. 무한 루프는 결국 함수가 종료되지 않음을 의미하기 때문에 값을 반환하지 못한다.

```
function checkStatus(): never {
  while (true) {
    // ...
  }
}
```

never 타입은 모든 타입의 하위 타입이다. 즉, never 자신을 제외한 어떤 타입도 never 타입에 할당될 수 없다는 것을 의미한다. 심지어 any 타입이라 할지라도 never 타입에 할당될 수 없다.

따라서 타입스크립트에서는 조건부 타입을 결정할 때 특정 조건을 만족하지 않는 경우에 엄격한 타입 검사 목적으로 never 타입을 명시적으로 사용하기도 한다. 이에 대한 예시는 5.1 조건부 타입에서 자세히 다룰 것이다.

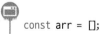 **Array 타입**

배열 타입을 가리키는 Array 키워드는 자바스크립트에서도 Object.prototype.toString. call(...) 연산자를 사용하여 확인할 수 있다. Object.prototype.toString.call(...) 함수는 객체의 타입을 알아내는 데 사용하는 함수이다. typeof를 사용하여 타입을 알 수도 있지만, 이 함수를 사용하는 이유는 typeof의 경우 객체 타입을 단순히 object 타입으로 알려 주지만, Object.prototype.toString.call(...) 함수는 객체의 인스턴스까지 알려주기 때문이다.

```
const arr = [];
console.log(Object.prototype.toString.call(arr)); // '[object Array]'
```

이미 자바스크립트에서도 확인할 수 있는 자료형인데도 왜 타입스크립트에서 다시 배열을 다루는지 의문이 들 수 있을 것이다. 타입스크립트에서 다시 **Array**를 언급하는 이유를 다음과 같이 제시할 수 있다.

- 엄밀히 말하면 자바스크립트에서는 배열을 객체에 속하는 타입으로 분류한다. 즉, 자바스크립트에서는 배열을 단독으로 배열이라는 자료형에 국한하지 않는다.
- 타입스크립트에서 Array라는 타입을 사용하기 위해서는 타입스크립트의 특수한 문법을 함께 다뤄야 한다.

이와 같은 이유로 배열의 타입 시스템을 이 절에서 조금 더 자세하게 다룰 것이다. 배열은 **Array** 키워드 외에도 대괄호([])를 사용해서 직접 타입을 명시할 수도 있는데, 이때의 타입은 배열보다 더 좁은 범위인 튜플Tuple을 가리킨다. 이 부분에 대해서도 조금 더 깊게 살펴보자.

앞서 설명한 대로, 자바스크립트의 배열은 동적 언어의 특징에 따라 어떤 값이든 배열의 원소로 허용한다. 즉, 하나의 배열로 선언된 변수에 숫자, 문자열, 객체 등 자료형이 무엇이든 상관없이 원소를 삽입하고 관리할 수 있다.

```
const fn = () => console.log(1);
const array = [1, "string", fn]; // 자바스크립트에서는 배열에 숫자, 문자열, 함수 등 다양한 값
을 삽입할 수 있다

array[0]; // 1
array[1]; // string
array[2](); // 1
```

하지만 이런 개념은 타입스크립트의 정적 타이핑과 잘 부합하지 않는다. 비단 타입스크립트뿐 아니라 다른 정적 언어에서도 배열의 원소로 하나의 타입만 사용하도록 명시한다.

자바

```
String[] array = { "string1", "string2", "string" };
// String 타입의 배열로 선언된 array에 int, float 같은 다른 자료형의 원소는 허용하지 않는다
```

C++

```
int array[3] = { 10, 20, 30 };
// int 타입의 array는 다른 타입의 원소를 허용하지 않는다
```

대개 정적 타입의 언어에서는 위와 같이 배열을 선언할 때 크기까지 동시에 제한하기도 한다.[1] 타입스크립트에서는 일반적으로 배열의 크기까지 제한하지는 않지만 정적 타입의 특성을 살려 명시적인 타입을 선언하여 해당 타입의 원소를 관리하는 것을 강제한다. 배열 타입을 선언하는 방식은 다른 정적 언어에서의 선언 방식과 유사하다. 앞서 살펴본 바와 같이 자료형 + 대괄호([]) 형식을 사용해서 배열 타입을 선언할 수 있다.

```
const array: number[] = [1, 2, 3]; // 숫자에 해당하는 원소만 허용한다
```

자바스크립트에서 배열 타입을 `Object.prototype.toString.call(...)` 연산자로 확인해보면 **Array**가 반환된다. 타입스크립트에서는 이 키워드로 배열 타입을 선언하는 방법도 있다. 이를 위해 제너릭이라는 특수한 문법을 사용한다. 제너릭에 대한 자세한 내용은 뒤에서 자세히 살펴볼 것이다.

```
const array: Array<number> = [1, 2, 3];
// number[]와 동일한 타입이다
```

2가지 방식으로 배열 타입을 선언할 수 있는데 두 방식 간의 차이점은 선언하는 형식 외에는 없다. 개인의 선호나 팀의 컨벤션에 따라 하나의 방식으로 통일하거나 2가지 방식을 혼용해서 사용해도 큰 문제는 없다.

기본적으로 자바스크립트의 동작은 배열 원소의 타입을 구분하지 않기 때문에 다양한 자료형의 원소를 함께 다룰 수 있는데, 만약 숫자형과 문자열 등 여러 타입을 모두 관리해야 하는 배열을 선언하려면 유니온 타입을 사용할 수 있다.

```
const array1: Array<number | string> = [1, "string"];
const array2: number[] | string[] = [1, "string"];

// 후자의 방식은 아래와 같이 선언할 수도 있다
const array3: (number | string)[] = [1, "string"];
```

---

1 고정된 길이 제한이 없는 자바의 ArrayList나 C++의 Vector 같은 자료형도 있다.

앞서 언급한 대로 타입스크립트에서 배열 타입을 명시하는 것만으로 배열의 길이까지는 제한할 수 없다. 그러나 튜플은 배열 타입의 하위 타입으로 기존 타입스크립트의 배열 기능에 길이 제한까지 추가한 타입 시스템이라고 볼 수 있다.

튜플은 타입스크립트의 타입 시스템과 대괄호를 사용해서 선언할 수 있다. 대괄호 안에 타입 시스템을 기술하는 것이 배열 타입과 유일하게 다른 점이다. 이때 대괄호 안에 선언하는 타입의 개수가 튜플이 가질 수 있는 원소의 개수를 나타낸다. 즉, 튜플은 배열의 특정 인덱스에 정해진 타입을 선언하는 것과 같다.

```
let tuple: [number] = [1];
tuple = [1, 2]; // 불가능
tuple = [1, "string"]; // 불가능

let tuple: [number, string, boolean] = [1, "string", true]; // 여러 타입과 혼합도 가능하다
```

기본적으로 타입스크립트에서의 배열과 튜플은 자바스크립트와 달리 제한적으로 쓰인다. 배열은 사전에 허용하지 않은 타입이 서로 섞이는 것을 방지하여 타입 안정성을 제공한다. 튜플은 길이까지 제한하여 원소 개수와 타입을 보장한다. 이처럼 타입을 제한하는 것은 자바스크립트가 갖는 동적 언어의 자유로움으로 인해 발생할 수 있는 런타임 에러와 유지보수의 어려움을 막기 위한 것이다. 특히 튜플의 경우 컨벤션을 잘 지키고 각 배열 원소의 명확한 의미와 쓰임을 보장할 때 더욱 안전하게 사용할 수 있는 타입이다.

튜플의 유용한 쓰임새를 알아보기 위해 사용자 인터페이스를 만들기 위한 자바스크립트 라이브러리인 리액트 예시를 살펴보자. 리액트는 16.8 버전부터 도입된 훅Hook이라는 요소 중 useState는 튜플 타입을 반환한다. 첫 번째 원소는 훅으로부터 생성 및 관리되는 상태 값을 의미하고, 두 번째 원소는 해당 상태를 조작할 수 있는 세터setter를 의미한다.

useState API는 배열 원소의 자리마다 명확한 의미를 부여하기 때문에 컴포넌트에서 사용하지 않은 값에 접근하는 오류를 방지할 수 있다. 또한 구조 분해 할당을 사용해서 사용자가 자유롭게 이름을 정의할 수 있다.

```
import { useState } from "react";

const [value, setValue] = useState(false);
const [username, setUsername] = useState("");
```

useState는 반환 값이 명확하고 잘 설계된 API이기 때문에 튜플 타입을 통해 이와 같은 유연성을 얻을 수 있다. 첫 번째 원소와 두 번째 원소의 타입과 의미가 명확하기 때문에 사용자는 그 의미에 맞게 적합한 이름을 선언하여 값을 가져올 수 있다.

구조 분해 할당은 배열뿐만 아니라 객체에 대해서도 적용할 수 있다. 객체의 경우 사전에 선언된 속성 이름을 통해 값을 가져오므로 튜플보다 유연성은 다소 떨어질 수 있다.[2]

```
const useStateWithObject = (initialValue: any) => {
  ...
  return { value, setValue };
};

const { value, setValue } = useStateWithObject(false); // 해당 함수에서 정의된 속성 이름
으로 가져와야 한다
const { value: username, setValue: setUsername } = useStateWithObject(''); // 사용자
정의 이름으로 사용하고 싶다면 일차적으로 먼저 접근한 다음에 다른 이름으로 지정할 수 있다
```

튜플과 배열의 성질을 혼합해서 사용할 수도 있다. 다음과 같이 스프레드 연산자(...)를 사용하여 특정 인덱스에서 요소를 명확한 타입으로 선언하고 나머지 인덱스에서는 배열처럼 동일한 자료형의 원소를 개수 제한 없이 받도록 할 수 있다.

```
const httpStatusFromPaths: [number, string, ...string[]] = [
  400,
  "Bad Request",
  "/users/:id",
  "/users/:userId",
  "/users/:uuid",
];
```

---

2 순서에 의존하지 않고 필요한 값만 가져와야 하는 경우 객체 구조 분해 할당 방식이 더 유용할 수 있다.

// 첫 번째 자리는 숫자(400), 두 번째 자리는 문자열('Bad Request')을 받아야 하고, 그 이후로는 문자열 타입의 원소를 개수 제한 없이 받을 수 있음

또한 옵셔널 프로퍼티(선택적 속성)를 명시하고 싶다면 물음표(?) 기호와 함께 해당 속성을 선언할 수 있다. 해당 원소는 옵셔널하기 때문에 해당 인덱스에 필수적으로 자리 잡고 있지 않을 수 있음을 의미한다.

 옵셔널(optional)

특정 속성 또는 매개변수가 값이 있을 수도 있고 없을 수도 있는 것을 의미한다. 즉, 선택적 매개변수(옵셔널 파라미터) 또는 선택적 속성(옵셔널 프로퍼티)은 필수적으로 존재하지 않아도 되며 선택적으로 사용될 수 있음을 나타낸다. 선택적 속성은 해당 속성에 값을 할당하지 않아도 되고 해당 속성이 없어도 오류가 발생하지 않는다. 이는 타입스크립트에서 좀 더 유연한 데이터 모델링과 사용자 정의 타입을 지원하기 위한 개념이다.

```
const optionalTuple1: [number, number, number?] = [1, 2];
const optionalTuple2: [number, number, number?] = [1, 2, 3]; // 3번째 인덱스에 해당하는
숫자형 원소는 있어도 되고 없어도 됨을 의미한다
```

6 enum 타입

enum 타입은 열거형이라고도 부르는데 타입스크립트에서 지원하는 특수한 타입이다. enum이라는 키워드는 다른 언어에서도 사용하는 개념이기에 익숙할 수 있을 것이다. enum은 일종의 구조체를 만드는 타입 시스템이다. enum을 사용해서 열거형을 정의할 수 있는데 열거형은 각각의 멤버를 가지고 있다. 이것은 자바스크립트 객체의 모양새와 닮았다. 다만 타입스크립트는 명명한 각 멤버의 값을 스스로 추론한다. 기본적인 추론 방식은 숫자 0부터 1씩 늘려가며 값을 할당하는 것이다.

```
enum ProgrammingLanguage {
  Typescript, // 0
  Javascript, // 1
  Java, // 2
  Python, // 3
  Kotlin, // 4
  Rust, // 5
  Go, // 6
}

// 각 멤버에게 접근하는 방식은 자바스크립트에서 객체의 속성에 접근하는 방식과 동일하다
ProgrammingLanguage.Typescript; // 0
ProgrammingLanguage.Rust; // 5
ProgrammingLanguage["Go"]; // 6

// 또한 역방향으로도 접근이 가능하다
ProgrammingLanguage[2]; // "Java"
```

또한 각 멤버에 명시적으로 값을 할당할 수 있다. 모든 멤버에 일일이 값을 할당할 수도 있지만, 일부 멤버에 값을 직접 할당하지 않아도 타입스크립트는 누락된 멤버를 아래와 같은 방식으로 이전 멤버 값의 숫자를 기준으로 1씩 늘려가며 자동으로 할당한다.

```
enum ProgrammingLanguage {
  Typescript = "Typescript",
  Javascript = "Javascript",
  Java = 300,
  Python = 400,
  Kotlin, // 401
  Rust, // 402
  Go, // 403
}
```

enum 타입은 주로 문자열 상수를 생성하는 데 사용된다. 이를 통해 응집력있는 집합 구조체를 만들 수 있으며, 사용자 입장에서도 간편하게 활용할 수 있다. 위의 예시에서는 ProgrammingLanguage라는 이름의 열거형을 만들었는데, 이름에서 알 수 있듯이 각 멤버는 프로그래밍 언어와 관련된 값을 다룬다는 것을 파악할 수 있다. 또한 열거형은 그 자체로 변수 타입으로

지정할 수 있다. 이때 열거형을 타입으로 가지는 변수는 해당 열거형이 가지는 모든 멤버를 값으로 받을 수 있다. 이런 특성은 코드의 가독성을 높여준다.

```typescript
enum ItemStatusType {
  DELIVERY_HOLD = "DELIVERY_HOLD", // 배송 보류
  DELIVERY_READY = "DELIVERY_READY", // 배송 준비 중
  DELIVERING = "DELIVERING", // 배송 중
  DELIVERED = "DELIVERED", // 배송 완료
}

const checkItemAvailable = (itemStatus: ItemStatusType) => {
  switch (itemStatus) {
    case ItemStatusType.DELIVERY_HOLD:
    case ItemStatusType.DELIVERY_READY:
    case ItemStatusType.DELIVERING:
      return false;
    case ItemStatusType.DELIVERED:
    default:
      return true;
  }
};
```

checkItemAvailable 함수의 인자인 itemStatus는 ItemStatusType 열거형을 타입으로 가진다. 이를 통해 얻을 수 있는 효과는 itemStatus의 타입이 문자열로 지정된 경우와 비교했을 때 다음과 같다.

- 타입 안정성: ItemStatusType에 명시되지 않은 다른 문자열은 인자로 받을 수 없다. 따라서 타입 안정성이 우수하다.
- 명확한 의미 전달과 높은 응집력: ItemStatusType 타입이 다루는 값이 무엇인지 명확하다. 아이템 상태에 대한 값을 모아놓은 것으로 응집력이 뛰어나다.
- 가독성: 응집도가 높기 때문에 말하고자 하는 바가 더욱 명확하다. 따라서 열거형 멤버를 통해 어떤 상태를 나타내는지 쉽게 이해할 수 있다.
  (예: ItemStatusType.DELIVERY_HOLD vs DELIVERY_HOL)

이처럼 열거형은 관련이 높은 멤버를 모아 문자열 상수처럼 사용하고자 할 때 유용하게 쓸 수 있다.

다만 열거형에 사용할 때는 주의해야 할 점이 있다. 먼저 숫자로만 이루어져 있거나 타입스크립트가 자동으로 추론한 열거형은 안전하지 않은 결과를 낳을 수 있다. 맨 처음 예시를 보면 역방향으로도 접근할 수 있음을 보여준다. 여기서 할당된 값을 넘어서는 범위로 역방향으로 접근하더라도 타입스크립트는 막지 않는다.

이러한 동작을 막기 위해 `const enum`으로 열거형을 선언하는 방법이 있다. 이 방식은 역방향으로의 접근을 허용하지 않기 때문에 자바스크립트에서의 객체에 접근하는 것과 유사한 동작을 보장한다.

```
ProgrammingLanguage[200]; // undefined를 출력하지만 별다른 에러를 발생시키지 않는다

// 다음과 같이 선언하면 위와 같은 문제를 방지할 수 있다
const enum ProgrammingLanguage {
  // ...
}
```

그러나 `const enum`으로 열거형을 선언하더라도 숫자 상수로 관리되는 열거형은 선언한 값 이외의 값을 할당하거나 접근할 때 이를 방지하지 못한다. 반면 문자열 상수 방식으로 선언한 열거형은 미리 선언하지 않은 멤버로 접근을 방지한다. 따라서 문자열 상수 방식으로 열거형을 사용하는 것이 숫자 상수 방식보다 더 안전하며 의도하지 않은 값의 할당이나 접근을 방지하는 데 도움이 된다.

```
const enum NUMBER {
  ONE = 1,
  TWO = 2,
}
const myNumber: NUMBER = 100; // NUMBER enum에 정의되지 않은 값이지만, 숫자형 enum
은 컴파일 시점에 값이 인라인 처리되어 타입 오류가 발생하지 않을 수 있다.

const enum STRING_NUMBER {
  ONE = "ONE",
  TWO = "TWO",
}
const myStringNumber: STRING_NUMBER = "THREE"; // Error
```

이외에도 열거형의 가장 큰 문제는 따로 존재한다. 앞서 열거형은 타입 공간과 값 공간에서 모두 사용된다고 말했다. 해당 예시에서 열거형은 타입스크립트 코드가 자바스크립트로 변환될 때 즉시 실행 함수(IIFE) 형식으로 변환되는 것을 볼 수 있다.

이때 일부 번들러에서 트리쉐이킹 과정 중 즉시 실행 함수로 변환된 값을 사용하지 않는 코드로 인식하지 못하는 경우가 발생할 수 있다. 따라서 불필요한 코드의 크기가 증가하는 결과를 초래할 수 있다. 이러한 문제를 해결하기 위해 앞서 언급했던 const enum 또는 as const assertion을 사용해서 유니온 타입으로 열거형과 동일한 효과를 얻는 방법이 있다.

3.2 타입 조합

이 절에서는 앞에서 다룬 개념을 응용하거나 약간의 내용을 덧붙여 좀 더 심화한 타입 검사를 수행하는 데 필요한 지식을 살펴본다.

① 교차 타입(Intersection)

교차 타입을 사용하면 여러 가지 타입을 결합하여 하나의 단일 타입으로 만들 수 있다. 다시 말해 기존에 존재하는 다른 타입들을 합쳐서 해당 타입의 모든 멤버를 가지는 새로운 타입을 생성하는 것이다. 교차 타입은 &을 사용해서 표기한다. 결과물로 탄생한 단일 타입에는 타입 별칭type alias을 붙일 수도 있다.

예를 들어, 타입 C가 타입 A와 B의 교차 타입 즉, A & B라면 타입 C는 타입 A와 타입 B의 모든 멤버를 가지고 있는 타입이다. 당연히 2개의 타입뿐만 여러 개의 타입을 교차시킬 수도 있다.

아래처럼 ProductItemWithDiscount 타입의 변수를 선언하고 값을 할당하면 ProductItem 의 모든 멤버와 discountAmount까지 멤버로 가지게 된다.

```
type ProductItem = {
  id: number;
  name: string;
  type: string;
  price: number;
  imageUrl: string;
  quantity: number;
};

type ProductItemWithDiscount = ProductItem & { discountAmount: number };
```

2 유니온 타입(Union)

교차 타입(A & B)이 타입 A와 타입 B를 모두 만족하는 경우라면, 유니온 타입은 타입 A 또는 타입 B 중 하나가 될 수 있는 타입을 말하며 A | B같이 표기한다. 주로 특정 변수가 가질 수 있는 타입을 전부 나열하는 용도로 사용된다. 교차 타입과 마찬가지로 2개 이상의 타입을 이어 붙일 수 있고 타입 별칭을 통해 중복을 줄일 수도 있다. 아래 예시는 ProductItem 혹은 CardItem이 될 수 있는 유니온 타입인 PromotionEventItem을 나타낸다. 즉, 이벤트 프로모션의 대상으로 상품이 될 수도 있고 카드가 될 수도 있다는 의미이다.

아래 printPromotionItem() 함수를 보면 인자로 PromotionEventItem 타입을 받고 있다. 해당 함수 내부에서 quantity를 참조하려고 시도하면 컴파일 에러가 발생하는데, 이는 quantity가 ProductItem에만 존재하기 때문이다. PromotionEventItem은 CardItem도 포함하는데 CardItem은 quantity 멤버를 가지고 있지 않기 때문에 PromotionEventItem 에서는 quantity를 참조할 수 없다.

```
type CardItem = {
  id: number;
  name: string;
  type: string;
  imageUrl: string;
};

type PromotionEventItem = ProductItem | CardItem;
```

```
const printPromotionItem = (item: PromotionEventItem) => {
  console.log(item.name); // 0

  console.log(item.quantity); // 컴파일 에러 발생
};
```

참고로 교차 타입과 유니온 타입은 여러 줄에 걸쳐 표기할 수도 있는데, 이럴 경우에는 각 줄의 맨 앞에 & 혹은 |를 붙여서 표기하면 된다.

```
type PromotionEventItem =
| ProductItem
| CardItem;
```

3 인덱스 시그니처(Index Signatures)

인덱스 시그니처는 특정 타입의 속성 이름은 알 수 없지만 속성값의 타입을 알고 있을 때 사용하는 문법이다. 인터페이스 내부에 [Key: K]: T 꼴로 타입을 명시해주면 되는데 이는 해당 타입의 속성 키는 모두 K 타입이어야 하고 속성값은 모두 T 타입을 가져야 한다는 의미다.

```
interface IndexSignatureEx {
  [key: string]: number;
}
```

인덱스 시그니처를 선언할 때 다른 속성을 추가로 명시해줄 수 있는데 이때 추가로 명시된 속성은 인덱스 시그니처에 포함되는 타입이어야 한다. 아래 예시의 name은 string 타입을 가지도록 선언되어 있지만, 인덱스 시그니처의 키가 string일 때는 number | boolean 타입이 오게끔 선언되어 있기 때문에 에러가 발생한다.

```
interface IndexSignatureEx2 {
  [key: string]: number | boolean;
  length: number;
```

```
  isValid: boolean;
  name: string; // 에러 발생
}
```

④ 인덱스드 엑세스 타입(Indexed Access Types)

인덱스드 엑세스 타입은 다른 타입의 특정 속성이 가지는 타입을 조회하기 위해 사용된다. 아래 첫 번째 예시(IndexedAccess)는 Example 타입의 a 속성이 가지는 타입을 조회하기 위한 인덱스드 엑세스 타입이다. 인덱스에 사용되는 타입 또한 그 자체로 타입이기 때문에 유니온 타입, keyof, 타입 별칭 등의 표현을 사용할 수 있다.

```
type Example = {
  a: number;
  b: string;
  c: boolean;
};

type IndexedAccess = Example["a"];
type IndexedAccess2 = Example["a" | "b"]; // number | string
type IndexedAccess3 = Example[keyof Example]; // number | string | boolean

type ExAlias = "b" | "c";
type IndexedAccess4 = Example[ExAlias]; // string | boolean
```

또한 배열의 요소 타입을 조회하기 위해 인덱스드 엑세스 타입을 사용하는 경우가 있다. 배열 타입의 모든 요소는 전부 동일한 타입을 가지며 배열의 인덱스는 숫자 타입이다. 따라서 number로 인덱싱하여 배열 요소를 얻은 다음에 typeof 연산자를 붙여주면 해당 배열 요소의 타입을 가져올 수 있다.

```
const PromotionList = [
  { type: "product", name: "chicken" },
  { type: "product", name: "pizza" },
  { type: "card", name: "cheer-up" },
];
```

```
type ElementOf<T> = typeof T[number];

// type PromotionItemType = { type: string; name: string }
type PromotionItemType = ElementOf<PromotionList>;
```

⑤ 맵드 타입(Mapped Types)

보통 map이라고 하면 유사한 형태를 가진 여러 항목의 목록 A를 변환된 항목의 목록 B로 바꾸는 것을 의미한다. 자바스크립트의 map 메서드를 생각하면 이해하기 쉬울 것이다. 자바스크립트의 map은 배열 A를 기반으로 새로운 배열 B를 만들어내는 배열 메서드이다. 이와 마찬가지로 맵드 타입은 다른 타입을 기반으로 한 타입을 선언할 때 사용하는 문법인데, 인덱스 시그니처 문법을 사용해서 반복적인 타입 선언을 효과적으로 줄일 수 있다.

```
type Example = {
  a: number;
  b: string;
  c: boolean;
};

type Subset<T> = {
  [K in keyof T]?: T[K];
};

const aExample: Subset<Example> = { a: 3 };
const bExample: Subset<Example> = { b: "hello" };
const acExample: Subset<Example> = { a: 4, c: true };
```

맵드 타입에서 매핑할 때는 readonly와 ?를 수식어로 적용할 수 있다. 이미 알고 있겠지만 readonly는 읽기 전용으로 만들고 싶을 때 붙여주는 수식어이고, ?는 선택적 매개변수(옵셔널 파라미터)로 만들고 싶을 때 붙여주는 수식어이다. 맵드 타입의 특이한 점은 이러한 수식어를 더해주는 것뿐만 아니라 제거할 수도 있다는 것이다. 기존 타입에 존재하던 readonly나 ? 앞에 -를 붙여주면 해당 수식어를 제거한 타입을 선언할 수 있다.

```
type ReadOnlyEx = {
  readonly a: number;
  readonly b: string;
};

type CreateMutable<Type> = {
  -readonly [Property in keyof Type]: Type[Property];
};

type ResultType = CreateMutable<ReadOnlyEx>; // { a: number; b: string }

type OptionalEx = {
  a?: number;
  b?: string;
  c: boolean;
};

type Concrete<Type> = {
  [Property in keyof Type]-?: Type[Property];
};

type ResultType = Concrete<OptionalEx>; // { a: number; b: string; c: boolean }
```

맵드 타입이 실제로 사용된 예시를 살펴보자. 배달의민족 선물하기 서비스에는 '바텀시트' 라는 컴포넌트가 존재한다. 밑에서부터 스르륵 올라오는 모달이라고 생각하면 되는데 이 바텀시트는 선물하기 서비스의 최근 연락처 목록, 카드 선택, 상품 선택 등 여러 지면에서 사용되고 있다. 바텀시트마다 각각 resolver, isOpened 등의 상태를 관리하는 스토어가 필요한데 이 스토어의 타입(BottomSheetStore)을 선언해줘야 한다.

이때 BottomSheetMap에 존재하는 모든 키key 대해 일일이 스토어를 만들어줄 수도 있지만 불필요한 반복이 발생하게 된다. 이럴 때는 인덱스 시그니처 문법을 사용해서 BottomSheetMap을 기반으로 가 키에 해당하는 스토어를 선언할 수 있다. 이처럼 반복 작업을 효율적으로 처리할 수 있다.

```
const BottomSheetMap = {
  RECENT_CONTACTS: RecentContactsBottomSheet,
  CARD_SELECT: CardSelectBottomSheet,
  SORT_FILTER: SortFilterBottomSheet,
  PRODUCT_SELECT: ProductSelectBottomSheet,
  REPLY_CARD_SELECT: ReplyCardSelectBottomSheet,
  RESEND: ResendBottomSheet,
  STICKER: StickerBottomSheet,
  BASE: null,
};

export type BOTTOM_SHEET_ID = keyof typeof BottomSheetMap;

// 불필요한 반복이 발생한다
type BottomSheetStore = {
  RECENT_CONTACTS: {
    resolver?: (payload: any) => void;
    args?: any;
    isOpened: boolean;
  };
  CARD_SELECT: {
    resolver?: (payload: any) => void;
    args?: any;
    isOpened: boolean;
  };
  SORT_FILTER: {
    resolver?: (payload: any) => void;
    args?: any;
    isOpened: boolean;
  };
  // ...
};

// Mapped Types를 통해 효율적으로 타입을 선언할 수 있다
type BottomSheetStore = {
  [index in BOTTOM_SHEET_ID]: {
    resolver?: (payload: any) => void;
    args?: any;
    isOpened: boolean;
  };
};
```

덧붙여 맵드 타입에서는 as 키워드를 사용하여 키를 재지정할 수 있다. 앞서 봤던 바텀시트를 다시 살펴보자. BottomSheetStore의 키 이름에 BottomSheetMap의 키 이름을 그대로 쓰고 싶은 경우가 있을 수 있고, 모든 키에 _BOTTOM_SHEET를 붙이는 식으로 공통된 처리를 적용하여 새로운 키를 지정하고 싶을 수도 있다. 이럴 때는 아래 예시처럼 as 키워드를 사용해서 효율적으로 처리할 수 있다.

```
type BottomSheetStore = {
  [index in BOTTOM_SHEET_ID as `${index}_BOTTOM_SHEET`]: {
    resolver?: (payload: any) => void;
    args?: any;
    isOpened: boolean;
  };
};
```

⑥ 템플릿 리터럴 타입(Template Literal Types)

템플릿 리터럴 타입은 자바스크립트의 템플릿 리터럴 문자열을 사용하여 문자열 리터럴 타입을 선언할 수 있는 문법이다. 위에서 본 BottomSheetMap의 각 키에다 _BOTTOM_SHEET를 붙여주는 예시가 바로 템플릿 리터럴 타입을 활용한 것이다. 조금 더 간단한 활용 예시를 살펴보자.

```
type Stage =
  | "init"
  | "select-image"
  | "edit-image"
  | "decorate-card"
  | "capture-image";
type StageName = `${Stage}-stage`;
// 'init-stage' | 'select-image-stage' | 'edit-image-stage' | 'decorate-card-stage'|
'capture-image-stage'
```

Stage 타입의 모든 유니온 멤버 뒤에 -stage를 붙여서 새로운 유니온 타입을 만들었다. 여기서 볼 수 있듯이 템플릿 리터럴을 사용하여 ${Stage}-stage`와 같이 변수 자리에 문자열 리터럴의 유니온 타입인 Stage를 넣으면 해당 유니온 타입(Stage 타입) 멤버들이 차례대로 해당 변수에 들어가서 -stage가 붙은 문자열 리터럴의 유니온 타입을 결과로 반환한다. 즉, Stage 타입의 각 멤버에 -stage를 추가하여 init-stage, select-image-stage, edit-image-stage, decorate-card-stage, capture-image-stage와 같은 새로운 문자열 리터럴 유니온 타입을 만들어냈다.

⑦ 제네릭(Generic)

제네릭Generic은 C나 자바 같은 정적 언어에서 다양한 타입 간에 재사용성을 높이기 위해 사용하는 문법이다. 타입스크립트도 정적 타입을 가지는 언어이기 때문에 제네릭 문법을 지원하고 있다.[3]

제네릭의 사전적 의미를 찾아보면 특징이 없거나 일반적인 것(not specific, general)을 뜻한다. 타입스크립트의 제네릭도 이와 비슷한 맥락을 가지고 있는데 한마디로 일반화된 데이터 타입이라고 할 수 있다. 좀 더 자세히 타입스크립트 제네릭의 개념을 풀어보면 함수, 타입, 클래스 등에서 내부적으로 사용할 타입을 미리 정해두지 않고 타입 변수를 사용해서 해당 위치를 비워 둔 다음에, 실제로 그 값을 사용할 때 외부에서 타입 변수 자리에 타입을 지정하여 사용하는 방식을 말한다.

이렇게 하면 함수, 타입, 클래스 등 여러 타입에 대해 하나하나 따로 정의하지 않아도 되기 때문에 재사용성이 크게 향상된다. 타입 변수는 일반적으로 <T>와 같이 꺾쇠괄호 내부에 정의되며, 사용할 때는 함수에 매개변수를 넣는 것과 유사하게 원하는 타입을 넣어주면 된다. 보통 타입 변수명으로 T(Type), E(Element), K(Key), V(Value) 등 한 글자로 된 이름을 많이 사용한다.

```
type ExampleArrayType<T> = T[];

const array1: ExampleArrayType<string> = ["치킨", "피자", "우동"];
```

---

3 초창기 버전인 0.9부터 지원되었다.

앞서 제네릭이 일반화된 데이터 타입을 말한다고 했는데, 이 표현만 보면 **any**의 쓰임과 혼동할 수도 있을 것이다. 하지만 둘은 명확히 다르다. 둘의 차이는 배열을 떠올리면 쉽게 알 수 있다. **any** 타입의 배열에서는 배열 요소들의 타입이 전부 같지 않을 수 있다. 쉽게 말해 타입 정보를 잃어버린다고 생각하면 편하다. 즉, **any**를 사용하면 타입 검사를 하지 않고 모든 타입이 허용되는 타입으로 취급된다. 반면에 제네릭은 **any**처럼 아무 타입이나 무분별하게 받는 게 아니라, 배열 생성 시점에 원하는 타입으로 특정할 수 있다. 다시 말해 제네릭을 사용하면 배열 요소가 전부 동일한 타입이라고 보장할 수 있다.

```
type ExampleArrayType2 = any[];

const array2: ExampleArrayType2 = [
  "치킨",
  {
    id: 0,
    name: "치킨",
    price: 20000,
    quantity: 1,
  },
  99,
  true,
];
```

참고로 제네릭 함수를 호출할 때 반드시 꺾쇠괄호(<>) 안에 타입을 명시해야 하는 것은 아니다. 타입을 명시하는 부분을 생략하면 컴파일러가 인수를 보고 타입을 추론해준다. 따라서 타입 추론이 가능한 경우에는 타입 명시를 생략할 수 있다.

```
function exampleFunc<T>(arg: T): T[] {
  return new Array(3).fill(arg);
}

exampleFunc("hello"); // T는 string으로 추론된다
```

또한 특정 요소 타입을 알 수 없을 때는 제네릭 타입에 기본값을 추가할 수 있다.

```
interface SubmitEvent<T = HTMLElement> extends SyntheticEvent<T> { submitter: T;
}
```

다시 언급하지만 제네릭은 일반화된 데이터 타입을 의미한다고 했다. 따라서 함수나 클래스 등의 내부에서 제네릭을 사용할 때 어떤 타입이든 될 수 있다는 개념을 알고 있어야 한다. 특정한 타입에서만 존재하는 멤버를 참조하려고 하면 안된다. 예를 들어 배열에만 존재하는 length 속성을 제네릭에서 참조하려고 하면 당연히 에러가 발생한다. 컴파일러는 어떤 타입이 제네릭에 전달될지 알 수 없기 때문에 모든 타입이 length 속성을 사용할 수는 없다고 알려주는 것이다.

```
function exampleFunc2<T>(arg: T): number {
  return arg.length; // 에러 발생: Property 'length' does not exist on type 'T'
}
```

이럴 때는 제네릭 꺾쇠괄호 내부에 'length 속성을 가진 타입만 받는다'라는 제약을 걸어줌으로써 length 속성을 사용할 수 있게끔 만들 수 있다.

```
interface TypeWithLength {
  length: number;
}

function exampleFunc2<T extends TypeWithLength>(arg: T): number {
  return arg.length;
}
```

제네릭을 사용할 때 주의해야 할 점이 있다. 파일 확장자가 tsx일 때 화살표 함수에 제네릭을 사용하면 에러가 발생한다. tsx는 타입스크립트 + JSX이므로 제네릭의 꺾쇠괄호와 태그의 꺾쇠괄호를 혼동하여 문제가 생기는 것이다.

ⓘ JSX는 HTML과 유사한 구문을 사용하여 컴포넌트를 작성하는 데 사용되는 기술이다. JSX에서는 태그를 나타내는 데 꺾쇠괄호(〈〉)를 사용한다.

이러한 상황을 피하기 위해서는 제네릭 부분에 **extends** 키워드를 사용하여 컴파일러에게 특정 타입의 하위 타입만 올 수 있음을 확실히 알려주면 된다. 보통 제네릭을 사용할 때는 **function** 키워드로 선언하는 경우가 많다.

```
// 에러 발생: JSX element 'T' has no corresponding closing tag
const arrowExampleFunc = <T>(arg: T): T[] => {
  return new Array(3).fill(arg);
};

// 에러 발생 X
const arrowExampleFunc2 = <T extends {}>(arg: T): T[] => {
  return new Array(3).fill(arg);
};
```

3.3 제네릭 사용법

제네릭은 다양한 곳에서 사용할 수 있다. 여러 제네릭 사용법을 예시로 살펴보자.

① 함수의 제네릭

어떤 함수의 매개변수나 반환 값에 다양한 타입을 넣고 싶을 때 제네릭을 사용할 수 있다. 아래 예시처럼 T 자리에 넣는 타입에 따라 ReadOnlyRepository가 적절하게 사용될 수 있다.

```
function ReadOnlyRepository<T>(target: ObjectType<T> | EntitySchema<T> | string):
Repository<T> {
  return getConnection("ro").getRepository(target);
}
```

② 호출 시그니처의 제네릭

호출 시그니처[call signature][4]는 타입스크립트의 함수 타입 문법으로 함수의 매개변수와 반환 타입을 미리 선언하는 것을 말한다. 호출 시그니처를 사용함으로써 개발자는 함수 호출 시 필요한 타입을 별도로 지정할 수 있게 된다. 호출 시그니처를 사용할 때 제네릭 타입을 어디에 위치시키는지에 따라 타입의 범위와 제네릭 타입을 언제 구체 타입으로 한정할지를 결정할 수 있다.

```
interface useSelectPaginationProps<T> {
  categoryAtom: RecoilState<number>;
filterAtom: RecoilState<string[]>;
sortAtom: RecoilState<SortType>;
  fetcherFunc: (props: CommonListRequest) => Promise<DefaultResponse<ContentListRes
ponse<T>>>;
}
```

이 코드는 우아한형제들 배민선물하기팀의 호출 시그니처 제네릭 활용 예시다. 여기서 <T>는 useSelectPaginationProps의 타입 별칭으로 한정했다. 따라서 useSelectPagination-Props을 사용할 때 타입을 명시함으로써 제네릭 타입을 구체 타입으로 한정한다. 설명을 덧붙이면 useSelectPaginationProps가 사용되는 useSelectPagination 훅의 반환 값도 인자에서 쓰는 제네릭 타입인 T와 연관 있기 때문에 이처럼 작성했다.

그다음 배민커머스웹프론트개발팀의 활용 예시를 보자.

```
export type UseRequesterHookType = <RequestData = void, ResponseData = void>(
baseURL?:
  string | Headers,
  defaultHeader?: Headers
) => [RequestStatus, Requester<RequestData, ResponseData>];
```

이 예시에서 <RequestData, ResponseData>는 호출 시그니처의 일부, 다시 말해 괄호(())앞에 선언했기 때문에 타입스크립트는 UseRequesterHookType 타입의 함수를 실제 호출할 때 제네릭 타입을 구체 타입으로 한정한다.

---

4 타입 시그니처(type signature)라고도 부른다.

배민커머스웹프론트개발팀은 프로젝트 구조를 따르기 위해 아래처럼 작성했다.

```
function useSelectPagination<T extends CardListContent | CommonProductResponse>({
  categoryAtom,
  filterAtom,
  sortAtom,
  fetcherFunc,
}: useSelectPaginationProps<T>): {
  intersectionRef: RefObject<HTMLDivElement>;
  data: T[];
  categoryId: number;
  isLoading: boolean;
  isEmpty: boolean;
} {
  // ...

  return {
    intersectionRef,
    data: swappedData ?? [],
    isLoading,
    categoryId,
    isEmpty,
  };
}
```

③ 제네릭 클래스

제네릭 클래스는 외부에서 입력된 타입을 클래스 내부에 적용할 수 있는 클래스이다. 제네릭 클래스는 다음과 같은 형태로 선언된다.

```
class LocalDB<T> {
  // ...
  async put(table: string, row: T): Promise<T> {
    return new Promise<T>((resolved, rejected) => { /* T 타입의 데이터를 DB에 저장 */ });
  }

  async get(table:string, key: any): Promise<T> {
```

```
      return new Promise<T>((resolved, rejected) => { /* T 타입의 데이터를 DB에서 가져옴 */
  });
    }

  async getTable(table: string): Promise<T[]> {
    return new Promise<T[]>((resolved, rejected) => { /* T[] 타입의 데이터를 DB에서 가져
옴*/ });
    }
  }

  export default class IndexedDB implements ICacheStore {
    private _DB?: LocalDB<{ key: string; value: Promise<Record<string, unknown>>;
  cacheTTL: number }>;

    private DB() {
      if (!this._DB) {
        this._DB = new LocalDB("localCache", { ver: 6, tables: [{ name: TABLE_NAME,
  keyPath: "key" }] });
      }
      return this._DB;
    }
    // ...
  }
```

클래스 이름 뒤에 타입 매개변수인 <T>를 선언해준다. <T>는 메서드의 매개변수나 반환 타
입으로 사용될 수 있다. LocalDB 클래스는 외부에서 { key: string; value: Prom-
ise<Record<string, unknown>>; cacheTTL: number } 타입을 받아들여 클래스 내부에
서 사용될 제네릭 타입으로 결정된다.

제네릭 클래스를 사용하면 클래스 전체에 걸쳐 타입 매개변수가 적용된다. 특정 메서드만을
대상으로 제네릭을 적용하려면 해당 메서드를 제네릭 메서드로 선언하면 된다.

4 제한된 제네릭

타입스크립트에서 제한된 제네릭은 타입 매개변수에 대한 제약 조건을 설정하는 기능을 말한
다. 타입 매개변수 T 타입을 제약하는 방법을 알아보자.

예를 들어 string 타입으로 제약하려면 타입 매개변수는 특정 타입을 상속(extends)해야한다.

```
type ErrorRecord<Key extends string> = Exclude<Key, ErrorCodeType> extends never
  ? Partial<Record<Key, boolean>>
  : never;
```

이처럼 타입 매개변수가 특정 타입으로 묶였을 때(bind) 키를 바운드 타입 매개변수bounded type parameters라고 부른다. 그리고 string을 키의 상한 한계upper bound라고 한다.

상속받을 수 있는 타입으로는 기본 타입뿐만 아니라 상황에 따라 인터페이스나 클래스도 사용할 수 있다. 또한 유니온 타입을 상속해서 선언할 수도 있다.

```
function useSelectPagination<T extends CardListContent | CommonProductResponse>({
  filterAtom,
  sortAtom,
  fetcherFunc,
}: useSelectPaginationProps<T>): {
  intersectionRef: RefObject<HTMLDivElement>;
  data: T[];
  categoryId: number;
  isLoading: boolean;
  isEmpty: boolean;
} {
  // ...
}

// 사용하는 쪽 코드
const { intersectionRef, data, isLoading, isEmpty } = useSelectPagination<CardListC
ontent>({
  categoryAtom: replyCardCategoryIdAtom,
  filterAtom: replyCardFilterAtom,
  sortAtom: replyCardSortAtom,
  fetcherFunc: fetchReplyCardListByThemeGroup,
});
```

⑤ 확장된 제네릭

제네릭 타입은 여러 타입을 상속받을 수 있으며 타입 매개변수를 여러 개 둘 수도 있다.

```
<Key extends string>
```

타입을 이런 식으로 제약해버리면 제네릭의 유연성을 잃어버린다. 제네릭의 유연성을 잃지 않으면서 타입을 제약해야 할 때는 타입 매개변수에 유니온 타입을 상속해서 선언하면 된다.

```
<Key extends string | number>
```

유니온 타입으로 T가 여러 타입을 받게 할 수는 있지만, 타입 매개변수가 여러 개일 때는 처리할 수 없다. 이럴 때는 매개변수를 하나 더 추가하여 선언한다.

다음은 Ok 타입이나 Err 타입을 매개변수 인자로 받아 사용하는 예시이다.

```typescript
export class APIResponse<Ok, Err = string> {
  private readonly data: Ok | Err | null;
  private readonly status: ResponseStatus;
  private readonly statusCode: number | null;

  constructor(
    data: Ok | Err | null,
    statusCode: number | null,
    status: ResponseStatus
  ) {
    this.data = data;
    this.status = status;
    this.statusCode = statusCode;
  }

  public static Success<T, E = string>(data: T): APIResponse<T, E> {
    return new this<T, E>(data, 200, ResponseStatus.SUCCESS);
  }

  public static Error<T, E = unknown>(init: AxiosError): APIResponse<T, E> {
```

```
      if (!init.response) {
        return new this<T, E>(null, null, ResponseStatus.CLIENT_ERROR);
      }

      if (!init.response.data?.result) {
        return new this<T, E>(
          null,
          init.response.status,
          ResponseStatus.SERVER_ERROR
        );
      }

      return new this<T, E>(
        init.response.data.result,
        init.response.status,
        ResponseStatus.FAILURE
      );
    }

    // ...
  }

// 사용하는 쪽 코드
const fetchShopStatus = async (): Promise<
  APIResponse<IShopResponse | null>
> => {
  // ...

  return (await API.get<IShopResponse | null>("/v1/main/shop", config)).map(
    (it) => it.result
  );
};
```

6 제네릭 예시

제네릭의 장점은 다양한 타입을 받게 함으로써 코드를 효율적으로 재사용할 수 있는 것이다.
그렇다면 실제 현업에서 가장 많이 제네릭이 활용할 때는 언제일까? 바로 API 응답 값의 타입
을 지정할 때이다.

우아한형제들에서는 API 응답 값의 타입을 지정할 때 제네릭을 활용하여 적절한 타입 추론과 코드의 재사용성을 높이고 있다.

```typescript
export interface MobileApiResponse<Data> {
  data: Data;
  statusCode: string;
  statusMessage?: string;
}
```

이 코드를 살펴보면 API 응답 값에 따라 달라지는 **data**를 제네릭 타입 **Data**로 선언하고 있다. 이렇게 만든 **MobileApiResponse**는 실제 API 응답 값의 타입을 지정할 때 아래와 같이 사용되고 있다.

```typescript
export const fetchPriceInfo = (): Promise<MobileApiResponse<PriceInfo>> => {
  const priceUrl = "https: ~~"; // url 주소

  return request({
    method: "GET",
    url: priceUrl,
  });
};
export const fetchOrderInfo = (): Promise<MobileApiResponse<Order>> => {
  const orderUrl = "https: ~~"; // url 주소

  return request({
    method: "GET",
    url: orderUrl,
  });
};
```

이처럼 다양한 API 응답 값의 타입에 **MobileApiResponse**을 활용해서 코드를 효율적으로 재사용할 수 있다.

이런 식으로 제네릭을 필요한 곳에 사용하면 가독성을 높이고 코드를 효율적으로 작성할 수 있다. 하지만 굳이 필요하지 않은 곳에 제네릭을 사용하면 오히려 독이 되어 코드를 복잡하게 만든다.

제네릭을 굳이 사용하지 않아도 되는 타입

제네릭이 필요하지 않을 때도 사용하면 코드 길이만 늘어나고 가독성을 해칠 수 있다. 다음은 제네릭이 굳이 필요하지 않은데도 사용한 예시다.

```typescript
type GType<T> = T;
type RequirementType = "USE" | "UN_USE" | "NON_SELECT";
interface Order {
  getRequirement(): GType<RequirementType>;
}
```

GType이 다른 곳에서는 사용되지 않고 getRequirement 함수의 반환 값 타입으로만 사용되고 있다고 가정해보자.

GType이라는 이름이 현재 사용되고 있는 목적의 의미를 정확히 담고 있지도 않을뿐더러 굳이 제네릭을 사용하지 않고 타입 매개변수를 그대로 선언하는 것과 같은 기능을 하고 있다.

즉, 아래처럼 사용하는 것과 동일하다.

```typescript
type RequirementType = "USE" | "UN_USE" | "NON_SELECT";
interface Order {
  getRequirement(): RequirementType;
}
```

any 사용하기

제네릭은 코드의 재사용성을 높이고 타입 추론을 하는 데 사용된다. 그러나 any를 사용하면 제네릭의 장점과 타입 추론 및 타입 검사를 할 수 있는 이점을 누릴 수 없게 된다. any 타입은 모든 타입을 허용하기 때문에 사실상 자바스크립트와 동일한 방식으로 코드를 작성하는 것과 같다. 따라서 any를 사용하면 제네릭을 포함해 타입을 지정하는 의미가 사라지게 된다.

```typescript
type ReturnType<T = any> = {
  // ...
};
```

가독성을 고려하지 않은 사용

제네릭이 과하게 사용되면 가독성을 해치기 때문에 코드를 읽고 타입을 이해하기가 어려워진다. 부득이한 상황을 제외하고 복잡한 제네릭은 의미 단위로 분할해서 사용하는 게 좋다.

```
ReturnType<Record<OrderType,Partial<Record<CommonOrderStatus | CommonReturnStatus,
Partial<Record<OrderRoleType, string[]>>>>>;

type CommonStatus = CommonOrderStatus | CommonReturnStatus;

type PartialOrderRole = Partial<Record<OrderRoleType, string[]>>;

type RecordCommonOrder = Record<CommonStatus, PartialOrderRole>;

type RecordOrder = Record<OrderType, Partial<RecordCommonOrder>>;

ReturnType<RecordOrder>;
```

만약에 내가 작성한 코드를 다른 개발자가 쉽게 이해하지 못하고 있다면 혹시 제네릭을 오남용하고 있는 것은 아닌지 검토해봐야 한다.

```
1    (4장) =>
2    {(<타입 확장하기·
3    좁히기/>)
4    };
```

지금까지 타입스크립트로 원하는 타입을 정의하고 활용하는 법에 대해 알아보았다. 타입스크립트에서는 기존에 정의한 타입을 확장하여 새로운 타입을 정의하는 기능을 제공한다. 이것을 타입 확장이라고 부르는데, 타입 확장을 사용해서 좀 더 복잡한 타입을 정의할 수 있다. 한편 타입이 복잡해질수록 어떤 대상에 대한 타입 추론이 더 넓은 범위에서 이루어질 가능성이 있다. 이럴 때는 타입을 더 작은 범위로 좁히는 타입 좁히기를 사용해서 정확한 타입 추론을 할 수 있도록 해야 한다. 이 장에서는 타입 확장과 타입 좁히기의 개념을 살펴보며 더욱 확장성 있고 명시적인 코드 작성법에 대해 알아본다.

타입 확장하기

타입 확장은 기존 타입을 사용해서 새로운 타입을 정의하는 것을 말한다. 기본적으로 타입스크립트에서는 interface와 type 키워드를 사용해서 타입을 정의하고 extends, 교차 타입, 유니온 타입을 사용하여 타입을 확장한다. 3장에서 교차 타입과 유니온 타입에 관해 설명했지만 다시 간략하게 다룰 것이다. 타입 확장의 장점과 더불어 extends, 교차 타입, 유니온 타입간의 차이를 파악하고 언제 사용하면 좋을지 살펴보자.

① 타입 확장의 장점

타입 확장의 가장 큰 장점은 코드 중복을 줄일 수 있다는 것이다. 타입스크립트 코드를 작성하다 보면 필연적으로 중복되는 타입 선언이 생기기 마련이다. 이때 중복되는 타입을 반복적으로 선언하는 것보다 기존에 작성한 타입을 바탕으로 타입 확장을 함으로써 불필요한 코드 중복을 줄일 수 있다. 아래 예시를 보자.

배달의민족 앱은 장바구니 기능을 제공한다. 장바구니에 들어갈 요소는 메뉴 요소 타입에서 확장된 타입으로 이루어진다.

```
/**
 * 메뉴 요소 타입
 * 메뉴 이름, 이미지, 할인율, 재고 정보를 담고 있다
 * */
interface BaseMenuItem {
  itemName: string | null;
  itemImageUrl: string | null;
  itemDiscountAmount: number;
  stock: number | null;
}

/**
 * 장바구니 요소 타입
 * 메뉴 타입에 수량 정보가 추가되었다
 * */
```

```
interface BaseCartItem extends BaseMenuItem {
  quantity: number;
}
```

이 예시에서 메뉴 타입을 기준으로 타입을 확장하여 장바구니 요소 타입을 정의한 것을 볼 수 있다. 다시 말해 장바구니 요소는 메뉴 요소가 가지는 모든 타입이 필요하다. 하지만 Base-MenuItem에 있는 속성을 중복해서 작성하지 않고 확장(extends BaseMenuItem)을 활용하여 타입을 정의했다. 이처럼 타입 확장은 중복된 코드를 줄일 수 있게 해준다. 그뿐만 아니라 BaseCartItem이 BaseMenuItem에서 확장되었다는 것을 쉽게 확인할 수 있는 것처럼 더 명시적인 코드를 작성할 수 있게 된다. interface 키워드 대신 type을 쓴다면 아래와 같이 코드를 작성하면 된다.

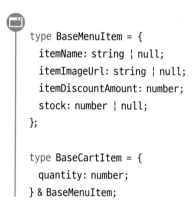

```
type BaseMenuItem = {
  itemName: string | null;
  itemImageUrl: string | null;
  itemDiscountAmount: number;
  stock: number | null;
};

type BaseCartItem = {
  quantity: number;
} & BaseMenuItem;
```

타입 확장은 중복 제거, 명시적인 코드 작성 외에도 확장성이란 장점을 가지고 있다. 앞에서 정의한 BaseCartItem을 활용하면 요구 사항이 늘어날 때마다 새로운 CartItem 타입을 확장하여 정의할 수 있다. 아래 예시를 살펴보자.

```
/**
 * 수정할 수 있는 장바구니 요소 타입
 * 품절 여부, 수정할 수 있는 옵션 배열 정보가 추가되었다
 * */
interface EditableCartItem extends BaseCartItem {
  isSoldOut: boolean;
  optionGroups: SelectableOptionGroup[];
```

```
    }

    /**
     * 이벤트 장바구니 요소 타입
     * 주문 가능 여부에 대한 정보가 추가되었다
     * */
    interface EventCartItem extends BaseCartItem {
      orderable: boolean;
    }
```

이 코드에서 BaseCartItem을 확장하여 만든 EditableCartItem, EventCartItem 타입을 볼 수 있다. 이렇게 타입 확장을 활용하면 장바구니와 관련된 요구 사항이 생길 때마다 필요한 타입을 손쉽게 만들 수 있다. 더욱이, 기존 장바구니 요소에 대한 요구 사항이 변경되어도 BaseCartItem 타입만 수정하고 EditableCartItem이나 EventCartItem은 수정하지 않아도 되기 때문에 효율적이다.

② 유니온 타입

유니온 타입은 2개 이상의 타입을 조합하여 사용하는 방법이다. 집합 관점으로 보면 유니온 타입을 합집합으로 해석할 수 있다.

```
type MyUnion = A | B;
```

A와 B의 유니온 타입인 MyUnion은 타입 A와 B의 합집합이다. 합집합으로 해석하면 집합 A의 모든 원소는 집합 MyUnion의 원소이며, 집합 B의 모든 원소 역시 집합 MyUnion의 원소라는 뜻이다. 즉, A 타입과 B 타입의 모든 값이 MyUnion 타입의 값이 된다.

여기서 주의해야 할 게 있다. 유니온 타입으로 선언된 값은 유니온 타입에 포함된 모든 타입이 공통으로 갖고 있는 속성에만 접근할 수 있다.

```
interface CookingStep {
  orderId: string;
  price: number;
}

interface DeliveryStep {
  orderId: string;
  time: number;
  distance: string;
}

function getDeliveryDistance(step: CookingStep | DeliveryStep) {
  return step.distance;
  // 🔲 Property 'distance' does not exist on type 'CookingStep | DeliveryStep'
  // 🔲 Property 'distance' does not exist on type 'CookingStep'
}
```

getDeliveryDistance 함수는 CookingStep과 DeliveryStep의 유니온 타입 값을 step 이라는 인자로 받고 있다. 함수 본문에서는 step.distance를 호출하고 있는데 distance 는 DeliveryStep에만 존재하는 속성이다. 인자로 받는 step의 타입이 CookingStep이라면 distance 속성을 찾을 수 없기 때문에 에러가 발생한다.

ⓘ 타입스크립트의 타입을 속성의 집합이 아니라 값의 집합이라고 생각해야 유니온 타입이 합집합이라는 개념을 이해할 수 있다.

즉, step이라는 유니온 타입은 CookingStep 또는 DeliveryStep 타입에 해당할 뿐이지 CookingStep이면서 DeliveryStep인 것은 아니다.

③ 교차 타입

교차 타입도 기존 타입을 합쳐 필요한 모든 기능을 가진 하나의 타입을 만드는 것으로 이해할 수 있다.

유니온 타입에서 언급한 예시를 다시 보자.

```
interface CookingStep {
  orderId: string;
  time: number;
  price: number;
}

interface DeliveryStep {
  orderId: string;
  time: number;
  distance: string;
}

type BaedalProgress = CookingStep & DeliveryStep;
```

여기서 유니온 타입과 다른 점이 있다. BaedalProgress는 CookingStep과 DeliveryStep 타입을 합쳐 모든 속성을 가진 단일 타입이 된다.

```
function logBaedalInfo(progress: BaedalProgress) {
  console.log(`주문 금액: ${progress.price}`);
  console.log(`배달 거리: ${progress.distance}`);
}
```

따라서 BaedalProgress 타입의 progress 값은 CookingStep이 갖고 있는 price 속성과 DeliveryStep이 갖고 있는 distance 속성을 포함하고 있다.

교차 타입의 개념을 다시 짚고 넘어가 보자.

```
type MyIntersection = A & B;
```

앞서 유니온 타입은 합집합의 개념이라고 설명했다. 교차 타입은 교집합의 개념과 비슷하다. MyIntersection 타입의 모든 값은 A 타입의 값이며, MyIntersection 타입의 모든 값은 B 타입의 값이다. 마찬가지로 집합의 관점에서 해석해보면 집합 MyIntersection의 모든 원소는 집합 A의 원소이자 집합 B의 원소임을 알 수 있다.

> ⓘ 다시 말하지만 타입스크립트의 타입을 속성의 집합이 아니라 값의 집합으로 이해해야 한다. BaedalProgress 교차 타입은 CookingStep이 가진 속성(orderId, time, price)과 DeliveryStep이 가진 속성(orderId, time, distance)을 모두 만족(교집합)하는 값의 타입(집합)이라고 해석할 수 있다.

다른 예시를 살펴보자.

```
/* 배달 팁 */
interface DeliveryTip {
  tip: string;
}
/* 별점 */
interface StarRating {
  rate: number;
}
/* 주문 필터 */
type Filter = DeliveryTip & StarRating;

const filter: Filter = {
  tip: "1000원 이하",
  rate: 4,
};
```

교차 타입은 두 타입의 교집합을 의미한다고 했다. 그런데 DeliveryTip과 StarRating은 공통된 속성이 없는데도 Filter의 타입은 공집합(never 타입)이 아닌 DeliveryTip과 Star-Rating의 속성을 모두 포함한 타입이 된다. 왜냐하면 타입이 속성이 아닌 값의 집합으로 해석되기 때문이다. 즉, 교차 타입 Filter는 DeliveryTip의 tip 속성과 StarRating의 rate 속성을 모두 만족하는 값이 된다.

교차 타입을 사용할 때 타입이 서로 호환되지 않는 경우도 있다. 다음 코드를 살펴보자.

```
type IdType = string | number;
type Numeric = number | boolean;

type Universal = IdType & Numeric;
```

먼저 Universal 타입을 다음과 같이 4가지로 생각해볼 수 있다.

1. string이면서 number인 경우
2. string이면서 boolean인 경우
3. number이면서 number인 경우
4. number이면서 boolean인 경우

Universal은 IdType과 Numeric의 교차 타입이므로 두 타입을 모두 만족하는 경우에만 유지된다. 따라서 1, 2, 4번은 성립되지 않고 3번만 유효하기 때문에 Universal의 타입은 number가 된다.

④ extends와 교차 타입

4.1.1에서 사용한 extends 키워드를 사용해서 교차 타입을 작성할 수도 있다. 4.1.1의 예시를 다시 보자.

```
interface BaseMenuItem {
  itemName: string | null;
  itemImageUrl: string | null;
  itemDiscountAmount: number;
  stock: number | null;
}

interface BaseCartItem extends BaseMenuItem {
  quantity: number;
}
```

BaseCartItem은 BaseMenuItem을 확장함으로써 BaseMenuItem의 속성을 모두 포함하고 있다. 즉, BaseCartItem는 BaseMenuItem의 속성을 모두 포함하는 상위 집합이 되고 BaseMenuItem는 BaseCartItem의 부분집합이 된다. 이를 교차 타입의 관점에서 작성하면 다음과 같다.

```
type BaseMenuItem = {
  itemName: string | null;
  itemImageUrl: string | null;
  itemDiscountAmount: number;
  stock: number | null;
};

type BaseCartItem = {
  quantity: number;
} & BaseMenuItem;

const baseCartItem: BaseCartItem = {
  itemName: "지은이네 떡볶이",
  itemImageUrl: "https://www.woowahan.com/images/jieun-tteokbokkio.png",
  itemDiscountAmount: 2000,
  stock: 100,
  quantity: 2,
};
```

BaseCartItem은 quantity라는 새로운 속성과 BaseMenuItem의 모든 속성을 가진 단일 타입이다. 눈치챘을 수도 있지만 교차 타입을 사용한 코드에서는 BaseMenuItem과 BaseCartItem을 interface가 아닌 type으로 선언했다. 왜냐하면 유니온 타입과 교차 타입을 사용한 새로운 타입은 오직 type 키워드로만 선언할 수 있기 때문이다.

주의할 점은 extends 키워드를 사용한 타입이 교차 타입과 100% 상응하지는 않는다는 것이다. 예시를 보자.

```
interface DeliveryTip {
  tip: number;
}

interface Filter extends DeliveryTip {
  tip: string;
  // Interface 'Filter' incorrectly extends interface 'DeliveryTip'
  // Types of property 'tip' are incompatible
  // Type 'string' is not assignable to type 'number'
}
```

DeliveryTip 타입은 number 타입의 tip 속성을 가지고 있다. 이때 DeliveryTip을 extends로 확장한 Filter 타입에 string 타입의 속성 tip을 선언하면 tip의 타입이 호환되지 않는다는 에러가 발생한다.

같은 예시를 교차 타입으로 작성해보자.

```
type DeliveryTip = {
  tip: number;
};

type Filter = DeliveryTip & {
  tip: string;
};
```

extends를 &로 바꿨을 뿐인데 에러가 발생하지 않는다. 이때 tip 속성의 타입은 number일까? string일까? 정답은 never다.

type 키워드는 교차 타입으로 선언되었을 때 새롭게 추가되는 속성에 대해 미리 알 수 없기 때문에 선언 시 에러가 발생하지 않는다. 하지만 tip이라는 같은 속성에 대해 서로 호환되지 않는 타입이 선언되어 결국 never 타입이 된 것이다.

⑤ 배달의민족 메뉴 시스템에 타입 확장 적용하기

배달의민족의 배달 서비스 메뉴로 간단한 타입 확장에 대해 알아보자.

1인분 족발·보쌈 찜·탕·찌개 돈까스·화일식 피자

▶ 배달의민족 배달 서비스의 메뉴 목록

앞의 그림은 배달의민족 배달 서비스의 메뉴 목록을 나타낸 것이다. 이를 바탕으로 Menu라는 이름을 갖는 인터페이스를 다음과 같이 표현할 수 있다.

```
/**
 * 메뉴에 대한 타입
 * 메뉴 이름과 메뉴 이미지에 대한 정보를 담고 있다
 */
interface Menu {
  name: string;
  image: string;
}
```

개발자에게 메뉴 목록을 주면 Menu 인터페이스를 기반으로 사용자에게 앞의 그림 같은 화면
을 보여줄 수 있을 것이다.

```
function MainMenu() {
  // Menu 타입을 원소로 갖는 배열
  const menuList: Menu[] = [{name: "1인분", image: "1인분.png"}, ...]

  return (
    <ul>
      {menuList.map((menu) => (
        <li>
          <img src={menu.image} />
          <span>{menu.name}</span>
        </li>
      ))}
    </ul>
  )
}
```

이때 특정 메뉴의 중요도를 다르게 주기 위한 요구 사항이 추가되었다고 가정해보자.

1 특정 메뉴를 길게 누르면 gif 파일이 재생되어야 한다.
2 특정 메뉴는 이미지 대신 별도의 텍스트만 노출되어야 한다.

요구 사항을 만족하는 타입의 작성 방법을 2가지로 생각해볼 수 있다.

```
/**
 * 방법1 타입 내에서 속성 추가
 * 기존 Menu 인터페이스에 추가된 정보를 전부 추가
 */
interface Menu {
  name: string;
  image: string;
  gif?: string; // 요구 사항 1. 특정 메뉴를 길게 누르면 gif 파일이 재생되어야 한다
  text?: string; // 요구 사항 2. 특정 메뉴는 이미지 대신 별도의 텍스트만 노출되어야 한다
}


/**
 * 방법2 타입 확장 활용
 * 기존 Menu 인터페이스는 유지한 채, 각 요구 사항에 따른 별도 타입을 만들어 확장시키는 구조
 */
interface Menu {
  name: string;
  image: string;
}


/**
 * gif를 활용한 메뉴 타입
 * Menu 인터페이스를 확장해서 반드시 gif 값을 갖도록 만든 타입
 */
interface SpecialMenu extends Menu {
  gif: string; // 요구 사항 1. 특정 메뉴를 길게 누르면 gif 파일이 재생되어야 한다
}


/**
 * 별도의 텍스트를 활용한 메뉴 타입
 * Menu 인터페이스를 확장해서 반드시 text 값을 갖도록 만든 타입
 */
interface PackageMenu extends Menu {
  text: string; // 요구 사항 2. 특정 메뉴는 이미지 대신 별도의 텍스트만 노출되어야 한다
}
```

다음처럼 3가지 종류의 메뉴 목록이 있을 때 각 방법을 적용해보자.

```
/**
 * 각 배열은 서버에서 받아온 응답 값이라고 가정
 */
const menuList = [
  { name: "찜", image: "찜.png" },
  { name: "찌개", image: "찌개.png" },
  { name: "회", image: "회.png" },
];

const specialMenuList = [
  { name: "돈까스", image: "돈까스.png", gif: "돈까스.gif" },
  { name: "피자", image: "피자.png", gif: "피자.gif" },
];

const packageMenuList = [
  { name: "1인분", image: "1인분.png", text: "1인 가구 맞춤형" },
  { name: "족발", image: "족발.png", text: "오늘은 족발로 결정" },
];
```

[방법 1] 하나의 타입에 여러 속성을 추가할 때

각 메뉴 목록은 Menu[]로 표현할 수 있다.

```
menuList: Menu[] // OK
specialMenuList: Menu[] // OK
packageMenuList: Menu[] // OK
```

specialMenuList 배열의 원소가 각 속성에 접근한다고 했을 때 다음과 같은 문제가 발생할 수 있다.

```
specialMenuList.map((menu) => menu.text); // TypeError: Cannot read properties of
undefined
```

specialMenuList는 Menu 타입의 원소를 갖기 때문에 text 속성에도 접근할 수 있다. 하지만 specialMenuList 배열의 모든 원소는 text라는 속성을 가지고 있지 않으므로 에러가 발생한다.

[방법 2] 타입을 확장하는 방식

각 배열의 타입을 확장할 타입에 맞게 명확히 규정할 수 있다.

```
menuList: Menu[] // OK

specialMenuList: Menu[] // NOT OK
specialMenuList: SpecialMenu[] // OK

packageMenuList: Menu[] // NOT OK
packageMenuList: PackageMenu[] // OK
```

이를 바탕으로 specialMenuList 배열의 원소 내 속성에 동일하게 접근한다고 가정하면 프로그램을 실행하지 않고도 타입이 잘못되었음을 미리 알 수 있다.

```
specialMenuList.map((menu) => menu.text); // Property 'text' does not exist on type
'SpecialMenu'
```

결과적으로 주어진 타입에 무분별하게 속성을 추가하여 사용하는 것보다 타입을 확장해서 사용하는 것이 좋다. 적절한 네이밍을 사용해서 타입의 의도를 명확히 표현할 수도 있고, 코드 작성 단계에서 예기치 못한 버그도 예방할 수 있기 때문이다.

4.2 타입 좁히기 - 타입 가드

타입스크립트에서 타입 좁히기는 변수 또는 표현식의 타입 범위를 더 작은 범위로 좁혀나가는 과정을 말한다. 타입 좁히기를 통해 더 정확하고 명시적인 타입 추론을 할 수 있게 되고, 복잡한 타입을 작은 범위로 축소하여 타입 안정성을 높일 수 있다.

1 타입 가드에 따라 분기 처리하기

타입스크립트에서의 분기 처리는 조건문과 타입 가드를 활용하여 변수나 표현식의 타입 범위를 좁혀 다양한 상황에 따라 다른 동작을 수행하는 것을 말한다. 타입 가드는 런타임에 조건문을 사용하여 타입을 검사하고 타입 범위를 좁혀주는 기능을 말한다. 구체적인 상황을 보면서 이해해보자.

타입스크립트로 개발하다 보면 여러 타입을 할당할 수 있는 스코프^{Scope}에서 특정 타입을 조건으로 만들어 분기 처리하고 싶을 때가 있다. 여러 타입을 할당할 수 있다는 것은 변수가 유니온 타입 또는 any 타입 등 여러 가지 타입을 받을 수 있다는 것을 말하는데 조건으로 검사하려는 타입보다 넓은 범위를 갖고 있다.

 스코프(scope)

타입스크립트에서 스코프는 변수와 함수 등의 식별자^{identifier}가 유효한 범위를 나타낸다. 즉, 변수와 함수를 선언하거나 사용할 수 있는 영역을 말한다.

예를 들어 어떤 함수가 A ¦ B 타입의 매개변수를 받는다고 가정해보자. 인자 타입이 A 또는 B일 때를 구분해서 로직을 처리하고 싶다면 어떻게 해야 할까?

if문을 사용해서 처리하면 될 것 같지만 컴파일 시 타입 정보는 모두 제거되어 런타임에 존재하지 않기 때문에 타입을 사용하여 조건을 만들 수는 없다. 즉, 컴파일해도 타입 정보가 사라지지 않는 방법을 사용해야 한다.

특정 문맥 안에서 타입스크립트가 해당 변수를 타입 A로 추론하도록 유도하면서 런타임에서도 유효한 방법이 필요한데, 이때 타입 가드를 사용하면 된다. 타입 가드는 크게 자바스크립트 연산자를 사용한 타입 가드와 사용자 정의 타입 가드로 구분할 수 있다.

자바스크립트 연산자를 활용한 타입 가드는 typeof, instanceof, in과 같은 연산자를 사용해서 제어문으로 특정 타입 값을 가질 수밖에 없는 상황을 유도하여 자연스럽게 타입을 좁히는 방식이다. 자바스크립트 연산자를 사용하는 이유는 런타임에 유효한 타입 가드를 만들기 위해서다. 런타임에 유효하다는 말은 타입스크립트뿐만 아니라 자바스크립트에서도 사용할 수 있는 문법이어야 한다는 의미이다.

사용자 정의 타입 가드는 사용자가 직접 어떤 타입으로 값을 좁힐지를 직접 지정하는 방식이다. 그럼 어떤 상황에서 타입 가드를 활용할 수 있을지 살펴보자.

② 원시 타입을 추론할 때: typeof 연산자 활용하기

typeof 연산자를 활용하면 원시 타입에 대해 추론할 수 있다. typeof A === B를 조건으로 분기 처리하면, 해당 분기 내에서는 A의 타입이 B로 추론된다. 다만 typeof는 자바스크립트 타입 시스템만 대응할 수 있다. 자바스크립트의 동작 방식으로 인해 null과 배열 타입 등이 object 타입으로 판별되는 등 복잡한 타입을 검증하기에는 한계가 있다. 따라서 typeof 연산자는 주로 원시 타입을 좁히는 용도로만 사용할 것을 권장한다.

아래는 typeof 연산자를 사용하여 검사할 수 있는 타입 목록이다.

- string
- number
- boolean
- undefined
- object
- function
- bigint
- symbol

```
const replaceHyphen: (date: string | Date) => string | Date = (date) => {
  if (typeof date === "string") {
    // 이 분기에서는 date의 타입이 string으로 추론된다
    return date.replace(/-/g, "/");
  }

  return date;
};
```

③ 인스턴스화된 객체 타입을 판별할 때: instanceof 연산자 활용하기

다음 예시는 selected 매개변수가 Date인지를 검사한 후에 Range 타입의 객체를 반환할 수 있도록 분기 처리하고 있다.

```
interface Range {
  start: Date;
  end: Date;
}

interface DatePickerProps {
  selectedDates?: Date | Range;
}

const DatePicker = ({ selectedDates }: DatePickerProps) => {
  const [selected, setSelected] = useState(convertToRange(selectedDates));
  //...
};

export function convertToRange(selected?: Date | Range): Range | undefined {
  return selected instanceof Date
    ? { start: selected, end: selected }
    : selected;
}
```

typeof 연산자를 주로 원시 타입을 판별하는 데 사용한다면, instanceof 연산자는 인스턴스화된 객체 타입을 판별하는 타입 가드로 사용할 수 있다. A instanceof B 형태로 사용하며 A에는 타입을 검사할 대상 변수, B에는 특정 객체의 생성자가 들어간다. instanceof는 A의 프로토타입 체인에 생성자 B가 존재하는지를 검사해서 존재한다면 true, 그렇지 않다면 false를 반환한다. 이러한 동작 방식으로 인해 A의 프로토타입 속성 변화에 따라 instanceof 연산자의 결과가 달라질 수 있다는 점은 유의해야 한다. 아래 예시에는 HTMLInputElement에 존재하는 blur 메서드를 사용하기 위해서, event.target이 HTMLInputElement의 인스턴스인지를 검사한 후 분기 처리하는 로직이 나타나 있다.

```
const onKeyDown = (event: React.KeyboardEvent) => {
  if (event.target instanceof HTMLInputElement && event.key === "Enter") {
    // 이 분기에서는 event.target의 타입이 HTMLInputElement이며
    // event.key가 'Enter'이다
    event.target.blur();
    onCTAButtonClick(event);
  }
};
```

④ 객체의 속성이 있는지 없는지에 따른 구분: in 연산자 활용하기

in 연산자는 객체에 속성이 있는지 확인한 다음에 true 또는 false를 반환한다. in 연산자를 사용하면 속성이 있는지 없는지에 따라 객체 타입을 구분할 수 있다.

in 연산자는 A in B의 형태로 사용하는데 이름 그대로 A라는 속성이 B 객체에 존재하는지를 검사한다. 프로토타입 체인으로 접근할 수 있는 속성이면 전부 true를 반환한다. in 연산자는 B 객체 내부에 A 속성이 있는지 없는지를 검사하는 것이기 때문에 B 객체에 존재하는 A 속성에 undefined를 할당한다고 해서 false를 반환하는 것은 아니다. delete 연산자를 사용하여 객체 내부에서 해당 속성을 제거해야만 false를 반환한다.

```
interface BasicNoticeDialogProps {
  noticeTitle: string;
  noticeBody: string;
}

interface NoticeDialogWithCookieProps extends BasicNoticeDialogProps {
  cookieKey: string;
  noForADay?: boolean;
  neverAgain?: boolean;
}

export type NoticeDialogProps =
  | BasicNoticeDialogProps
  | NoticeDialogWithCookieProps;
```

NoticeDialog 컴포넌트는 2가지 객체 타입의 유니온 타입인 NoticeDialogProps를 props로 받는다. NoticeDialog 컴포넌트가 props로 받는 객체 타입이 BasicNoticeDialog-Props인지 NoticeDialogWithCookieProps인지에 따라 렌더링하는 컴포넌트가 달라지도록 하고 싶다고 해보자. 이럴 때 props 타입에 따라 렌더링하는 컴포넌트를 분기 처리하면 된다.

NoticeDialogProps는 NoticeDialogWithCookieProps 객체 타입과 BasicNoticeDi-alogProps 객체 타입의 유니온 타입이다. NoticeDialogWithCookieProps는 BasicNoticeDialogProps를 상속받고 cookieKey 속성을 가진다. 따라서 두 객체 타입을 cook-ieKey 속성을 가졌는지 아닌지에 따라 in 연산자로 조건을 만들 수 있다.

```
const NoticeDialog: React.FC<NoticeDialogProps> = (props) => {
  if ("cookieKey" in props) return <NoticeDialogWithCookie {...props} />;
  return <NoticeDialogBase {...props} />;
};
```

자바스크립트의 in 연산자는 런타임의 값만을 검사하지만 타입스크립트에서는 객체 타입에 속성이 존재하는지를 검사한다. if문 스코프에서 타입스크립트는 props 객체를 cookieKey 속성을 갖는 객체 타입인 NoticeDialogWithCookieProps로 해석한다. 또한 얼리 리턴Early return했기 때문에 if문 스코프 밖에 위치하는 return문의 props 객체는 BasicNoticeDialogProps 타입으로 해석한다.

얼리 리턴(Early return)

특정 조건에 부합하지 않으면 바로 반환return하는 것을 말한다.

위의 상황처럼 여러 객체 타입을 유니온 타입으로 가지고 있을 때 in 연산자를 사용해서 속성의 유무에 따라 조건 분기를 할 수 있다.

⑤ is 연산자로 사용자 정의 타입 가드 만들어 활용하기

직접 타입 가드 함수를 만들 수도 있다. 이러한 방식의 타입 가드는 반환 타입이 타입 명제type predicates인 함수를 정의하여 사용할 수 있다. 타입 명제는 A is B 형식으로 작성하면 되는데 여기서 A는 매개변수 이름이고 B는 타입이다. 참/거짓의 진릿값을 반환하면서 반환 타입을 타입 넌세로 시성하게 되면 반환 값이 참일 때 A 매개변수의 타입을 B 타입으로 취급하게 된다. 아래 예시를 살펴보자.

타입 명제(type predicates)

타입 명제는 함수의 반환 타입에 대한 타입 가드를 수행하기 위해 사용되는 특별한 형태의 함수이다.

```
const isDestinationCode = (x: string): x is DestinationCode =>
  destinationCodeList.includes(x);
```

isDestinationCode는 string 타입의 매개변수가 destinationCodeList 배열의 원소 중하나인지를 검사하여 boolean을 반환하는 함수이다. 함수의 반환 값을 boolean이 아닌 x is DestinationCode로 타이핑하여 타입스크립트에게 이 함수가 사용되는 곳의 타입을 추론할 때 해당 조건을 타입 가드로 사용하도록 알려준다. isDestinationCode 함수를 사용하는 예시를 보면서 반환 값의 타입이 boolean인 것과 is를 활용한 것과의 차이를 알아보자.

```
const getAvailableDestinationNameList = async (): Promise<DestinationName[]> => {
  const data = await AxiosRequest<string[]>("get", ".../destinations");
  const destinationNames: DestinationName[] = [];
  data?.forEach((str) => {
    if (isDestinationCode(str)) {
      destinationNames.push(DestinationNameSet[str]);
      /*
          isDestinationCode의 반환 값에 is를 사용하지 않고 boolean이라고 한다면 다음 에러가
      발생한다
          - Element implicitly has an 'any' type because expression of type 'string'
      can't be used to index type 'Record<"MESSAGE_PLATFORM" | "COUPON_PLATFORM" | "BRAZE",
      "통합메시지플랫폼" | "쿠폰대장간" | "braze">'
      */
    }
  });
  return destinationNames;
};
```

if문 내 isDestinationCode 함수로 data의 str이 destinationCodeList의 문자열 원소인지 체크하고, 맞다면 destinationNames 배열에 push한다. 만약 isDestinationCode의 반환 값 타이핑을 x is DestinationCode가 아닌 boolean으로 했다면 타입스크립트는 어떻게 추론할까? 개발자는 if문 내부에서 str 타입이 DestinationCode라는 것을 알 수 있다. Array.includes를 해석할 수 있기 때문이다.

하지만 타입스크립트는 isDestinationCode 함수 내부에 있는 includes 함수를 해석해 타입 추론을 할 수 없다. 타입스크립트는 if문 스코프의 str 타입을 좁히지 못하고 string으로만 추론한다. destinationNames의 타입은 DestinationName[]이기 때문에 string 타입의 str을 push할 수 없다는 에러가 발생한다. 이처럼 타입스크립트에게 반환 값에 대한 타입 정보를 알려주고 싶을 때 is를 사용할 수 있다. 반환 값의 타입을 x is DestinationCode로 알려줌으로써 타입스크립트는 if문 스코프의 str 타입을 DestinationCode로 추론할 수 있게 된다.

4.3 타입 좁히기 - 식별할 수 있는 유니온(Discriminated Unions)

종종 태그된 유니온Tagged Union으로도 불리는 식별할 수 있는 유니온Discriminated Unions은 타입 좁히기에 널리 사용되는 방식이다. 이 절에서는 예시를 살펴보면서 식별할 수 있는 유니온을 어떨 때 사용할 수 있는지와 장점을 알아본다.

1 에러 정의하기

배달의민족의 선물하기 서비스는 선물을 보낼 때 필요한 값을 사용자가 올바르게 입력했는지를 확인하는 유효성 검사를 진행한다. 유효성 에러가 발생하면 사용자에게 다양한 방식으로 에러를 보여 주는데 우아한형제들에서는 이 에러를 크게 텍스트 에러, 토스트 에러, 얼럿 에러로 분류한다. 이들 모두 유효성 에러로 에러 코드errorCode와 에러 메시지errorMessage를 가지고 있으며, 에러 노출 방식에 따라 추가로 필요한 정보가 있을 수 있다. 예를 들어 토스트 에러는 토스트를 얼마 동안 띄울 것인지에 대한 정보가 필요하다.

각 에러 타입을 다음과 같의 정의했다고 해보자.

```
type TextError = {
  errorCode: string;
  errorMessage: string;
};
type ToastError = {
  errorCode: string;
  errorMessage: string;
  toastShowDuration: number; // 토스트를 띄워줄 시간
};
type AlertError = {
  errorCode: string;
  errorMessage: string;
  onConfirm: () => void; // 얼럿 창의 확인 버튼을 누른 뒤 액션
};
```

이 에러 타입의 유니온 타입을 원소로 하는 배열을 정의해보면 다음과 같을 것이다.

```
type ErrorFeedbackType = TextError | ToastError | AlertError;
const errorArr: ErrorFeedbackType[] = [
  { errorCode: "100", errorMessage: "텍스트 에러" },
  { errorCode: "200", errorMessage: "토스트 에러", toastShowDuration: 3000 },
  { errorCode: "300", errorMessage: "얼럿 에러", onConfirm: () => {} },
];
```

TextError, ToastError, AlertError의 유니온 타입인 ErrorFeedbackType의 원소를 갖는 배열 errorArr를 정의함으로써 다양한 에러 객체를 관리할 수 있게 되었다. 여기서 해당 배열에 에러 타입별로 정의한 필드를 가지는 에러 객체가 포함되길 원한다고 해보자. 즉, ToastError의 toastShowDuration 필드와 AlertError의 onConfirm 필드를 모두 가지는 객체에 대해서는 타입 에러를 뱉어야 할 것이다.

```
const errorArr: ErrorFeedbackType[] = [
  // ...
  {
    errorCode: "999",
    errorMessage: "잘못된 에러",
    toastShowDuration: 3000,
    onConfirm: () => {},
  }, // expected error
];
```

하지만 이 코드를 작성했을 때 자바스크립트는 덕 타이핑 언어이기 때문에 별도의 타입 에러를 뱉지 않는 것을 확인할 수 있다. 이런 상황에서 타입 에러가 발생하지 않는다면 앞으로의 개발 과정에서 의미를 알 수 없는 무수한 에러 객체가 생겨날 위험성이 커진다.

② 식별할 수 있는 유니온

따라서 에러 타입을 구분할 방법이 필요하다. 각 타입이 비슷한 구조를 가지지만 서로 호환되지 않도록 만들어주기 위해서는 타입들이 서로 포함 관계를 가지지 않도록 정의해야 한다. 이때 적용할 수 있는 방식이 바로 식별할 수 있는 유니온을 활용하는 것이다. 식별할 수 있는 유니온이란 타입 간의 구조 호환을 막기 위해 타입마다 구분할 수 있는 판별자discriminant[1]를 달아주어 포함 관계를 제거하는 것이다.

판별자의 개념으로 **errorType**이라는 필드를 새로 정의해보자. 각 에러 타입마다 이 필드에 대해 다른 값을 가지도록 하여 판별자를 달아주면 이들은 포함 관계를 벗어나게 된다.

```
type TextError = {
  errorType: "TEXT";
  errorCode: string;
  errorMessage: string;
};
type ToastError = {
  errorType: "TOAST";
```

---

1 태그라고도 부른다.

```
  errorCode: string;
  errorMessage: string;
  toastShowDuration: number;
};
type AlertError = {
  errorType: "ALERT";
  errorCode: string;
  errorMessage: string;
  onConfirm: () => void;
};
```

에러 객체에 대한 타입을 위와 같이 정의한 상태에서 errorArr을 새로 정의해보자.

```
type ErrorFeedbackType = TextError | ToastError | AlertError;
const errorArr: ErrorFeedbackType[] = [
  { errorType: "TEXT", errorCode: "100", errorMessage: "텍스트 에러" },
  {
    errorType: "TOAST",
    errorCode: "200",
    errorMessage: "토스트 에러",
    toastShowDuration: 3000,
  },
  {
    errorType: "ALERT",
    errorCode: "300",
    errorMessage: "얼럿 에러",
    onConfirm: () => {},
  },
  {
    errorType: "TEXT",
    errorCode: "999",
    errorMessage: "잘못된 에러",
    toastShowDuration: 3000, // Object literal may only specify known properties,
  and 'toastShowDuration' does not exist in type 'TextError'
    onConfirm: () => {},
  },
  {
    errorType: "TOAST",
    errorCode: "210",
```

```
      errorMessage: "토스트 에러",
      onConfirm: () => {}, // Object literal may only specify known properties, and
    'onConfirm' does not exist in type 'ToastError'
    },
    {
    errorType: "ALERT",
    errorCode: "310",
    errorMessage: "얼럿 에러",
    toastShowDuration: 5000, // Object literal may only specify known properties, an
  d 'toastShowDuration' does not exist in type 'AlertError'
    },
  ];
```

우리가 처음에 기대했던 대로 정확하지 않은 에러 객체에 대해 타입 에러가 발생하는 것을 확인할 수 있다.

③ 식별할 수 있는 유니온의 판별자 선정

식별할 수 있는 유니온을 사용할 때 주의할 점이 있다. 식별할 수 있는 유니온의 판별자는 유닛 타입unit type으로 선언되어야 정상적으로 동작한다. 유닛 타입은 다른 타입으로 쪼개지지 않고 오직 하나의 정확한 값을 가지는 타입을 말한다. null, undefined, 리터럴 타입을 비롯해 true, 1 등 정확한 값을 나타내는 타입이 유닛 타입에 해당한다. 반면에 다양한 타입을 할당할 수 있는 void, string, number와 같은 타입은 유닛 타입으로 적용되지 않는다.

공식 깃허브의 이슈 탭을 살펴보면 식별할 수 있는 유니온의 판별자로 사용할 수 있는 타입을 다음과 같이 정의하고 있다.[2]

- 리터럴 타입이어야 한다.
- 판별자로 선정한 값에 적어도 하나 이상의 유닛 타입이 포함되어야 하며, 인스턴스화할 수 있는 타입 instantiable type은 포함되지 않아야 한다.

다음 예시를 살펴보자.

---

2 https://github.com/microsoft/TypeScript/issues/30506#issuecomment-474802840

```
interface A {
  value: "a"; // unit type
  answer: 1;
}

interface B {
  value: string; // not unit type
  answer: 2;
}

interface C {
  value: Error; // instantiable type
  answer: 3;
}

type Unions = A | B | C;
function handle(param: Unions) {
  /** 판별자가 value일 때 */
  param.answer; // 1 | 2 | 3

  // 'a'가 리터럴 타입이므로 타입이 좁혀진다.
  // 단, 이는 string 타입에 포함되므로 param은 A 또는 B 타입으로 좁혀진다
  if (param.value === "a") {
    param.answer; // 1 | 2 return;
  }

  // 유닛 타입이 아니거나 인스턴스화할 수 있는 타입일 경우 타입이 좁혀지지 않는다
  if (typeof param.value === "string") {
    param.answer; // 1 | 2 | 3 return;
  }
  if (param.value instanceof Error) {
    param.answer; // 1 | 2 | 3 return;
  }

  /** 판별자가 answer일 때 */
  param.value; // string | Error

  // 판별자가 유닛 타입이므로 타입이 좁혀진다
  if (param.answer === 1) {
```

```
    param.value; // 'a'
  }
}
```

이 코드에서 판별자가 value일 때 판별자로 선정한 값 중 'a'만 유일하게 유닛 타입이다. 이 때만 유닛 타입을 포함하고 있기 때문에 타입이 좁혀지는 것을 볼 수 있다.

판별자가 answer일 때를 생각해보면 판별자가 모두 유닛 타입이므로 타입이 정상적으로 좁혀진다.

4.4 Exhaustiveness Checking으로 정확한 타입 분기 유지하기

Exhaustiveness는 사전적으로 철저함, 완전함을 의미한다. 따라서 Exhaustiveness Checking은 모든 케이스에 대해 철저하게 타입을 검사하는 것을 말하며 타입 좁히기에 사용되는 패러다임 중 하나다.

타입 가드를 사용해서 타입에 대한 분기 처리를 수행하면 필요하다고 생각되는 부분만 분기 처리를 하여 요구 사항에 맞는 코드를 작성할 수 있게 된다. 하지만 때로는 모든 케이스에 대해 분기 처리를 해야만 유지보수 측면에서 안전하다고 생각되는 상황이 생긴다. 이때 Exhaustiveness Checking을 통해 모든 케이스에 대한 타입 검사를 강제할 수 있다. 예시를 보며 Exhaustiveness Checking의 의미를 이해해보자.

1 상품권

배달의민족의 선물하기 서비스에는 다양한 상품권이 있다. 상품권 가격에 따라 상품권 이름을 반환해주는 함수를 작성하면 다음과 같다.

```
type ProductPrice = "10000" | "20000";

const getProductName = (productPrice: ProductPrice): string => {
  if (productPrice === "10000") return "배민상품권 1만 원";
  if (productPrice === "20000") return "배민상품권 2만 원";
  else {
    return "배민상품권";
  }
};
```

여기까지는 각 상품권 가격에 따라 상품권 이름을 올바르게 반환하고 있어 큰 문제가 없다고 느껴질 수 있다. 하지만 새로운 상품권이 생겨서 ProductPrice 타입이 업데이트되어야 한다고 해보자.

```
type ProductPrice = "10000" | "20000" | "5000";

const getProductName = (productPrice: ProductPrice): string => {
  if (productPrice === "10000") return "배민상품권 1만 원";
  if (productPrice === "20000") return "배민상품권 2만 원";
  if (productPrice === "5000") return "배민상품권 5천 원"; // 조건 추가 필요
  else {
    return "배민상품권";
  }
};
```

이처럼 ProductPrice 타입이 업데이트되었을 때 getProductName 함수도 함께 업데이트되어야 한다. productPrice가 "5000"일 경우의 조건도 검사하여 의도한 대로 상품권 이름을 반환해야 한다. 그러나 getProductName 함수를 수정하지 않아도 별도 에러가 발생하는 것이 아니기 때문에 실수할 여지가 있다. 이와 같이 모든 타입에 대한 타입 검사를 강제하고 싶다면 다음과 같이 코드를 작성하면 된다.

```
type ProductPrice = "10000" | "20000" | "5000";

const getProductName = (productPrice: ProductPrice): string => {
  if (productPrice === "10000") return "배민상품권 1만 원";
  if (productPrice === "20000") return "배민상품권 2만 원";
  //    if (productPrice === "5000") return "배민상품권 5천 원";
  else {
    exhaustiveCheck(productPrice); // Error: Argument of type 'string' is not assign
able to parameter of type 'never'
    return "배민상품권";
  }
};

const exhaustiveCheck = (param: never) => {
  throw new Error("type error!");
};
```

앞의 코드에서 productPrice가 "5000"일 때의 분기 처리가 주석 처리된 것이 보일 것이다.
그리고 exhaustiveCheck(productPrice);에서 에러를 뱉고 있는데 ProductPrice 타입
중 5000이라는 값에 대한 분기 처리를 하지 않아서(철저하게 검사하지 않았기 때문에) 발생
한 것이다. 이렇게 모든 케이스에 대한 타입 분기 처리를 해주지 않았을 때, 컴파일타임 에러
가 발생하게 하는 것을 Exhaustiveness Checking이라고 한다.

좀 더 자세히 살펴보면 exhaustiveCheck라는 함수가 보일 것이다. 이 함수는 매개변수를
never 타입으로 선언하고 있다. 즉, 매개변수로 그 어떤 값도 받을 수 없으며 만일 값이 들어
온다면 에러를 내뱉는다. 이 함수를 타입 처리 조건문의 마지막 else문에 사용하면 앞의 조건
문에서 모든 타입에 대한 분기 처리를 강제할 수 있다.

이렇게 Exhaustiveness Checking을 활용하면 예상치 못한 런타임 에러를 방지하거나 요구
사항이 변경되었을 때 생길 수 있는 위험성을 줄일 수 있다. 타입에 대한 철저한 분기 처리가
필요하다면 Exhaustiveness Checking 패턴을 활용해보길 바란다.

우형 이야기

우형 개발자 간의 대화

개발자 A never가 참 신기한 것 같아요. '어떤 값이든 never 그 자체를 제외하고는 never로 할당할 수 없다'라는 개념 하나로 다양한 패턴을 만들어 타입을 잡아주는 것을 보니…

개발자 B 재밌는 사용법이네요! 좋은 꿀팁 감사합니다! 다만 코드를 보면서 든 생각은 런타임 코드에 exhaustiveCheck가 포함되어 버려서 뭔가 프로덕션 코드와 테스트 코드가 같이 섞여 있는 듯한 느낌(프로덕션 코드 중간중간에 assert 구문을 넣는듯한 느낌)이 조금 들었어요. 이 부분에 대해서는 어떻게 생각하는지 궁금합니다!

개발자 C 프로덕션 코드에 어서션Assertion을 추가하는 것도 하나의 패턴이긴 합니다.[3] 단위 테스트의 어서션은 특정 단위의 결과를 확인하는 느낌이라면, 코드상의 어서션은 코드 중간중간에 무조건 특정 값을 가지는 상황을 확인하기 위한 디버깅 또는 주석 같은 느낌으로 사용되는 거 같아요. 『리팩터링 2판』에는 '테스트 코드가 있다면 어서션이 디버깅 용도로 사용될 때의 효용은 줄어든다. 단위 테스트를 꾸준히 추가하여 사각을 좁히면 어서션보다 나을 때가 많다. 하지만 소통 측면에서는 어서션이 여전히 매력적이다'라고 나와 있긴 합니다. 스택오버플로를 보니 개발자 사이에서도 의견이 분분한 것 같아요[4]. 개인적으로는 어서션 자체가 성능에 영향을 주는 게 거의 없다 보니까 있어도 나쁘지 않은 것 같아요. 아무 주석을 단다거나 문서화가 안 되어 있는 것보다는 낫지 않을까 싶네요(물론 단위 테스트나, 문서화가 꼼꼼하게 잘 되어있으면 좋지만 현실에서는 그러기엔 쉽지 않으니까…).

개발자 B 좋은 인사이트를 주셔서 감사합니다. 프로덕션 코드에 assert 성격의 코드가 들어가면 번들 사이즈가 커진다는 단점만 떠올랐는데, 말씀하신 측면을 생각해보니 장점도 있네요. 균형 있게 적절한 트레이드오프 지점을 잘 찾아서 적용하는 게 중요한 것 같네요.

---

3 『리팩터링 2판』(한빛미디어, 2020)에서도 어서션에 대해 다루고 있다.

4 https://stackoverflow.com/questions/17732/when-should-assertions-stay-in-mproduction-code

```
1  (5장) =>
2  {(<타입
      활용하기/>)
3
4  };
```

이 장에서는 우아한형제들의 타입스크립트 활용 사례를 소개한다. 우아한형제들의 실무 코드 예시를 살펴보면서 정확한 타이핑을 하지 못해 발생하는 문제를 타입스크립트의 다양한 기법과 유틸리티 타입을 활용해 해결해본다. 5장의 내용은 타입스크립트의 기본적인 문법과 리액트 및 react-query의 코드를 포함하고 있다. 하지만 기본적인 관련 지식만 알고 있다면 읽는 데 무리가 없을 것이다.

5.1 조건부 타입

프로그래밍에서는 다양한 상황을 다루기 위해 조건문을 많이 활용한다. 타입도 마찬가지로 조건에 따라 다른 타입을 반환해야 할 때가 있다. 타입스크립트에서는 조건부 타입을 사용해 조건에 따라 출력 타입을 다르게 도출할 수 있다. 타입스크립트의 조건부 타입은 자바스크립트의 삼항 연산자와 동일하게 Condition ? A : B 형태를 가지는데 A는 Condition이 true일 때 도출되는 타입이고, B는 false일 때 도출되는 타입이다.

조건부 타입을 활용하면 중복되는 타입 코드를 제거하고 상황에 따라 적절한 타입을 얻을 수 있기 때문에 더욱 정확한 타입 추론을 할 수 있게 된다. 이 절에서는 extends, infer, never 등을 활용해 원하는 타입을 만들어보며 어떤 상황에서 조건부 타입이 필요한지 알아본다. 또한 조건부 타입을 적용했을 때 어떤 장점을 얻을 수 있는지 알아본다.

1 extends와 제네릭을 활용한 조건부 타입

extends 키워드는 타입스크립트에서 다양한 상황에서 활용된다. 타입을 확장할 때와 타입을 조건부로 설정할 때 사용되며, 제네릭 타입에서는 한정자 역할로도 사용된다. extends를 사용한 조건부 타입의 활용 예시를 보기 전에 간단하게 extends가 어떻게 조건부 타입으로 사용되는지 알아보자.

```
T extends U ? X : Y
```

조건부 타입에서 extends를 사용할 때는 자바스크립트 삼항 연산자와 함께 쓴다. 이 표현은 타입 T를 U에 할당할 수 있으면 X 타입, 아니면 Y 타입으로 결정됨을 의미한다. 간단한 예시를 통해 좀 더 면밀히 살펴보자.

```
interface Bank {
  financialCode: string;
  companyName: string;
  name: string;
  fullName: string;
}
```

```
interface Card {
  financialCode: string;
  companyName: string;
  name: string;
  appCardType?: string;
}
type PayMethod<T> = T extends "card" ? Card : Bank;
type CardPayMethodType = PayMethod<"card">;
type BankPayMethodType = PayMethod<"bank">;
```

ⓘ extends 키워드를 일반적으로 문자열 리터럴과 함께 사용하지는 않지만, 아래 예시에서는 extends
의 활용법을 설명하기 위해 문자열 리터럴에 사용되고 있다.

앞의 코드는 결제 수단과 관련한 타입들이다.

Bank는 계좌를 이용한 결제 수단 정보이며 고유 코드인 financialCode, name 등을 가지고
있다. Card 타입과 다른 점은 fullName으로 은행의 전체 이름 속성을 가지고 있다는 것이다.

Card는 카드를 이용한 결제 수단 정보다. Bank와 마찬가지로 financialCode, name 등을 가
지고 있다. Bank와 다른 점은 appCardType으로 카드사 앱을 사용해서 카드 정보를 등록할
수 있는지를 구별해주는 속성이 있다는 것이다.

PayMethod 타입은 제네릭 타입으로 extends를 사용한 조건부 타입이다. 제네릭 매개변수에
"card"가 들어오면 Card 타입, 그 외의 값이 들어오면 Bank 타입으로 결정된다. PayMethod
를 사용해서 CardPayMethodType, BankPayMethodType을 도출할 수 있다. 이제 어떤 상황
에서 조건부 타입을 효율적으로 사용할 수 있는지 알아보자.

② 조건부 타입을 사용하지 않았을 때의 문제점

조건부 타입을 사용하기 전에 어떤 이슈가 있었는지 알아보자. 아래는 react-query (리액트
쿼리)를 활용한 예시다. 계좌, 카드, 앱 카드 등 3가지 결제 수단 정보를 가져오는 API가 있으
며, API의 엔드포인트는 다음과 같다고 해보자.

계좌 정보 엔드포인트: www.baemin.com/baeminpay/.../bank
카드 정보 엔드포인트: www.baemin.com/baeminpay/.../card
앱 카드 정보 엔드포인트: www.baemin.com/baeminpay/.../appcard

각 API는 계좌, 카드, 앱카드의 결제 수단 정보를 배열 형태로 반환한다. 3가지 API의 엔드포인트가 비슷하기 때문에 서버 응답을 처리하는 공통 함수를 생성하고, 해당 함수에 타입을 전달하여 타입별로 처리 로직을 구현할 것이다.

함수를 구현하기 앞서 이전에 사용되는 타입들을 서버에서 받아오는 타입, UI 관련 타입 그리고 결제 수단별 특성에 따라 구분하여 살펴보자.

- PayMethodBaseFromRes: 서버에서 받아오는 결제 수단 기본 타입으로 은행과 카드에 모두 들어가 있다.
- Bank, Card: 은행과 카드 각각에 맞는 결제 수단 타입이다. 결제 수단 기본 타입인 PayMethodBaseFromRes를 상속받아 구현한다.
- PayMethodInterface: 프론트에서 관리하는 결제 수단 관련 데이터로 UI를 구현하는 데 사용되는 타입이다.
- PayMethodInfo<T extends Bank | Card>:
  - 최종적인 은행, 카드 결제 수단 타입이다. 프론트에서 추가되는 UI 데이터 타입과 제네릭으로 받아오는 Bank 또는 Card를 합성한다.
  - extends를 제네릭에서 한정자로 사용하여 Bank 또는 Card를 포함하지 않는 타입은 제네릭으로 넘겨주지 못하게 방어한다.
  - BankPayMethodInfo = PayMethodInterface & Bank처럼 카드와 은행의 타입을 만들어줄 수 있지만 제네릭을 활용해서 중복된 코드를 제거한다.

```
interface PayMethodBaseFromRes {
  financialCode: string;
  name: string;
}

interface Bank extends PayMethodBaseFromRes {
  fullName: string;
}

interface Card extends PayMethodBaseFromRes {
  appCardType?: string;
}
type PayMethodInfo<T extends Bank | Card> = T & PayMethodInterface;
type PayMethodInterface = {
  companyName: string;
  // ...
}
```

이제 react-query의 useQuery를 사용하여 구현한 커스텀 훅인 useGetRegisteredList 함수를 살펴보자.

useGetRegisteredList 함수는 useQuery의 반환 값을 돌려준다. useCommonQuery<T>는 useQuery를 한 번 래핑해서 사용하고 있는 함수로 useQuery의 반환 data를 T타입으로 반환한다. fetcherFactory는 axios를 래핑해주는 함수이며, 서버에서 데이터를 받아온 후 on-Success 콜백 함수를 거친 결괏값을 반환한다.

```typescript
type PayMethodType = PayMethodInfo<Card> | PayMethodInfo<Bank>;
export const useGetRegisteredList = (
  type: "card" | "appcard" | "bank"
): UseQueryResult<PayMethodType[]> => {
  const url = `baeminpay/codes/${type === "appcard" ? "card" : type}`;

  const fetcher = fetcherFactory<PayMethodType[]>({
    onSuccess: (res) => {
      const usablePocketList =
        res?.filter(
          (pocket: PocketInfo<Card> | PocketInfo<Bank>) =>
            pocket?.useType === "USE"
        ) ?? [];
      return usablePocketList;
    },
  });

  const result = useCommonQuery<PayMethodType[]>(url, undefined, fetcher);

  return result;
};
```

즉, useGetRegisteredList 함수는 타입으로 "card", "appcard", "bank"를 받아서 해당 결제 수단의 결제 수단 정보 리스트를 반환하는 함수이다. 이때 useGetRegisteredList 함수가 반환하는 Data 타입은 PocketInfo<Card> | PocketInfo<Bank>이다. 사용자가 타입으로 "card"를 넣었을 때 useGetRegisteredList 함수가 반환하는 Data 타입은 Pock-etInfo라고 유추할 수 있다. 하지만 useGetRegisteredList 함수가 반환하는 Data 타입은 PayMethodType이기 때문에 사용하는 쪽에서는 PocketInfo일 가능성도 있다.

```
const PocketProv  const pocketList: PocketInfo<Card>[] | undefined  target }) => {
  const { data: pocketList } = useGetRegisteredList("card");
```

useGetRegisteredList 함수는 타입을 구분해서 넣는 사용자의 의도와는 다르게 정확한 타입을 반환하지 못하는 함수가 됐다. 인자로 넣는 타입에 알맞은 타입을 반환하고 싶지만, 타입 설정이 유니온으로만 되어있기 때문에 타입스크립트는 해당 타입에 맞는 Data 타입을 추론할 수 없다.

이처럼 인자에 따라 반환되는 타입을 다르게 설정하고 싶다면 extends를 사용한 조건부 타입을 활용하면 된다.

③ extends 조건부 타입을 활용하여 개선하기

useGetRegisteredList 함수의 반환 Data는 인자 타입에 따라 정해져 있다. 타입으로 "card" 또는 "appcard"를 받으면 카드 결제 수단 정보 타입인 PocketInfo<card>를 반환하고, "bank"를 받는다면 PocketInfo<bank>를 반환한다.

- type : "card" | "appcard" ⇒ PocketInfo<Card>
- type : "bank" ⇒ PocketInfo<Bank>

계좌와 카드의 API 함수를 각각 만들 수도 있지만 엔드포인트의 마지막 경로만 다르고 계좌와 카드가 같은 컴포넌트에서 사용되기 때문에 하나의 함수에서 한 번에 관리해야 하는 상황이라고 가정해보자. 이러한 상황에서 조건부 타입을 활용하면 하나의 API 함수에서 타입에 따른 정확한 반환 타입을 추론하게 만들 수 있다.

조건부 타입을 사용해서 PayMethodInfo<Card> | PayMethodInfo<Bank> 타입이었던 PayMethodType 타입을 개선해보자.

```
type PayMethodType<T extends "card" | "appcard" | "bank"> = T extends
  | "card"
  | "appcard"
  ? Card
  : Bank;
```

PayMethodType의 제네릭으로 받은 값이 "card" 또는 "appcard"일 때는 PayMethodInfo<Card> 타입을, 아닐 때는 PayMethodInfo<Bank> 타입을 반환하도록 수정했다. 또한 결제 수단 타입에는 "card", "appcard", "bank"만 들어올 수 있기 때문에 extends를 한정자로 활용해서 제네릭에 넘겨오는 값을 제한하도록 했다.

새롭게 정의한 PayMethodType 타입에 제네릭 값을 넣어주기 위해서는 useGetRegisteredList 함수 인자의 타입을 넣어줘야 한다. useGetRegisteredList 인자 타입을 제네릭으로 받으면서 extends를 활용하여 "card", "appcard", "bank" 이외에 다른 값이 인자로 들어올 경우에는 타입 에러를 반환하도록 구현해보자.

```
export const useGetRegisteredList = <T extends "card" | "appcard" | "bank">(
  type: T
): UseQueryResult<PayMethodType<T>[]> => {
  const url = `baeminpay/codes/${type === "appcard" ? "card" : type}`;

  const fetcher = fetcherFactory<PayMethodType<T>[]>({
    onSuccess: (res) => {
      const usablePocketList =
        res?.filter(
          (pocket: PocketInfo<Card> | PocketInfo<Bank>) =>
            pocket?.useType === "USE"
        ) ?? [];
      return usablePocketList;
    },
  });

  const result = useCommonQuery<PayMethodType<T>[]>(url, undefined, fetcher);

  return result;
};
```

조건부 타입을 활용하여 PayMethodType이 사용자가 인자에 넣는 타입 값에 맞는 타입만을 반환하도록 구현했다. 이제 인자로 "card" 또는 "appcard"를 넣는다면 PocketInfo<Card>를 반환하고, "bank"를 넣는다면 PocketInfo<Bank>를 반환한다. 이로써 사용자는 useGetRegisteredList 함수를 사용할 때 불필요한 타입 가드를 하지 않아도 된다. 또한 데이터를

PocketInfo<Card>만을 받는 컴포넌트의 props로 넘겨줄 때 불필요한 타입 단언을 하지 않아도 된다.

- "card"를 넣었을 때 반환 타입

```
const PocketProv  const pocketList: PocketInfo<Card>[] | undefined  target }) => {
  const { data: pocketList } = useGetRegisteredList("card");
```

- "appcard"를 넣었을 때 반환 타입

```
const PocketProv  const pocketList: PocketInfo<Card>[] | undefined  target }) => {
  const { data: pocketList } = useGetRegisteredList("appcard");
```

- "bank"를 넣었을 때 반환 타입

```
const PocketProv  const pocketList: PocketInfo<Bank>[] | undefined  target }) => {
  const { data: pocketList } = useGetRegisteredList("bank");
```

지금까지 타입 확장을 제외한 타입에서 다양한 extends 활용 사례를 살펴봤다. extends 활용 예시는 크게 다음과 같이 정리할 수 있다.

1 제네릭과 extends를 함께 사용해 제네릭으로 받는 타입을 제한했다. 따라서 개발자는 잘못된 값을 넘길 수 없기 때문에 휴먼 에러를 방지할 수 있다.

2 extends를 활용해 조건부 타입을 설정했다. 조건부 타입을 사용해서 반환 값을 사용자가 원하는 값으로 구체화할 수 있었다. 이에 따라 불필요한 타입 가드, 타입 단언 등을 방지할 수 있다.

4 infer를 활용해서 타입 추론하기

extends를 사용할 때 infer 키워드를 사용할 수 있다. infer는 '추론하다'라는 의미를 지니고 있는데 타입스크립트에서도 단어 의미처럼 타입을 추론하는 역할을 한다. 삼항 연산자를 사용한 조건문의 형태를 가지는데, extends로 조건을 서술하고 infer로 타입을 추론하는 방식을 취한다.

infer를 활용한 예시를 살펴보자.

```
type UnpackPromise<T> = T extends Promise<infer K>[] ? K : any;
```

UnpackPromise 타입은 제네릭으로 T를 받아 T가 Promise로 래핑된 경우라면 K를 반환하고, 그렇지 않은 경우에는 any를 반환한다. Promise<infer K>는 Promise의 반환 값을 추론해 해당 값의 타입을 K로 한다는 의미이다.

```
const promises = [Promise.resolve("Mark"), Promise.resolve(38)];
type Expected = UnpackPromise<typeof promises>; // string | number
```

이처럼 extends와 infer, 제네릭을 활용하면 타입을 조건에 따라 더 세밀하게 사용힐 수 있게 된다. 이번에는 배민 라이더를 관리하는 라이더 어드민 서비스에서 사용하는 타입으로 infer를 살펴보자.

```
interface RouteBase {
  name: string;
  path: string;
  component: ComponentType;
}

export interface RouteItem {
  name: string;
  path: string;
  component?: ComponentType;
  pages?: RouteBase[];
}

export const routes: RouteItem[] = [
  {
    name: "기기 내역 관리",
    path: "/device-history",
    component: DeviceHistoryPage,
  },
  {
    name: "헬멧 인증 관리",
    path: "/helmet-certification",
    component: HelmetCertificationPage,
  },
  // ...
];
```

RouteBase와 RouteItem은 라이더 어드민에서 라우팅을 위해 사용하는 타입이다. routes같이 배열 형태로 사용되며, 권한 API로 반환된 사용자 권한과 name을 비교하여 인가되지 않은 사용자의 접근을 방지한다. RouteItem의 name은 pages가 있을 때는 단순히 이름의 역할만 하며 그렇지 않을 때는 사용자 권한과 비교한다.

 라우팅(Routing)

웹 애플리케이션에서 사용자가 URL을 통해 다른 페이지로 이동하거나, 다른 경로에 대한 요청을 처리하는 방법을 정의하는 것을 의미한다.

```
export interface SubMenu {
  name: string;
  path: string;
}

export interface MainMenu {
  name: string;
  path?: string;
  subMenus?: SubMenu[];
}
export type MenuItem = MainMenu | SubMenu;
export const menuList: MenuItem[] = [
  {
    name: "계정 관리",
    subMenus: [
      {
        name: "기기 내역 관리",
        path: "/device-history",
      },
      {
        name: "헬멧 인증 관리",
        path: "/helmet-certification",
      },
    ],
  },
```

```
    {
      name: "운행 관리",
      path: "/operation",
    },
    // ...
  ];
```

MainMenu와 SubMenu는 메뉴 리스트에서 사용하는 타입으로 권한 API를 통해 반환된 사용자 권한과 name을 비교하여 사용자가 접근할 수 있는 메뉴만 렌더링한다. MainMenu의 name은 subMenus를 가지고 있을 때 단순히 이름의 역할만 하며, 그렇지 않을 때는 권한으로 간주된다.

menuList에는 MainMenu와 SubMenu 타입이 올 수 있기 때문에 유니온 타입인 MenuItem를 정의하여 사용하고 있다. 따라서 menuList에서 subMenus가 없는 MainMenu의 name과 sub-Menus에서 쓰이는 name, route name에 동일한 문자열만 입력해야 한다는 제약이 존재한다.

하지만 앞서 말한 바와 같이 name은 string 타입으로 정의되어 있기 때문에 routes와 menuList에서 subMenus의 기기 내역 관리처럼 서로 다른 값이 입력되어도 컴파일타임에서 에러가 발생하지 않는다. 또한 런타임에서도 인가되지 않음을 안내하는 페이지를 보여주거나 메뉴 리스트를 렌더링하지 않는 정도에 그치기 때문에, 존재하지 않는 권한에 대한 문제로 잘못 인지할 수 있다.

```
type PermissionNames = "기기 정보 관리" | "안전모 인증 관리" | "운행 여부 조회"; // ...
```

이를 개선하기 위해 PermissionNames처럼 별도 타입을 선언하여 name을 관리하는 방법도 있지만, 권한 검사가 필요 없는 subMenus나 pages가 존재하는 name은 따로 처리해야 한다. 이때 infer와 불변 객체(as const)를 활용해서 menuList 또는 routes의 값을 추출하여 타입으로 정의하는 식으로 개선할 수 있다. 여기에서는 menuList 값을 추출하는 예시를 소개한다.

```
export interface MainMenu {
  // ...
  subMenus?: ReadonlyArray<SubMenu>;
```

```
  }

  export const menuList = [
    // ...
  ] as const;

  interface RouteBase {
    name: PermissionNames;
    path: string;
    component: ComponentType;
  }

  export type RouteItem =
    | {
        name: string;
        path: string;
        component?: ComponentType;
        pages: RouteBase[];
      }
    | {
        name: PermissionNames;
        path: string;
        component?: ComponentType;
      };
```

먼저 subMenus의 타입을 ReadonlyArray로 변경하고, menuList에 as const 키워드를 추
가하여 불변 객체로 정의한다. Route 관련 타입의 name은 menuList의 name에서 추출한 타
입인 PermissionNames만 올 수 있도록 변경한다.

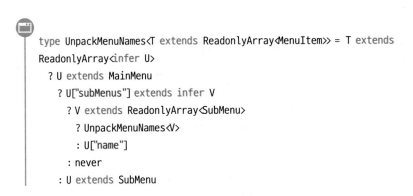

```
type UnpackMenuNames<T extends ReadonlyArray<MenuItem>> = T extends
ReadonlyArray<infer U>
  ? U extends MainMenu
    ? U["subMenus"] extends infer V
      ? V extends ReadonlyArray<SubMenu>
        ? UnpackMenuNames<V>
        : U["name"]
      : never
    : U extends SubMenu
```

```
    ? U["name"]
    : never
  : never;
```

그다음 조건에 맞는 값을 추출할 UnpackMenuNames라는 타입을 추가했다. Unpack-MenuNames는 불변 객체인 MenuItem 배열만 입력으로 받을 수 있도록 제한되어 있으며, infer U를 사용하여 배열 내부 타입을 추론한다.

코드를 자세히 살펴보면 다음과 같은 동작을 수행한다.

- U가 MainMenu 타입이라면 subMenus를 infer V로 추출한다.
- subMenus는 옵셔널한 타입이기 때문에 추출한 V가 존재한다면(SubMenu 타입에 할당할 수 있다면) UnpackMenuNames에 다시 전달한다.
- V가 존재하지 않는다면 MainMenu의 name은 권한에 해당하므로 U["name"]이다.
- U가 MainMenu가 아니라 SubMenu에 할당할 수 있다면(U는 SubMenu 타입이기 때문에) U["name"]은 권한에 해당한다.

```
export type PermissionNames = UnpackMenuNames<typeof menuList>; // [기기 내역 관리, 헬
멧 인증 관리, 운행 관리]
```

PermissionNames는 menuList에서 권한으로 유효한 값만 추출하여 배열로 반환하는 타입임을 확인할 수 있다.

5.2 템플릿 리터럴 타입 활용하기

타입스크립트에서는 유니온 타입을 사용하여 변수 타입을 특정 문자열로 지정할 수 있다.

```
type HeaderTag = "h1" | "h2" | "h3" | "h4" | "h5";
```

이 기능을 사용하면 컴파일타임의 변수에 할당되는 타입을 특정 문자열로 정확하게 검사하여 휴먼 에러를 방지할 수 있고, 자동 완성 기능을 통해 개발 생산성을 높일 수 있다.

타입스크립트 4.1부터 이를 확장하는 방법인 템플릿 리터럴 타입Template Literal Types을 지원하기 시작했다. 템플릿 리터럴 타입은 자바스크립트의 템플릿 리터럴 문법을 사용해 특정 문자열에 대한 타입을 선언할 수 있는 기능이다. 앞 예시의 **HeaderTag** 타입은 템플릿 리터럴 타입을 사용하여 다음과 같이 선언할 수 있다.

```
type HeadingNumber = 1 | 2 | 3 | 4 | 5;
type HeaderTag = `h${HeadingNumber}`;
```

실제 배민외식업광장에 템플릿 리터럴 타입을 적용했다.

 배민외식업광장이란 외식업 트렌드, 장사 소식, 가게 운영 노하우, 소상공인 정책, 리뷰 관리, 광고, 배달 서비스 등 외식업 사장님이 꼭 알아야 할 정보를 제공하는 서비스다.

수평 또는 수직 방향을 표현하는 **Direction** 타입을 다음과 같이 표현할 수 있다.

```
type Direction =
  | "top"
  | "topLeft"
  | "topRight"
  | "bottom"
  | "bottomLeft"
  | "bottomRight";
```

이 코드의 **Direction** 타입은 **"top"**, **"bottom"**, **"left"**, **"right"**가 합쳐진 문자열로 선언되어 있다. 이 코드에 템플릿 리터럴 타입을 적용하면 다음과 같이 좀 더 명확하게 표시할 수 있다.

```
type Vertical = "top" | "bottom";
type Horizon = "left" | "right";

type Direction = Vertical | `${Vertical}${Capitalize<Horizon>}`;
```

따라서 템플릿 리터럴 타입을 사용하면 더욱 읽기 쉬운 코드로 작성할 수 있게 되며, 코드를 재사용하고 수정하는 데 용이한 타입을 선언할 수 있다.

 주의할 점

타입스크립트 컴파일러가 유니온을 추론하는 데 시간이 오래 걸리면 비효율적이기 때문에 타입스크립트가 타입을 추론하지 않고 에러를 내뱉을 때가 있다. 따라서 템플릿 리터럴 타입에 삽입된 유니온 조합의 경우의 수가 너무 많지 않게 적절하게 나누어 타입을 정의하는 것이 좋다.

예를 들어, 아래 코드의 Chunk는 10000(10^4)개의 경우의 수를 가지는 유니온 타입이다. 그러면 PhoneNumberType은 10000^2개의 경우의 수를 가지는 유니온 타입이 되기 때문에 타입스크립트에서 에러가 발생할 수도 있다.

```
type Digit = 0 | 1 | 2 | 3 | 4 | 5 | 6 | 7 | 8 | 9;
type Chunk = `${Digit}${Digit}${Digit}${Digit}`;
type PhoneNumberType = `010-${Chunk}-${Chunk}`;
```

5.3 커스텀 유틸리티 타입 활용하기

타입스크립트로 프로젝트를 진행하다 보면 표현하기 힘든 타입을 마주할 때가 있다. 원하는 타입을 정확하게 설정해야만 해당 컴포넌트, 함수의 안정성과 사용성을 높일 수 있지만 타입스크립트에서 제공하는 유틸리티 타입만으로는 표현하는 데 한계를 느끼기도 한다. 이럴 때는 유틸리티 타입을 활용한 커스텀 유틸리티 타입을 제작해서 사용하면 된다. 이 절에서는 우아한형제들에서 사용하는 유틸리티 함수와 커스텀 유틸리티 타입을 소개하면서 어떻게 유틸리티 타입을 활용하는지를 살펴본다.

① 유틸리티 함수를 활용해 styled-components의 중복 타입 선언 피하기

리액트 컴포넌트를 구현할 때 여러 옵션을 props로 받아 유연한 컴포넌트로 만들 수 있다. 예를 들어 컴포넌트의 background-color, size 값을 props로 받아와서 상황에 맞게 스타일을 구현할 때가 많다. 이와 같은 스타일 관련 props는 styled-components에 전달되며 styled-components에도 해당 타입을 정확하게 작성해줘야 한다. styled-components로 만든 컴포넌트에 넘겨주는 타입은 props에서 받은 타입과 동일할 때가 대부분이다. 이런 경우에는 타입스크립트에서 제공하는 Pick, Omit 같은 유틸리티 타입을 잘 활용하여 코드를 간결하게 작성할 수 있다.

먼저 유틸리티 타입을 활용하지 않으면 어떤 불편함이 발생하는지 살펴보자.

Props 타입과 styled-components 타입의 중복 선언 및 문제점

아래 컴포넌트는 수평선을 그어주는 Hr 컴포넌트다.

```tsx
// HrComponent.tsx
export type Props = {
  height?: string;
  color?: keyof typeof colors;
  isFull?: boolean;
  className?: string;
  ...
}

export const Hr: VFC<Props> = ({ height, color, isFull, className }) => {
  ...
  return <HrComponent height={height} color={color} isFull={isFull} className={class Name} />;
};

// style.ts
import { Props } from '...';
type StyledProps = Pick<Props, "height" | "color" | "isFull">;
const HrComponent = styled.hr<StyledProps>`
  height: ${({ height }) => height || "10px"};
  margin: 0;
  background-color: ${({ color }) => colors[color || "gray7"]};
  border: none;
  ${({ isFull }) =>
    isFull &&
```

```
    css`
      margin: 0 -15px;
    `}
  `;
```

Hr 컴포넌트는 className, height(수평선의 높이), color(색상 값) 그리고 isFull 속성을 Props로 받는다. isFull은 화면 좌우 기본 패딩값을 무시하고 수평선을 꽉 차게 만들고 싶을 때 사용하는 속성이다. Props의 color 타입에서 사용되는 colors는 color 값만 따로 객체로 분리하여 관리되며 각 컴포넌트에서 임포트하여 사용하고 있다. 또한 Hr 컴포넌트를 사용할 때 색상 값에 colors 객체에 존재하는 키값을 넣어 원하는 색상을 선택할 수 있다.

Hr 컴포넌트 Props의 height, color, isFull 속성은 styled-components 컴포넌트인 HrComponent에 바로 연결되며 타입도 역시 같다. // style.ts 주석 아래 코드처럼 height, color, isFull에 대한 StyledProps 타입을 새로 정의하여 HrComponent에 적용해보자.

StyledProps를 따로 정의하려면 Props와 똑같은 타입임에도 새로 작성해야 하므로 불가피하게 중복된 코드가 생긴다. 그리고 Props의 height, color, isFull 타입이 변경되면 StyledProps도 같이 변경돼야 한다. Hr 컴포넌트가 간단한 컴포넌트이기 때문에 코드를 중복해서 작성하는 게 별로 번거롭지 않을 수도 있지만, 컴포넌트가 더 커지고 styled-components로 만든 컴포넌트가 늘어날수록 중복되는 타입이 많아지며 관리해야 하는 포인트도 늘어난다.

이런 문제를 Pick, Omit 같은 유틸리티 타입으로 개선할 수 있다. 아래 그림처럼 Pick 유틸리티 타입을 사용해서 styled-components 컴포넌트 타입을 작성해보자.

- 직접 선언한 props 타입

```
        type Props = {
            height?: string | undefined;
            color?: "MINT_2AC1BC" | "MINT_269C98" | "RED_F45452" | "RED_F12F2E" | "ORANGE_FF8400" |
        "GRAY_333" | "GRAY_888" | "GRAY_BBB" | "GRAY_DDD" | "GRAY_EEE" | ... 70 more ... | undefined;
            isFull?: boolean | undefined;
            className?: string | undefined;
export type Props = {
  height?: string;
  color?: keyof typeof Color;
  isFull?: boolean;
  className?: string;
};
```

- 유틸리티 타입 Pick을 사용하여 선언한 StyledProps 타입

```
type StyledProps = {
    color?: "MINT_2AC1BC" | "MINT_269C98" | "RED_F45452" | "RED_F12F2E" | "ORANGE_FF8400" |
  "GRAY_333" | "GRAY_888" | "GRAY_BBB" | "GRAY_DDD" | "GRAY_EEE" | "GRAY_F6" | "WHITE_FFF" | ... 68
  more ... | undefined;
    height?: string | undefined;
    isFull?: boolean | undefined;
  }
type StyledProps = Pick<Props, 'height' | 'color' | 'isFull'>
```

이처럼 Pick 유틸리티 타입을 활용해서 props에서 필요한 부분만 선택하여 styled-components 컴포넌트의 타입을 정의하면, 중복된 코드를 작성하지 않아도 되고 유지보수를 더욱 편리하게 할 수 있게 된다. 이외에도 상속받는 컴포넌트 혹은 부모 컴포넌트에서 자식 컴포넌트로 넘겨주는 props 등에도 Pick, Omit 같은 유틸리티 타입을 활용할 수 있다.

② PickOne 유틸리티 함수

타입스크립트에는 서로 다른 2개 이상의 객체를 유니온 타입으로 받을 때 타입 검사가 제대로 진행되지 않는 이슈가 있다. 이런 문제를 해결하기 위해 PickOne이라는 이름의 유틸리티 함수를 구현해보자.

아래 코드와 같이 Card, Account 중 하나의 객체만 받고 싶은 상황에서 Card | Account 로 타입을 작성하면 의도한 대로 타입 검사가 이뤄지지 않는다. 또한 withdraw 함수의 인자로 {card:'hyundai'} 또는 {account:'hana'} 중 하나만 받고 싶지만 실제로는 card, account 속성을 모두 받아도 타입 에러가 발생하지 않는다.

```
type Card = {
  card: string
};
type Account = {
  account: string
};

function withdraw(type: Card | Account) {
  ...
}

withdraw({ card: "hyundai", account: "hana" });
```

왜 타입 에러가 발생하지 않을까? 그 이유는 앞서 언급한 바와 같이 집합 관점으로 볼 때 유니온은 합집합이 되기 때문이다. 따라서 card, account 속성이 하나씩만 할당된 상태도 허용하지만 card, account 속성이 모두 포함되어도 합집합의 범주에 들어가기 때문에 타입 에러가 발생하지 않는 것이다.

이런 문제를 해결하기 위해 타입스크립트에서는 식별할 수 있는 유니온 기법을 자주 활용한다.

식별할 수 있는 유니온으로 객체 타입을 유니온으로 받기

식별할 수 있는 유니온Discriminated Unions은 각 타입에 type이라는 공통된 속성을 추가하여 구분 짓는 방법이다.

아래 예시에서 Card, Account 타입을 구분할 수 있도록 type이라는 속성이 추가된 것을 볼 수 있다. 식별할 수 있는 유니온을 활용하면 공통된 속성인 type을 기준으로 객체를 구분할 수 있기 때문에 withdraw 함수를 사용하는 곳에서 정확한 타입을 추론할 수 있게 된다.

```
type Card = {
  type: "card";
  card: string;
};
type Account = {
  type: "account";
  account: string;
};

function withdraw(type: Card | Account) {
  ...
}

withdraw({ type: "card", card: "hyundai" });
withdraw({ type: "account", account: "hana" });
```

식별할 수 있는 유니온으로 문제를 해결할 수 있지만 일일이 type을 다 넣어줘야 하는 불편함이 생긴다. 처음부터 식별할 수 있는 유니온 형태로 설계했다면 불편함은 덜했을 수도 있지만, 이미 구현된 상태에서 식별할 수 있는 유니온을 적용하려면 해당 함수를 사용하는 부분을 모두 수정해야 한다. 실수로 수정하지 않은 부분이 생긴다면 또 다른 문제가 발생할 수 있다.

이러한 상황을 방지하기 위해 PickOne이라는 유틸리티 타입을 구현하여 적용해보자.

PickOne 커스텀 유틸리티 타입 구현하기

타입스크립트에서 제공하는 유틸리티 타입을 활용해서 커스텀 유틸리티 타입을 만들어보자. 앞의 여러 속성 중 하나의 속성만 받는 커스텀 유틸리티 타입을 구현하기 전에 구현해야 하는 타입이 정확히 무엇인지 생각해보자.

구현하고자 하는 타입은 account 또는 card 속성 하나만 존재하는 객체를 받는 타입이다. 처음에 작성한 것처럼 { account: string } ¦ { card: string }으로 타입을 구현했을 때는 account와 card 속성을 모두 가진 객체도 허용되는 문제가 있었다.

account일 때는 card를 받지 못하고, card일 때는 account를 받지 못하게 하려면 하나의 속성이 들어왔을 때 다른 타입을 옵셔널한 undefined 값으로 지정하는 방법을 생각해볼 수 있다. 옵셔널 + undefined로 타입을 지정하면 사용자가 의도적으로 undefined 값을 넣지 않는 이상, 원치 않는 속성에 값을 넣었을 때 타입 에러가 발생할 것이다.

```
{ account: string; card?: undefined } ¦ { account?: undefined; card: string }
```

이 타입을 정확하게 이해하기 위해 속성을 하나 더 추가해보자. account, card, payMoney 속성 중 하나만을 필수로 받는 PayMethod를 아래와 같이 구현할 수 있다.

```
type PayMethod =
  ¦ { account: string; card?: undefined; payMoney?: undefined }
  ¦ { account: undefined; card?: string; payMoney?: undefined }
  ¦ { account: undefined; card?: undefined; payMoney?: string };
```

결국 선택하고자 하는 하나의 속성을 제외한 나머지 값을 옵셔널 타입 + undefined로 설정하면 원하고자 하는 속성만 받도록 구현할 수 있다. 이를 커스텀 유틸리티 타입으로 구현해보면 아래와 같다.

```
type PickOne<T> = {
  [P in keyof T]: Record<P, T[P]> & Partial<Record<Exclude<keyof T, P>, undefined>>;
}[keyof T];
```

PickOne 살펴보기

앞의 유틸리티 타입을 하나씩 자세하게 뜯어보자. 먼저 `PickOne` 타입을 2가지 타입으로 분리해서 생각할 수 있다.

 이때 T에는 객체가 들어 온다고 가정한다.

- One<T>

```
type One<T> = { [P in keyof T]: Record<P, T[P]> }[keyof T];
```

1) [P in keyof T]에서 T는 객체로 가정하기 때문에 P는 T 객체의 키값을 말한다.
2) Record<P, T[P]>는 P 타입을 키로 가지고, value는 P를 키로 둔 T 객체의 값의 레코드 타입을 말한다.
3) 따라서 { [P in keyof T] : Record<P, T[P]> }에서 키는 T 객체의 키 모음이고, value는 해당 키의 원본 객체 T를 말한다.
4) 3번의 타입에서 다시 [keyof T]의 키값으로 접근하기 때문에 최종 결과는 전달받은 T와 같다.

```
type Card = { card: string };
const one: One<Card> = { card: "hyundai" };
```

- ExcludeOne<T>

```
type ExcludeOne<T> = { [P in keyof T]: Partial<Record<Exclude<keyof T, P>, undefined>>
}[keyof T];
```

1) [P in keyof T]에서 T는 객체로 가정하기 때문에 P는 T 객체의 키값을 말한다.
2) Exclude<keyof T, P>는 T 객체가 가진 키값에서 P 타입과 일치하는 키값을 제외한다. 이 타입을 A라고 하자.
3) Record<A, undefined>는 키로 A 타입을, 값으로 undefined 타입을 갖는 레코드 타입이다. 즉, 전달받은 객체 타입을 모두 { [key] : undefined } 형태로 만든다. 이 타입을 B라고 하자.
4) Partial<B>는 B 타입을 옵셔널로 만든다. 따라서 { [key]? : undefined }와 같다.
5) 최종적으로 [P in keyof T]로 매핑된 타입에서 동일한 객체의 키값인 [keyof T]로 접근하기 때문에 4번 타입이 반환된다.

결론적으로 얻고자 하는 타입은 속성 하나와 나머지는 옵셔널 + undefined인 타입이기 때문에 앞의 속성을 활용해서 PickOne 타입을 표현할 수 있다.

- PickOne<T>

```
type PickOne<T> = One<T> & ExcludeOne<T>;
```

1) One<T> & ExcludeOne<T>는 [P in keyof T]를 공통으로 갖기 때문에 아래 같이 교차된다.

```
[P in keyof T]: Record<P, T[P]> & Partial<Record<Exclude<keyof T, P>, undefined>>
```

2) 이 타입을 해석하면 전달된 T 타입의 1개의 키는 값을 가지고 있으며, 나머지 키는 옵셔널한 undefined 값을 가진 객체를 의미한다.

```
type Card = { card: string };
type Account = { account: string };

const pickOne1: PickOne<Card & Account> = { card: "hyundai" }; // (O)
const pickOne2: PickOne<Card & Account> = { account: "hana" }; // (O)
const pickOne3: PickOne<Card & Account> = { card: "hyundai", account: undefined }; // (O)
const pickOne4: PickOne<Card & Account> = { card: undefined, account: "hana" }; // (O)
const pickOne5: PickOne<Card & Account> = { card: "hyundai", account: "hana" }; // (X)
```

PickOne 타입 적용하기

이제 PickOne을 활용해서 앞의 코드를 수정해보면 withdraw({ card: 'hyundai', account: 'hana' })를 활용할 때 타입 에러가 발생하는 것을 확인할 수 있다.

```
type Card = {
  card: string
};
type Account = {
  account: string
};
type CardOrAccount = PickOne<Card & Account>;
function withdraw (type: CardOrAccount) {
```

```
    ...
}

withdraw({ card: "hyundai", account: "hana" }); // 에러 발생
```

```
(property) account: string
Argument of type '{ card: string; account: string; }' is not assignable to parameter of type
'CardOrAccount'.
  Type '{ card: string; account: string; }' is not assignable to type 'Record<"account", string> &
Partial<Record<"card", undefined>>'.
    Type '{ card: string; account: string; }' is not assignable to type 'Partial<Record<"card",
undefined>>'.
      Types of property 'card' are incompatible.
        Type 'string' is not assignable to type 'undefined'. ts(2345)
View Problem   Quick Fix... (⌘.)
withdraw({ card: 'hyundai', account: 'hana' })
```

지금까지 PickOne 타입을 구현하기 위해 단계별로 One<T> 타입과 ExcludeOne<T> 타입을 구현하는 예시를 살펴보았다. 유틸리티 타입만으로는 원하는 타입을 추출하기 어려울 때 커스텀 유틸리티 타입을 구현한다. 하지만 한 번에 바로 커스텀 유틸리티 타입 함수를 작성하기란 쉬운 일이 아니다. 앞에서 본 예시에서처럼 커스텀 유틸리티 타입을 구현할 때는 정확히 어떤 타입을 구현해야 하는지를 파악하고, 필요한 타입을 작은 단위로 쪼개어 생각하여 단계적으로 구현하는 게 좋다. 이렇게 하면 용이하게 원하는 타입을 구현할 수 있을 것이다.

③ NonNullable 타입 검사 함수를 사용하여 간편하게 타입 가드하기

타입 가드는 타입스크립트에서 많이 사용된다. 특히 null을 가질 수 있는^{Nullable} 값의 null 처리는 자주 사용되는 타입 가드 패턴의 하나이다.

일반적으로 if문을 사용해서 null 처리 타입 가드를 적용하지만, is 키워드와 NonNullable 타입으로 타입 검사를 위한 유틸 함수를 만들어서 사용할 수도 있다.

NonNullable 타입이란

타입스크립트에서 제공하는 유틸리티 타입으로 제네릭으로 받는 T가 null 또는 undefined 일 때 never 또는 T를 반환하는 타입이다. NonNullable을 사용하면 null이나 undefined가 아닌 경우를 제외할 수 있다.

```
type NonNullable<T> = T extends null | undefined ? never : T;
```

null, undefined를 검사해주는 NonNullable 함수

NonNullable 유틸리티 타입을 사용하여 null 또는 undefined를 검사해주는 타입 가드 함수를 만들어 쓸 수 있다.

NonNullable 함수는 매개변수인 value가 null 또는 undefined라면 false를 반환한다. is 키워드가 쓰였기 때문에 NonNullable 함수를 사용하는 쪽에서 true가 반환된다면 넘겨준 인자는 null이나 undefined가 아닌 타입으로 타입 가드(타입이 좁혀진다)가 된다.

```
function NonNullable<T>(value: T): value is NonNullable<T> {
  return value !== null && value !== undefined;
}
```

Promise.all을 사용할 때 NonNullable 적용하기

Promise.all을 사용할 때 NonNullable를 적용한 예시를 살펴보자. 아래 예시는 각 상품 광고를 노출하는 API 함수 레이어다. 상품 광고 API는 상품 번호인 shopNumber 매개변수에 따라 각기 다른 응답 값을 반환하는 광고 조회 API다.

여러 상품의 광고를 조회할 때 하나의 API에서 에러가 발생한다고 해서 전체 광고가 보이지 않으면 안 된다. 따라서 try-catch문을 사용하여 에러가 발생할 때는 null을 반환하고 있다.

```
class AdCampaignAPI {
  static async operating(shopNo: number): Promise<AdCampaign[]> {
    try {
      return await fetch(`/ad/shopNumber=${shopNo}`);
    } catch (error) {
      return null;
    }
  }
}
```

아래는 AdCampaingAPI를 사용해서 여러 상품의 광고를 받아오는 로직이다. Promise.all을 사용해서 각 shop의 광고를 받아오고 있다.

```
const shopList = [
  { shopNo: 100, category: "chicken" },
  { shopNo: 101, category: "pizza" },
  { shopNo: 102, category: "noodle" },
];

const shopAdCampaignList = await Promise.all(shopList.map((shop)
  => AdCampaignAPI.operating(shop.shopNo))
);
```

이때 AdCampaignAPI.operating 함수에서 null을 반환할 수 있기 때문에 shopAdCampaignList 타입은 Array<AdCampaign[] | null>로 추론된다.

shopAdCampaignList 변수를 NonNullable 함수로 필터링하지 않으면 shopAdCampaignList를 순회할 때(예: map이나 forEach 같은 순회 메서드를 사용할 때)마다 고차 함수 내 콜백 함수에서 if문을 사용한 타입 가드를 반복하게 된다. 또는 NonNullable 함수를 사용하지 않고 단순하게 필터링한다면 [shopAdCampaignList.filter((shop)=>!!shop)]가 원하는 Array<AdCampaign[]> 타입으로 추론되는 것이 아니라, null이 될 수 있는 상태인 Array<AdCampaign[] | null>로 추론된다.

다음과 같이 NonNullable를 사용해서 shopAdCampaignList를 필터링하면 shopAds는 원하는 타입인 Array<AdCampaign[]>로 추론할 수 있게 된다.

```
const shopList = [
  { shopNo: 100, category: "chicken" },
  { shopNo: 101, category: "pizza" },
  { shopNo: 102, category: "noodle" },
];

const shopAdCampaignList = await Promise.all(shopList.map((shop)
  => AdCampaignAPI.operating(shop.shopNo))
);

const shopAds = shopAdCampaignList.filter(NonNullable);
```

5.4 불변 객체 타입으로 활용하기

프로젝트를 진행하면서 상숫값을 관리할 때 객체를 사용한다. 예를 들어 프로젝트의 전체적인 스타일을 관리하는 theme 객체, 자주 사용하는 애니메이션을 모아둔 객체, 상숫값을 담은 객체 등 다양한 곳에서 활용되고 있다.

컴포넌트나 함수에서 이런 객체를 사용할 때 열린 타입으로 설정할 수 있다. 함수 인자로 키를 받아서 value를 반환하는 함수를 보자. 키 타입을 해당 객체에 존재하는 키값으로 설정하는 것이 아니라 string으로 설정하면 getColorHex 함수의 반환 값은 any가 된다. colors에 어떤 값이 추가될지 모르기 때문이다.

```
const colors = {
  red: "#F45452",
  green: "#0C952A",
  blue: "#1A7CFF",
};

const getColorHex = (key: string) => colors[key];
```

여기서 as const 키워드로 객체를 불변 객체로 선언하고, keyof 연산자를 사용하여 getColorHex 함수 인자로 실제 colors 객체에 존재하는 키값만 받도록 설정할 수 있다. keyof, as const로 객체 타입을 구체적으로 설정하면 타입에 맞지 않는 값을 전달할 경우 타입 에러가 반환되기 때문에 컴파일 단계에서 발생할 수 있는 실수를 방지할 수 있다. 또한 자동 완성 기능을 통해 객체에 어떤 값이 있는지 쉽게 파악할 수 있게 된다. 즉, 이런 방법으로 객체 타입을 더 정확하고 안전하게 설정할 수 있다.

우아한형제들의 사례를 살펴보자.

① Atom 컴포넌트에서 theme style 객체 활용하기

Atom 단위의 작은 컴포넌트(Button, Header, Input 등)는 폰트 크기, 폰트 색상, 배경 색상 등 다양한 환경에서 유연하게 사용될 수 있도록 구현되어야 하는데 이러한 설정값은

props로 넘겨주도록 설계한다. props로 직접 색상 값을 직접 넘겨줄 수도 있지만 그렇게 하면 사용자가 모든 색상 값을 인지해야 하고, 변경 사항이 생길 때 직접 값을 넣은 모든 곳을 찾아 수정해야 하는 번거로움이 생기기 때문에 변경에 취약한 상태가 된다.

이런 문제를 해결하기 위해 대부분의 프로젝트에서는 해당 프로젝트의 스타일 값을 관리해주는 theme 객체를 두고 관리한다. Atom 컴포넌트에서는 theme 객체의 색상, 폰트 사이즈의 키값을 props로 받은 뒤 theme 객체에서 값을 받아오도록 설계한다. 컴포넌트에서 props의 color, fontSize 값의 타입을 정의할 때는 아래 예시처럼 string으로 설정할 수도 있다.

```
interface Props {
  fontSize?: string;
  backgroundColor?: string;
  color?: string;
  onClick: (event: React.MouseEvent<HTMLButtonElement>) => void | Promise<void>;
}

const Button: FC<Props> = ({ fontSize, backgroundColor, color, children }) => {
  return (
    <ButtonWrap
      fontSize={fontSize}
      backgroundColor={backgroundColor}
      color={color}
    >
      {children}
    </ButtonWrap>
  );
};

const ButtonWrap = styled.button<Omit<Props, "onClick">>`
  color: ${({ color }) => theme.color[color ?? "default"]};
  background-color: ${({ backgroundColor }) =>
    theme.bgColor[backgroundColor ?? "default"]};
  font-size: ${({ fontSize }) => theme.fontSize[fontSize ?? "default"]};
`;
```

앞의 코드에서 fontsize, backgroundcolor 같은 props 타입이 string이면 Button 컴포넌트의 props로 color, backgroundColor를 넘겨줄 때 키값이 자동 완성되지 않으며 잘못

된 키값을 넣어도 에러가 발생하지 않게 된다. 이러한 문제는 theme 객체로 타입을 구체화해서 해결할 수 있다.

theme 객체로 타입을 구체화하려면 keyof, typeof 연산자가 타입스크립트에서 어떻게 사용되는지 알아야 한다.

타입스크립트 keyof 연산자로 객체의 키값을 타입으로 추출하기

타입스크립트에서 keyof 연산자는 객체 타입을 받아 해당 객체의 키값을 string 또는 number의 리터럴 유니온 타입을 반환한다. 객체 타입으로 인덱스 시그니처가 사용되었다면 keyof는 인덱스 시그니처의 키 타입을 반환한다.

아래 예시로 keyof의 동작을 확인해보자.

ColorType 객체 타입의 keyof ColorType을 사용하면 객체의 키값인 'red', 'green', 'blue'가 유니온으로 나오게 된다.

```
interface ColorType {
  red: string;
  green: string;
  blue: string;
}

type ColorKeyType = keyof ColorType; //'red' | 'green' | 'blue'
```

타입스크립트 typeof 연산자로 값을 타입으로 다루기

keyof 연산자는 객체 타입을 받는다. 따라서 객체의 키값을 타입으로 다루려면 값 객체를 타입으로 변환해야 한다. 이때 타입스크립트의 typeof 연산자를 활용할 수 있다. 자바스크립트에서는 typeof가 타입을 추출하기 위한 연산자로 사용된다면, 타입스크립트에서는 typeof가 변수 혹은 속성의 타입을 추론하는 역할을 한다.

타입스크립트의 typeof 연산자는 단독으로 사용되기보다 주로 ReturnType같이 유틸리티 타입이나 keyof 연산자같이 타입을 받는 연산자와 함께 쓰인다.

typeof로 colors 객체의 타입을 추론한 결과는 아래와 같다.

```
const colors = {
  red: "#F45452",
  green: "#0C952A",
  blue: "#1A7CFF",
};

type ColorsType = typeof colors;
/**
{
  red: string;
  green: string;
  blue: string;
}
*/
```

객체의 타입을 활용해서 컴포넌트 구현하기

keyof, typeof 연산자를 사용해서 theme 객체 타입을 구체화하고, string으로 타입을 설정했던 Button 컴포넌트를 개선해보자.

color, backgroundColor, fontSize의 타입을 theme 객체에서 추출하고 해당 타입을 Button 컴포넌트에 사용했다.

```
import { FC } from "react";
import styled from "styled-components";
const colors = {
  black: "#000000",
  gray: "#222222",
  white: "#FFFFFF",
  mint: "#2AC1BC",
};

const theme = {
  colors: {
    default: colors.gray,
    ...colors
  },
  backgroundColor: {
```

```
      default: colors.white,
      gray: colors.gray,
      mint: colors.mint,
      black: colors.black,
    },
    fontSize: {
      default: "16px",
      small: "14px",
      large: "18px",
    },
};

type ColorType = typeof keyof theme.colors;
type BackgroundColorType = typeof keyof theme.backgroundColor;
type FontSizeType = typeof keyof theme.fontSize;

interface Props {
  color?: ColorType;
  backgroundColor?: BackgroundColorType;
  fontSize?: FontSizeType;
  onClick: (event: React.MouseEvent<HTMLButtonElement>) => void | Promise<void>;
}

const Button: FC<Props> = ({ fontSize, backgroundColor, color, children }) => {
  return (
    <ButtonWrap
      fontSize={fontSize}
      backgroundColor={backgroundColor}
      color={color}
    >
      {children}
    </ButtonWrap>
  );
};

const ButtonWrap = styled.button<Omit<Props, "onClick">>`
  color: ${({ color }) => theme.color[color ?? "default"]};
  background-color: ${({ backgroundColor }) =>
    theme.bgColor[backgroundColor ?? "default"]};
  font-size: ${({ fontSize }) => theme.fontSize[fontSize ?? "default"]};
`;
```

Button 컴포넌트를 사용하는 곳에서 아래처럼 background의 값만 받을 수 있게 되었고 다른 값을 넣었을 때는 타입 오류가 발생한다.

```
const TestComponent = () => {
  return <Button backgroundColor=''
                            ▤ black
                            ▤ gray
                            ▤ mint
                            ▤ white
```

이처럼 theme뿐만 아니라 여러 상숫값을 인자나 props로 받은 다음에 객체의 키값을 추출한 타입을 활용하면 객체에 접근할 때 타입스크립트의 도움을 받아 실수를 방지할 수 있다.

5.5 Record 원시 타입 키 개선하기

객체 선언 시 키가 어떤 값인지 명확하지 않다면 Record의 키를 string이나 number 같은 원시 타입으로 명시하곤 한다. 이때 타입스크립트는 키가 유효하지 않더라도 타입상으로는 문제없기 때문에 오류를 표시하지 않는다. 이것은 예상치 못한 런타임 에러를 야기할 수 있다. 이 절에서는 Record를 명시적으로 사용하는 방안에 대해 다룬다.

① 무한한 키를 집합으로 가지는 Record

다음처럼 음식 분류(한식, 일식)를 키로 사용하는 음식 배열이 담긴 객체를 만들었다.

```
type Category = string;
interface Food {
  name: string;
  // ...
}

const foodByCategory: Record<Category, Food[]> = {
  한식: [{ name: "제육덮밥" }, { name: "뚝배기 불고기" }],
  일식: [{ name: "초밥" }, { name: "텐동" }],
};
```

여기에서 Category의 타입은 string이다. Category를 Record의 키로 사용하는 foodBy-Category 객체는 무한한 키 집합을 가지게 된다. 이때 foodByCategory 객체에 없는 키값을 사용하더라도 타입스크립트는 오류를 표시하지 않는다.

```
foodByCategory["양식"]; // Food[]로 추론
foodByCategory["양식"].map((food) => console.log(food.name)); // 오류가 발생하지 않는다
```

그러나 foodByCategory["양식"]은 런타임에서 undefined가 되어 오류를 반환한다.

```
foodByCategory["양식"].map((food) => console.log(food.name)); // Uncaught TypeError:
Cannot read properties of undefined (reading 'map')
```

이때 자바스크립트의 옵셔널 체이닝 등을 사용해 런타임 에러를 방지할 수 있다.

옵셔널 체이닝(optional chaining)

객체의 속성을 찾을 때 중간에 null 또는 undefined가 있어도 오류 없이 안전하게 접근하는 방법이다.

?. 문법으로 표현되며 옵셔널 체이닝을 사용할 때 중간에 null 또는 undefined인 속성이 있는지 검사한다. 속성이 존재하면 해당 값을 반환하고, 존재하지 않으면 undefined를 반환한다.

```
foodByCategory["양식"]?.map((food) => console.log(food.name));
```

그러나 어떤 값이 undefined인지 매번 판단해야 한다는 번거로움이 생긴다. 또한 실수로 undefined일 수 있는 값을 인지하지 못하고 코드를 작성하면 예상치 못한 런타임 에러가 발생할 수 있다. 하지만 타입스크립트의 기능을 활용하여 개발 중에 유효하지 않은 키가 사용되었는지 또는 undefined일 수 있는 값이 있는지 등을 사전에 파악할 수 있다.

② 유닛 타입으로 변경하기

키가 유한한 집합이라면 유닛 타입(다른 타입으로 쪼개지지 않고 오직 하나의 정확한 값을 가지는 타입)을 사용할 수 있다.

```typescript
type Category = "한식" | "일식";

interface Food {
  name: string;
  // ...
}

const foodByCategory: Record<Category, Food[]> = {
  한식: [{ name: "제육덮밥" }, { name: "뚝배기 불고기" }],
  일식: [{ name: "초밥" }, { name: "텐동" }],
};

// Property '양식' does not exist on type 'Record<Category, Food[]>'.
foodByCategory["양식"];
```

이제 **Category**로 한식 또는 일식만 올 수 있기 때문에 양식을 키로 사용하면 에러가 발생한다. 이처럼 유닛 타입을 활용하면 개발 중에 유효하지 않은 키가 사용되었는지를 확인할 수 있다. 그러나 키가 무한해야 하는 상황에는 적합하지 않다.

③ Partial을 활용하여 정확한 타입 표현하기

키가 무한한 상황에서는 Partial을 사용하여 해당 값이 undefined일 수 있는 상태임을 표현할 수 있다. 객체 값이 undefined일 수 있는 경우에 Partial을 사용해서 PartialRecord 타입을 선언하고 객체를 선언할 때 이것을 활용할 수 있다.

```typescript
type PartialRecord<K extends string, T> = Partial<Record<K, T>>;
type Category = string;

interface Food {
  name: string;
```

```
  // ...
}

const foodByCategory: PartialRecord<Category, Food[]> = {
  한식: [{ name: "제육덮밥" }, { name: "뚝배기 불고기" }],
  일식: [{ name: "초밥" }, { name: "텐동" }],
};

foodByCategory["양식"]; // Food[] 또는 undefined 타입으로 추론
foodByCategory["양식"].map((food) => console.log(food.name)); // Object is possibly
'undefined'
foodByCategory["양식"]?.map((food) => console.log(food.name)); // OK
```

타입스크립트는 foodByCategory[key]를 Food[] 또는 undefined로 추론하고, 개발자에게 이 값은 undefined일 수 있으니 해당 값에 대한 처리가 필요하다고 표시해준다. 개발자는 안내를 보고 옵셔널 체이닝을 사용하거나 조건문을 사용하는 등 사전에 조치할 수 있게 되어 예상치 못한 런타임 오류를 줄일 수 있다.

```
1   (6장) =>
2   {(<타입스크립트
    컴파일/>)
3
4   };
```

타입스크립트가 웹에서 실행되려면 먼저 자바스크립트로 바뀌어야 한다. 이 장에서는 타입스크립트가 실행되는 전반적인 흐름을 살펴보고, 타입스크립트 컴파일러의 주요 역할과 구조에 대해 알아본다. 그리고 실제로 어떻게 컴파일하는지를 확인해본다.

6.1 자바스크립트의 런타임과 타입스크립트의 컴파일

1 런타임과 컴파일타임

프로그래밍 언어는 일반적으로 고수준high-level과 저수준low-level 언어로 구분할 수 있다. 고수준 언어는 사람이 이해하기 쉬운 형식으로 작성되며, 저수준 언어는 컴퓨터가 이해하기 쉬운 형식으로 작성된다. 자바스크립트는 대표적인 고수준 언어에 속하며 컴파일러나 인터프리터에 의해 저수준 프로그래밍 언어 즉, 기계가 이해할 수 있는 언어로 번역되어 실행된다.

프로그램을 만들기 위해 개발자는 소스코드를 작성한다. 소스코드는 컴파일러에 의해 기계어 코드로 변환되어 실행이 가능한 프로그램이 되는데 이 단계를 컴파일타임compile time이라고 부른다. 다시 말해 컴파일타임은 소스코드가 컴파일 과정을 거쳐 컴퓨터가 인식할 수 있는 기계어 코드(바이트 코드)로 변환되어 실행할 수 있는 프로그램이 되는 과정을 의미한다.

소스코드의 컴파일이 완료되면 프로그램이 메모리에 적재되어 실행되는데 이 시간을 런타임Runtime이라고 한다. 즉, 런타임은 컴파일 과정을 마친 응용 프로그램이 사용자에 의해 실행되는 과정이다.

2 자바스크립트 런타임

자바스크립트 런타임은 자바스크립트가 실행되는 환경을 의미한다. 대표적인 자바스크립트 런타임으로 크롬이나 사파리 같은 인터넷 브라우저와 Node.js 등이 있다. 자바스크립트 런타임은 다양한 구성 요소로 이루어져 있는데 주요 구성 요소로 자바스크립트 엔진, 웹 API, 콜백 큐, 이벤트 루프, 렌더 큐가 있다.

다음과 같이 익숙하게 봐왔던 에러 발생 사례가 애플리케이션이 실행되는 도중에 발생하는 이유는 런타임에서 자바스크립트 에러가 발생하기 때문이다.

(!) 자바스크립트는 대표적인 인터프리터(interpreter) 언어로 별도의 컴파일 과정이 존재하지 않는다고 알려져 있다. 하지만 엄밀히 말해 자바스크립트에도 컴파일 단계가 존재한다. 자바스크립트를 해석하고 실행하는 역할을 하는 V8 엔진은 때때로 자바스크립트 코드를 최적화하기 위해 컴파일 단계를

거친다. 이 과정은 실행 속도를 향상하기 위한 목적으로 자바스크립트 코드를 캐싱하여 이후 실행 시간을 단축한다. 이 장에서는 이러한 컴파일 과정의 세부 내용은 다루지 않고 자바스크립 런타임에 대해서만 간략히 설명한다.

```
let foo;
foo.bar; // 💣 TypeError: Cannot read properties of undefined (reading 'bar')
```

```
const testArr = null;
if (testArr.length === 0) {
  console.log("zero length");
}
// 💣 TypeError: Cannot read properties of null (reading 'length')
```

```
function testFn() {
  const foo = "bar";
}
console.log(foo);
// 💣 ReferenceError: foo is not defined
```

③ 타입스크립트의 컴파일

앞서 컴파일은 개발자가 작성한 소스코드를 컴퓨터가 이해할 수 있는 바이트 코드로 변환하는 과정이라고 설명했다. 일반적으로 컴파일은 추상화 단계가 다른 고수준 언어에서 저수준 언어로 변환되는 과정을 가리킨다.

타입스크립트는 tsc라고 불리는 컴파일러를 통해 자바스크립트 코드로 변환된다. 하지만 타입스크립트는 고수준 언어가 저수준 언어로 변환되는 것이 아니라 고수준 언어(타입스크립트)가 또 다른 고수준 언어(자바스크립트)로 변환되는 것이기 때문에 컴파일이 아닌 트랜스파일 Transpile이라고 부르기도 한다. 또한 이러한 변환 과정은 소스코드를 다른 소스코드로 변환하는 것이기에 타입스크립트 컴파일러를 소스 대 소스 컴파일러source-to-source compiler라고 지칭하기도 한다.

⚠ 트랜스파일의 또 다른 예시로 C/C++ 코드를 자바스크립트로 변환하는 Emscripten과 자바스크립트 ES6 버전 이상의 문법을 ES5 버전 이하의 문법으로 변환하는 바벨Babel 등을 들 수 있다. 그러나 좁은 의미의 컴파일(고수준 언어에서 저수준 언어로 변환)과 트랜스파일(고수준 언어에서 또 다른 고수준 언어로 변환)을 통틀어 컴파일이라고 부르기도 한다.

타입스크립트는 .ts 확장자가 붙은 파일을 찾아내서 컴파일한 다음에 .js 확장자가 붙은 자바스크립트 파일을 만들어낸다. 타입스크립트 컴파일러는 소스코드를 해석하여 AST^Abstract Syntax Tree (추상 구문 트리)를 만들고 이후 타입 확인을 거친 다음에 결과 코드를 생성한다.

타입스크립트 컴파일러가 소스코드를 컴파일하여 프로그램이 실행되기까지의 과정을 정리하면 다음과 같다.

1 타입스크립트 소스코드를 타입스크립트 AST로 만든다. (tsc)
2 타입 검사기가 AST를 확인하여 타입을 확인한다. (tsc)
3 타입스크립트 AST를 자바스크립트 소스로 변환한다. (tsc)
4 자바스크립트 소스코드를 자바스크립트 AST로 만든다. (런타임)
5 AST가 바이트 코드로 변환된다. (런타임)
6 런타임에서 바이트 코드가 평가evaluate되어 프로그램이 실행된다. (런타임)

 AST(Abstract Syntax Tree)

컴파일러가 소스코드를 해석하는 과정에서 생성된 데이터 구조다. 컴파일러는 어휘적 분석lexical analysis과 구문 분석syntax analysis을 통해 소스코드를 노드 단위의 트리 구조로 구성한다.

이때 타입스크립트 소스코드의 타입은 1~2단계에서만 사용된다. 3단계(tsc가 타입스크립트 코드를 자바스크립트 코드로 컴파일할 때)부터는 타입을 확인하지 않는다. 즉, 개발자가 작성한 타입 정보는 단지 타입을 확인하는 데만 쓰이며, 최종적으로 만들어지는 프로그램에는 아무런 영향을 주지 않는다.

타입스크립트는 컴파일타임에 타입을 검사하기 때문에 에러가 발생하면 프로그램이 실행되지 않는다. 이러한 특징 때문에 타입스크립트를 컴파일타임에 에러를 발견할 수 있는 정적 타입 검사기static type checker라고 부른다.

아래 예시처럼 컴파일타임에 타입을 검사하여 런타임에서의 오작동이나 에러를 방지할 수 있다.

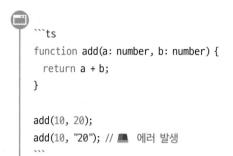

```ts
function add(a: number, b: number) {
  return a + b;
}

add(10, 20);
add(10, "20"); // 🖥 에러 발생
```

6.2 타입스크립트 컴파일러의 동작

앞서 우리는 타입스크립트 컴파일 과정의 전반적인 흐름에 대해 살펴보았다. 타입스크립트 컴파일러는 타입스크립트 소스가 자바스크립트 소스로 변환되는 모든 과정에 영향을 준다. 이 절에서는 타입스크립트 컴파일러의 주요 역할에 대해 살펴볼 것이다.

1 코드 검사기로서의 타입스크립트 컴파일러

타입스크립트 컴파일러는 코드에 타입 오류가 없는지를 확인한다. 타입스크립트에서는 컴파일타임에 코드 타입을 확인하기 때문에 코드를 실행하지 않고도 오류가 있다는 것을 바로 알 수 있다. 타입스크립트는 정적으로 코드를 분석하여 에러를 검출하며, 코드를 실행하기 전에 자바스크립트 런타임에서 발생할 수 있는 에러를 사전에 알려준다. 즉, 컴파일타임에 문법 에러와 타입 관련 에러를 모두 검출한다. 다음 예시를 살펴보자.

```
const developer = {
  work() {
    console.log("working...");
  },
};
```

```
developer.work(); // working...
developer.sleep(); // 💻 TypeError: developer.sleep is not a function
```

이 코드를 자바스크립트로 작성하는 시점에서는 에러가 발생하지 않는다. 하지만 실제 실행을 하면 에러가 발생한다. 같은 코드를 타입스크립트로 작성해보자.

```
const developer = {
  work() {
    console.log("working...");
  },
};

developer.work(); // working...
developer.sleep(); // 💻 Property 'sleep' does not exist on type '{ work(): void;}'
```

타입스크립트는 코드를 실행하기 전에 에러를 사전에 발견하여 알려준다. 앞의 예시에서는 developer 객체에 sleep()이라는 메서드가 없다는 사실을 컴파일타임에 알려주고 있다. 이처럼 자바스크립트에서는 런타임에서 발견할 수 있는 에러를, 타입스크립트에서는 컴파일타임에 발견하여 실행 과정에서 발생할 수 있는 문제를 방지한다. 이때 표시되는 에러 메시지도 달라진다.

타입스크립트 컴파일러는 런타임에서 발생할 수 있는 문법 오류 등의 에러뿐 아니라 타입 에러도 잡아낼 수 있다.

```
const developer = {
  work() {
    console.log("working...");
  },
};

developer.work(); // working...
developer.sleep(); // 💻 Property 'sleep' does not exist on type '{ work(): void;}'
```

타입스크립트 컴파일러는 tsc binder를 사용하여 타입 검사를 하며, 컴파일타임에 타입 오류를 발견한다. 타입 검사를 거쳐 코드를 안전하게 만든 이후에는 타입스크립트 AST를 자바스크립트로 코드로 변환한다.

ⓘ 타입스크립트의 타입 검사 후 확인할 수 있는 에러 메시지는 다음 링크에서 확인 할 수 있다.

∞ https://github.com/microsoft/TypeScript/blob/main/src/compiler/diagnosticMessages.json

② 코드 변환기로서의 타입스크립트 컴파일러

타입스크립트 컴파일러는 타입을 검사한 다음에 타입스크립트 코드를 각자의 런타임 환경에서 동작할 수 있도록 구버전의 자바스크립트로 트랜스파일한다. 이것이 타입스크립트 컴파일러의 두 번째 역할이다.

타입스크립트 소스코드는 브라우저와 같은 런타임에서 실행될 수 없다. 타입스크립트 소스코드를 파싱하고 자바스크립트 코드로 변환해야 비로소 실행할 수 있게 된다.

다음 예시는 타입스크립트 컴파일러가 타입스크립트 파일을 자바스크립트로 변환한 결과를 보여준다. 타입스크립트 컴파일러의 target 옵션을 사용하여 특정 버전의 자바스크립트 소스코드로 컴파일할 수 있다. 여기에서는 ES5로 설정했다.

```
type Fruit = "banana" | "watermelon" | "orange" | "apple" | "kiwi" | "mango";
const fruitBox: Fruit[] = ["banana", "apple", "mango"];

const welcome = (name: string) => {
  console.log(`hi! ${name} :)`);
};
```

```
"use strict";
var fruitBox = ["banana", "apple", "mango"];
var welcome = function (name) {
  console.log("hi! ".concat(name, " :)"));
};
```

트랜스파일이 완료된 자바스크립트 파일에서 타입 정보가 제거되었다. 타입스크립트가 자바스크립트로 컴파일되어야 브라우저는 코드를 비로소 이해하고 정상적으로 실행할 수 있다.

타입스크립드 컴파일러는 타입 검사를 수행한 후 코드 변환을 시작하는데, 이때 타입 오류가 있더라도 일단 컴파일을 진행한다. 타입스크립트 코드가 자바스크립트 코드로 변환되는 과정은 타입 검사와 독립적으로 동작하기 때문이다. 타입스크립트 코드의 타이핑이 잘못되어 발생하는 에러는 자바스크립트 실행 과정에서 런타임 에러로 처리된다.

자바스크립트는 타입 정보를 이해하지 못한다. 따라서 타입스크립트 소스코드에 타입 에러가 있더라도 자바스크립트로 컴파일되어 타입 정보가 모두 제거된 후에는 타입이 아무런 효력을 발휘하지 못한다. 다음 예시를 살펴보자.

```typescript
const name: string = "zig";
// 🚫 Type 'string' is not assignable to type 'number'
const age: number = "zig";
```

age 변수를 number 타입으로 선언했지만 문자열 "zig"를 할당하여 타입 에러가 발생한다. 하지만 자바스크립트로 컴파일할 수는 있다. 다음은 이 코드를 tsc로 컴파일한 것이다.

```javascript
const name = "zig";
const age = "zig";
```

타입스크립트 컴파일 이후에는 타입이 제거되어 순수한 자바스크립트 코드만 남는다. 컴파일된 코드가 실행되고 있는 런타임에서는 타입 검사를 할 수 없기 때문에 주의해야 하는 경우도 있다. 다음 예시를 살펴보자.

```typescript
interface Square {
  width: number;
}

interface Rectangle extends Square {
  height: number;
}
```

```
type Shape = Square ¦ Rectangle;

function calculateArea(shape: Shape) {
  if (shape instanceof Rectangle) {
    // 🚫 'Rectangle' only refers to a type, but is being used as a value here
    // 🚫 Property 'height' does not exist on type 'Shape'
    // 🚫 Property 'height' does not exist on type 'Square'
    return shape.width * shape.height;
  } else {
    return shape.width * shape.width;
  }
}
```

instanceof 체크는 런타임에 실행되지만 Rectangle은 타입이기 때문에 자바스크립트 런타임은 해당 코드를 이해하지 못한다. 타입스크립트 코드가 자바스크립트로 컴파일되는 과정에서 모든 인터페이스, 타입, 타입 구문이 제거되어 버리기 때문에 런타임에서는 타입을 사용할수 없다.

정리하면 타입스크립트 컴파일러의 역할을 크게 2가지로 나눌 수 있다.

- 최신 버전의 타입스크립트 · 자바스크립트 코드를 구버전의 자바스크립트로 트랜스파일한다.
- 코드의 타입 오류를 검사한다.

자바스크립트 개발에 어느 정도 익숙한 독자라면 타입스크립트 컴파일러의 역할이 바벨과 다른 게 무엇이냐고 반문할 수도 있다.

 바벨(Babel)

ECMAScript 2015 이후의 코드를 현재 또는 오래된 브라우저와 호환되는 버전으로 변환해주는 자바스크립트 컴파일러이다.

tsc와 바벨은 소스코드를 ES5 이하의 자바스크립트 코드로 컴파일해준다는 점에서는 동일하다. 하지만 tsc와 달리 바벨은 타입 검사를 하지 않는다. 최신 버전의 자바스크립트 코드를 낮은 버전으로 컴파일하는 것이 바벨의 주된 역할이다.

타입스크립트 컴파일러의 구조

앞서 보았듯이 타입스크립트 컴파일러는 타입스크립트 소스코드를 자바스크립트로 변환한다. 타입스크립트 소스코드가 자바스크립트로 변환되기까지 많은 일이 일어난다. 이제 실제 타입스크립트 컴파일러의 구성 요소를 훑어보며 타입스크립트 컴파일러의 동작 방식을 이해해 보자.

컴파일러는 하나의 프로그램으로 이를 구현한 소스 파일이 존재한다. 타입스크립트 공식 깃허브에서 compiler라는 별도의 폴더[1]로 구성된 타입스크립트 컴파일러를 찾아볼 수 있다. 해당 폴더는 타입스크립트 컴파일러가 동작하는 데 중요한 몇 가지 중요한 구성 요소를 가지고 있다. 타입스크립트 컴파일러의 구체적인 동작을 살펴보자.

타입스크립트 컴파일러는 다섯 단계를 거쳐 타입 검사와 자바스크립트 소스 변환을 진행한다. 각 단계에 대한 대략적인 개요는 다음과 같다.

스캐너	파서	바인더	체커	이미터
.ts 토큰화	토큰 기반 AST 생성	AST 노드 기반 심볼 생성	AST + 심볼 기반 타입 검사	AST + 코드 검사 기반 .js 생성

▶ 타입스크립트 컴파일러의 실행 과정

① 프로그램(Program)

타입스크립트 컴파일러는 tsc 명령어로 실행된다. 컴파일러는 tsconfig.json에 명시된 컴파일 옵션을 기반으로 컴파일을 수행한다. 먼저 전체적인 컴파일 과정을 관리하는 프로그램 객체(인스턴스)가 생성된다. 이 프로그램 객체는 컴파일할 타입스크립트 소스 파일과 소스 파일 내에서 임포트된 파일을 불러오는데, 가장 최초로 불러온 파일을 기준으로 컴파일 과정이 시작된다.

---

1 https://github.com/microsoft/TypeScript/tree/main/src/compiler

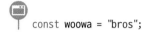

② 스캐너(Scanner)

타입스크립트 소스를 자바스크립트로 변환하기 위한 첫 번째 단계는 스캐너이다. 스캐너는 타입스크립트 소스 파일을 어휘적으로 분석lexical analysi 하여 토큰을 생성하는 역할을 한다. 다시 말해 소스코드를 작은 단위로 나누어 의미 있는 토큰으로 변환하는 작업을 수행한다.

```
const woowa = "bros";
```

위의 변수를 선언하는 코드는 스캐너에 의해 다음과 같이 분석된다.

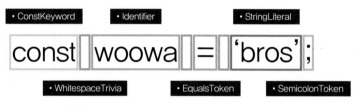

▶ 스캐너의 코드 분석 과정

ⓘ 아래 링크에서 스캐너 플러그인을 추가할 수 있다.
  ∞ https://www.npmjs.com/package/playground-ts-scanner

ⓘ 타입스크립트 소스의 최소 단위인 토큰에 대한 리스트는 타입스크립트 레포의 SyntaxKind 변수를 통해 확인할 수 있다.
  ∞ https://github.com/microsoft/TypeScript/blob/3a8c6307473a5350284699fbf0adc32
    a6b169a39/src/compiler/types.ts#L21

③ 파서(Parser)

스캐너가 소스 파일을 토큰으로 나눠주면 파서는 그 토큰 정보를 이용하여 AST를 생성한다. AST는 컴파일러가 동작하는 데 핵심 기반이 되는 자료 구조로, 소스코드의 구조를 트리 형태로 표현한다. AST의 최상위 노드는 타입스크립트 소스 파일이며, 최하위 노드는 파일의 끝 지점EndOfFileToken으로 구성된다.

스캐너는 어휘적 분석을 통해 토큰 단위로 소스코드를 나누지만 파서는 이렇게 생성된 토큰 목록을 활용하여 구문적 분석Syntax analysis을 수행한다. 이를 통해 코드의 실질적인 구조를 노드 단위의 트리 형태로 표현한다. 각각의 노드는 코드상의 위치, 구문 종류, 코드 내용과 같은 정보를 담고 있다.

예를 들어 ( )에 해당하는 토큰이 있을 때 파서가 AST를 생성하는 과정에서 이 토큰이 실질적으로 함수의 호출인지, 함수의 인자인지 또는 그룹 연산자인지가 결정된다.

```
function normalFunction() {
  console.log("normalFunction");
}

normalFunction();
```

앞의 코드는 다음과 같은 구조로 AST를 구성한다.

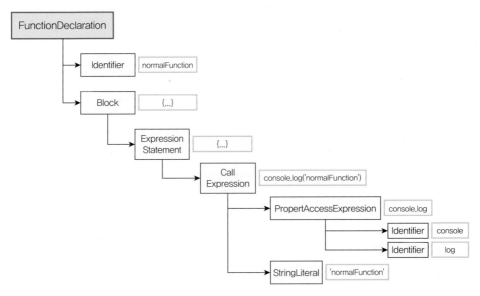

▶ AST의 구조

ⓘ Typescript AST Viewer[2]로 타입스크립트 소스 파일이 어떻게 AST로 변환되는지 확인할 수 있다.

---

2 https://ts-ast-viewer.com/#

④ 바인더(Binder)

바인더의 주요 역할은 체커Checker 단계에서 타입 검사를 할 수 있도록 기반을 마련하는 것이다. 바인더는 타입 검사를 위해 심볼Symbol이라는 데이터 구조를 생성한다. 심볼은 이전 단계의 AST에서 선언declaration된 타입의 노드 정보를 저장한다. 심볼의 인터페이스 일부는 다음과 같이 구성된다.

```
export interface Symbol {
  flags: SymbolFlags; // Symbol flags
  escapedName: string; // Name of symbol
  declarations?: Declaration[]; // Declarations associated with this symbol
  // 이하 생략...
}
```

flags 필드는 AST에서 선언된 타입의 노드 정보를 저장하는 식별자이다. 심볼을 구분하는 식별자 목록은 다음과 같다.

```
// src/compiler/types.ts
export const enum SymbolFlags {
  None                  = 0,
  FunctionScopedVariable = 1 << 0, // Variable (var) or parameter
  BlockScopedVariable    = 1 << 1, // A block-scoped variable (let or const)
  Property               = 1 << 2, // Property or enum member
  EnumMember             = 1 << 3, // Enum member
  Function               = 1 << 4, // Function
  Class                  = 1 << 5, // Class
  Interface              = 1 << 6, // Interface
  ...
}
```

심볼 인터페이스의 declarations 필드는 AST 노드의 배열 형태를 보인다. 결과적으로 바인더는 심볼을 생성하고 해당 심볼과 그에 대응하는 AST 노드를 연결하는 역할을 수행한다.

다음은 여러 가지 선언 요소에 대한 각각의 심볼 결과이다.

```typescript
type SomeType = string | number;
interface SomeInterface {
  name: string;
  age?: number;
}
let foo: string = "LET";
const obj = {
  name: "이름",
  age: 10,
};

class MyClass {
  name;
  age;

  constructor(name: string, age?: number) {
    this.name = name;
    this.age = age ?? 0;
  }
}

const arrowFunction = () => {};

function normalFunction() {}

arrowFunction();
normalFunction();
const colin = new MyClass("colin");
```

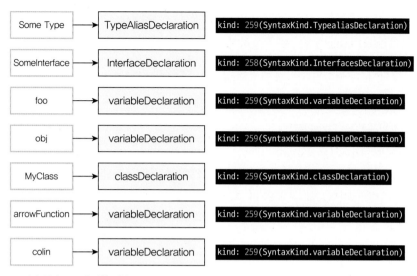

▶ 여러 선언 요소에 대한 심볼

ⓘ 아래 링크에서 심볼을 확인할 수 있는 플러그인을 설치할 수 있다.
∞ https://github.com/orta/playground-ts-symbols

⑤ 체커(Checker)와 이미터(Emitter)

체커는 파서가 생성한 AST와 바인더가 생성한 심볼을 활용하여 타입 검사를 수행한다. 이 단계에서 체커의 소스 크기는 현재(v4.7.3) 기준 약 2.7 MB 정도로 이전 단계 파서의 소스 크기(500 KB)보다 매우 크다. 전체 컴파일 과정에서 타입 검사가 차지하는 비중이 크다는 것을 짐작할 수 있다.

체커의 주요 역할은 AST의 노드를 탐색하면서 심볼 정보를 불러와 주어진 소스 파일에 대해 타입 검사를 진행하는 것이다. 체커의 타입 검사는 다음 컴파일 단계인 이미터에서 실행된다. checker.ts의 getDiagnostics() 함수를 사용해서 타입을 검증하고 타입 에러에 대한 정보를 보여줄 에러 메시지를 저장한다.

이미터는 타입스크립트 소스 파일을 변환하는 역할을 한다. 즉, 타입스크립트 소스를 자바스크립트(js) 파일과 타입 선언 파일(d.ts)로 생성한다.

이미터는 타입스크립트 소스 파일을 변환하는 과정에서 개발자가 설정한 타입스크립트 설정

파일을 읽어오고, 체커를 통해 코드에 대한 타입 검증 정보를 가져온다. 그리고 emitter.ts 소스 파일 내부의 emitFiles() 함수를 사용하여 타입스크립트 소스 변환을 진행한다.

지금까지 살펴본 타입스크립트의 컴파일 과정을 정리하면 다음과 같다.

1 tsc 명령어를 실행하여 프로그램 객체가 컴파일 과정을 시작한다.

2 스캐너는 소스 파일을 토큰 단위로 분리한다.

3 파서는 토큰을 이용하여 AST를 생성한다.

4 바인더는 AST의 각 노드에 대응하는 심볼을 생성한다. 심볼은 선언된 타입의 노드 정보를 담고 있다.

5 체커는 AST를 탐색하면서 심볼 정보를 활용하여 타입 검사를 수행한다.

6 타입 검사 결과 에러가 없다면 이미터를 사용해서 자바스크립트 소스 파일로 변환한다.

```
1    (7장) =>
2    {((<비동기
3       호출/>)
4       };
```

웹 프론트엔드의 특성상 웹 페이지만으로 영속적인 데이터를 저장하거나 변경할 수 없다. 일반적으로 대부분의 서비스는 데이터베이스에 접근하는 행위를 담당하는 백엔드와 UI를 담당하는 프론트엔드로 분리되어 운영된다. 프론트엔드는 주로 HTTP 프로토콜을 통해 백엔드와 통신한다. 특히 GET, POST 등의 메서드(행위)와 URI 표현을 활용하여 통신하는 REST API를 주로 사용한다.

API를 요청하고 응답받는 행위는 모두 비동기로 이루어진다. 비동기 처리를 다룰 때는 다음과 같은 사항을 고려해야 한다.

- 현재 비동기 동작이 어떤 상태인가?
- 비동기 동작을 위해 필요한 정보가 무엇인가?
- 요청이 성공했다면 받아온 정보를 어떻게 저장하고 관리할 것인가?
- 요청이 실패했다면 실패에 대한 정보를 어떻게 확인할 것인가?
- 비동기 요청에 대한 코드를 쉽게 유지보수할 수 있도록 어떻게 구조화하고 관리할 것인가?

이 장은 타입스크립트에서 비동기 요청을 어떻게 처리하고 관리하는지를 다룬다.

① fetch로 API 요청하기

신입 개발자인 배달이는 사용자가 장바구니를 조회해서 볼 수 있는 기능을 만들게 되었다. 그래서 외부 데이터베이스에 접근하여 사용자가 장바구니에 추가한 정보를 호출하는 코드를 작성했는데 직접 fetch 함수를 사용해서 사용자가 담은 장바구니 물품 개수를 배지로 멋지게 보이게 했다.

> 🤖 배지(badge)
>
> 일반적으로 UI에 표시되는 작은 원형이나 사각형 형태의 요소를 말한다. 주로 다른 요소의 옆이나 아이콘 위에 위치하여 사용자에게 새로운 것이 있음을 알려주고자 할 때 많이 사용된다.

```jsx
import React, { useEffect, useState } from "react";

const CartBadge: React.FC = () => {
  const [cartCount, setCartCount] = useState(0);

  useEffect(() => {
    fetch("https://api.baemin.com/cart")
      .then((response) => response.json())
      .then(({ cartItem }) => {
        setCartCount(cartItem.length);
      });
  }, []);

  return <>{/* cartCount 상태를 이용하여 컴포넌트 렌더링 */}</>;
};
```

장바구니 정보를 비동기 함수인 fetch로 불러와 장바구니 내부를 확인하여 장바구니에 담긴 물품의 개수를 배지 아이콘으로 보여주는 기능, 사용자에게 장바구니에 담은 물품을 보여주는 페이지 구현 등 여러 곳에서 같은 API URL을 복붙하여 사용하게 되었다.

그런데 백엔드에서 기능 변경을 해야 해서 API URL을 수정해야 한다고 한다. 아쉽게도 이미 컴포넌트 내부에 깊숙이 자리 잡은 비동기 호출 코드는 이러한 변경 요구에 취약하다. 비단 URL 변경뿐 아니라 '여러 서버에 API를 요청할 때 타임아웃timeout 설정이 필요하다' 또는 '모든 요청에 커스텀 헤더custom header가 필요하다' 같은 새로운 API 요청 정책이 추가될 때마다 계속해서 비동기 호출 코드를 수정해야 하는 번거로움이 발생한다.

② 서비스 레이어로 분리하기

여러 API 요청 정책이 추가되어 코드가 변경될 수 있다는 것을 감안한다면, 비동기 호출 코드는 컴포넌트 영역에서 분리되어 다른 영역(서비스 레이어)에서 처리되어야 한다.

앞의 코드를 기준으로 설명하면 fetch 함수를 호출하는 부분이 서비스 레이어로 이동하고, 컴포넌트는 서비스 레이어의 비동기 함수를 호출하여 그 결과를 받아와 렌더링하는 흐름이 된다.

그러나 단순히 fetch 함수를 분리하는 것만으로는 API 요청 정책이 추가되는 것을 해결하기 어렵다. 예를 들어 fetch 함수에서 타임아웃을 설정하기 위해서는 다음과 같이 구현해야 한다.

```
async function fetchCart() {
  const controller = new AbortController();

  const timeoutId = setTimeout(() => controller.abort(), 5000);

  const response = await fetch("https://api.baemin.com/cart", {
    signal: controller.signal,
  });

  clearTimeout(timeoutId);

  return response;
}
```

또한 쿼리 매개변수Query Parameter나 커스텀 헤더 추가 또는 쿠키를 읽어 토큰을 집어넣는 등 다양한 API 정책이 추가될 수 있는데 이를 모두 구현하는 것은 번거로운 일이다.

③ Axios 활용하기

fetch는 내장 라이브러리이기 때문에 따로 임포트하거나 설치할 필요 없이 사용할 수 있다. 그러나 많은 기능을 사용하려면 직접 구현해서 사용해야 한다. 이러한 번거로움 때문에 fetch 함수를 직접 쓰는 대신 Axios 라이브러리를 사용하고 있다.

```
const apiRequester: AxiosInstance = axios.create({
  baseURL: "https://api.baemin.com",
  timeout: 5000,
});

const fetchCart = (): AxiosPromise<FetchCartResponse> =>
  apiRequester.get <FetchCartResponse> ("cart");

const postCart = (postCartRequest: PostCartRequest): AxiosPromise<PostCartResponse> =>
  apiRequester.post <PostCartResponse> ("cart", postCartRequest);
```

각 서버(주문을 처리하는 서버와 장바구니를 처리하는 서버)가 담당하는 부분이 다르거나 새로운 프로젝트의 일부로 포함될 때 기존에 사용하는 API Entry(Base URL)와는 다른 새로운 URL로 요청해야 하는 상황이 생길 수 있다.

이렇게 API Entry가 2개 이상일 경우에는 각 서버의 기본 URL을 호출하도록 orderApiRequester, orderCartApiRequester같이 2개 이상의 API 요청을 처리하는 인스턴스를 따로 구성해야 한다. 이후 다른 URL로 서비스 코드를 호출할 때는 각각의 apiRequester를 사용하면 된다.

```
const apiRequester: AxiosInstance = axios.create(defaultConfig);
const orderApiRequester: AxiosInstance = axios.create({
  baseURL: "https://api.baemin.or/",
  ...defaultConfig,
});

const orderCartApiRequester: AxiosInstance = axios.create({
  baseURL: "https://cart.baemin.order/",
  ...defaultConfig,
});
```

④ Axios 인터셉터 사용하기

각각의 requester는 서로 다른 역할을 담당하는 다른 서버이기 때문에 requester별로 다른 헤더header를 설정해줘야 하는 로직이 필요할 수도 있다.

이때 인터셉터 기능을 사용하여 requester에 따라 비동기 호출 내용을 추가해서 처리할 수 있다. 또한 API 에러를 처리할 때 하나의 에러 객체로 묶어서 처리할 수도 있다. 에러 처리에 관한 내용은 7.3 API 에러 핸들링에서 자세히 다룰 것이다.

```typescript
import axios, { AxiosInstance, AxiosRequestConfig, AxiosResponse } from "axios";

const getUserToken = () => "";
const getAgent = () => "";
const getOrderClientToken = () => "";
const orderApiBaseUrl = "";
const orderCartApiBaseUrl = "";
const defaultConfig = {};
const httpErrorHandler = () => {};

const apiRequester: AxiosInstance = axios.create({
  baseURL: "https://api.baemin.com",
  timeout: 5000,
});

const setRequestDefaultHeader = (requestConfig: AxiosRequestConfig) => {
  const config = requestConfig;
  config.headers = {
    ...config.headers,
    "Content-Type": "application/json;charset=utf-8",
    user: getUserToken(),
    agent: getAgent(),
  };
  return config;
};

const setOrderRequestDefaultHeader = (requestConfig: AxiosRequestConfig) => {
  const config = requestConfig;
  config.headers = {
    ...config.headers,
```

```
      "Content-Type": "application/json;charset=utf-8",
      "order-client": getOrderClientToken(),
  };
  return config;
};

// `interceptors` 기능을 사용해 header를 설정하는 기능을 넣거나 에러를 처리할 수 있다
apiRequester.interceptors.request.use(setRequestDefaultHeader);
const orderApiRequester: AxiosInstance = axios.create({
  baseURL: orderApiBaseUrl,
  ...defaultConfig,
});
// 기본 apiRequester와는 다른 header를 설정하는 `interceptors`
orderApiRequester.interceptors.request.use(setOrderRequestDefaultHeader);
// `interceptors`를 사용해 httpError 같은 API 에러를 처리할 수도 있다
orderApiRequester.interceptors.response.use(
  (response: AxiosResponse) => response,
  httpErrorHandler
);
const orderCartApiRequester: AxiosInstance = axios.create({
  baseURL: orderCartApiBaseUrl,
  ...defaultConfig,
});
orderCartApiRequester.interceptors.request.use(setRequestDefaultHeader);
```

이와 달리 요청 옵션에 따라 다른 인터셉터를 만들기 위해 빌더 패턴을 추가하여 **APIBuilder**
같은 클래스 형태로 구성하기도 한다.

 빌더 패턴(Builder Pattern)

객체 생성을 더 편리하고 가독성 있게 만들기 위한 디자인 패턴 중 하나다. 주로 복잡한 객체의 생
성을 단순화하고, 객체 생성 과정을 분리하여 객체를 조립하는 방법을 제공한다.

```
class API {
  readonly method: HTTPMethod;
  readonly url: string;
  baseURL?: string;
  headers?: HTTPHeaders;
  params?: HTTPParams;
  data?: unknown;
  timeout?: number;
  withCredentials?: boolean;

  constructor(method: HTTPMethod, url: string) {
    this.method = method;
    this.url = url;
  }

  call<T>(): AxiosPromise<T> {
    const http = axios.create();

    // 만약 `withCredential`이 설정된 API라면 아래 같이 인터셉터를 추가하고, 아니라면 인터셉터
    를 사용하지 않음
    if (this.withCredentials) {
      http.interceptors.response.use(
        response => response,
        error => {
          if (error.response && error.response.status === 401) {
            /* 에러 처리 진행 */
          }
          return Promise.reject(error);
        }
      );
    }

    return http.request({ ...this })
  }
}
```

이처럼 기본 API 클래스로 실제 호출 부분을 구성하고, 위와 같은 API를 호출하기 위한 래퍼
Wrapper를 빌더 패턴으로 만든다.

```typescript
class APIBuilder {
  private _instance: API;

  constructor(method: HTTPMethod, url: string, data?: unknown) {
    this._instance = new API(method, url);
    this._instance.baseURL = apiHost;
    this._instance.data = data;
    this._instance.headers = {
      'Content-Type': 'application/json; charset=utf-8',
    };
    this._instance.timeout = 5000;
    this._instance.withCredentials = false;
  }

  static get = (url: string) => new APIBuilder('GET', url);
  static put = (url: string, data: unknown) => new APIBuilder('PUT', url, data);
  static post = (url: string, data: unknown) => new APIBuilder('POST', url, data);
  static delete = (url: string) => new APIBuilder('DELETE', url);

  baseURL(value: string): APIBuilder {
    this._instance.baseURL = value;
    return this;
  }

  headers(value: HTTPHeaders): APIBuilder {
    this._instance.headers = value;
    return this;
  }

  timeout(value: number): APIBuilder {
    this._instance.timeout = value;
    return this;
  }

  params(value: HTTPParams): APIBuilder {
    this._instance.params = value;
    return this;
  }

  data(value: unknown): APIBuilder {
```

```
      this._instance.data = value;
      return this;
    }

    withCredentials(value: boolean): APIBuilder {
      this._instance.withCredentials = value;
      return this;
    }

    build(): API {
      return this._instance;
    }
  }
```

이와 같은 패턴으로 제공한 APIBuilder를 사용하는 코드는 다음과 같다.

```
  const fetchJobNameList = async (name?: string, size?: number) => {
    const api = APIBuilder.get("/apis/web/jobs")
      .withCredentials(true) // 이제 401 에러가 나는 경우, 자동으로 에러를 탐지하는 인터셉터를
  사용하게 된다
      .params({ name, size }) // body가 없는 axios 객체도 빌더 패턴으로 쉽게 만들 수 있다
      .build();


    const { data } = await api.call<Response<JobNameListResponse>>();
    return data;
  };
```

APIBuilder 클래스는 보일러플레이트 코드가 많다는 단점을 갖고 있다. 하지만 옵션이 다양한 경우에 인터셉터를 설정값에 따라 적용하고, 필요 없는 인터셉터를 선택적으로 사용할 수 있다는 장점도 갖고 있다.

 보일러플레이트(Boilerplate) 코드

어떤 기능을 사용할 때 반복적으로 사용되는 기본적인 코드를 말한다. 예를 들어 API를 호출하기 위한 기본적인 설정과 인터셉터 등을 설정하는 부분을 보일러플레이트 코드로 간주할 수 있다.

⑤ API 응답 타입 지정하기

같은 서버에서 오는 응답의 형태는 대체로 통일되어 있어서 앞서 소개한 API의 응답 값은 하나의 Response 타입으로 묶일 수 있다.

```
interface Response<T> {
  data: T;
  status: string;
  serverDateTime: string;
  errorCode?: string; // FAIL, ERROR
  errorMessage?: string; // FAIL, ERROR
}

const fetchCart = (): AxiosPromise<Response<FetchCartResponse>> =>
  apiRequester.get<Response<FetchCartResponse>> "cart";

const postCart = (postCartRequest: PostCartRequest): AxiosPromise<Response<PostCar
tResponse>> =>
  apiRequester.post<Response<PostCartResponse>>("cart", postCartRequest);
```

이와 같이 서버에서 오는 응답을 통일해줄 때 주의할 점이 있다. Response 타입을 apiRequester 내에서 처리하고 싶은 생각이 들 수 있는데, 이렇게 하면 UPDATE나 CREATE같이 응답이 없을 수 있는 API를 처리하기 까다로워진다.

```
const updateCart = (updateCartRequest): AxiosPromise<Response<FetchCartResponse>>
=>
  apiRequester.get("cart");
```

따라서 Response 타입은 apiRequester가 모르게 관리되어야 한다.

API 요청 및 응답 값 중에서는 하나의 API 서버에서 다른 API 서버로 넘겨주기만 하는 값도 존재할 수 있다. 해당 값에 어떤 응답이 들어있는지 알 수 없거나 값의 형식이 달라지더라도 로직에 영향을 주지 않는 경우에는 unknown 타입을 사용하여 알 수 없는 값임을 표현한다.

```
interface response {
  data: {
    cartItems: CartItem[];
    forPass: unknown;
  };
}
```

만약 forPass 안에 프론트 로직에서 사용해야 하는 값이 있다면, 여전히 어떤 값이 들어올지 모르는 상태이기 때문에 unknown을 유지한다. 로그를 위해 단순히 받아서 넘겨주는 값의 타입은 언제든지 변경될 수 있으므로 forPass 내의 값을 사용하지 않아야 한다. 다만 이미 설계된 프로덕트에서 쓰고 있는 값이라면 프론트 로직에서 써야 하는 값에 대해서만 타입을 선언한 다음에 사용하는 게 좋다.

```
type ForPass = {
  type: "A" | "B" | "C";
};

const isTargetValue = () => (data.forPass as ForPass).type === "A";
```

⑥ 뷰 모델(View Model) 사용하기

API 응답은 변할 가능성이 크다. 특히 새로운 프로젝트는 서버 스펙이 자주 바뀌기 때문에 뷰 모델View Model을 사용하여 API 변경에 따른 범위를 한정해줘야 한다.

특정 객체 리스트를 조회하여 리스트 각각의 내용과 리스트 전체 길이 등을 보여줘야 하는 화면을 떠올려보자. 해당 리스트를 조회하는 fetchList API는 다음처럼 구성될 것이다.

```
interface ListResponse {
  items: ListItem[];
}

const fetchList = async (filter?: ListFetchFilter): Promise<ListResponse> => {
  const { data } = await api
```

```
      .params({ ...filter })
      .get("/apis/get-list-summaries")
      .call<Response<ListResponse>>();

  return { data };
};
```

해당 API를 사용할 때는 다음처럼 사용한다. 이 예시에서는 컴포넌트 내부에서 비동기 함수를 호출하고 then으로 처리하고 있지만, 실제 비동기 함수는 컴포넌트 내부에서 직접 호출되지 않는다. 이 내용은 7.2 API 상태 관리하기에서 더 자세하게 다룰 것이다.

```
const ListPage: React.FC = () => {
  const [totalItemCount, setTotalItemCount] = useState(0);
  const [items, setItems] = useState<ListItem[]>([]);

  useEffect(() => {
  // 예시를 위한 API 호출과 then 구문
    fetchList(filter).then(({ items }) => {
      setCartCount(items.length);
      setItems(items);
    });
  }, [])

  return (
    <div>
      <Chip label={totalItemCount}/>
      <Table items={items}>
    </div>
  );
};
```

흔히 좋은 컴포넌트는 변경될 이유가 하나뿐인 컴포넌트라고 말한다. API 응답의 items 인자를 좀 더 정확한 개념으로 나타내기 위해 jobItems나 cartItems 같은 이름으로 수정하면 해당 컴포넌트도 수정해야 한다. 이렇게 수정해야 할 컴포넌트가 API 1개에 하나라면 좋겠지만, API를 사용하는 기존 컴포넌트도 수정되어야 한다. 보통 이런 상황이 프로젝트 초기에 자주 발생하곤 한다.

이러한 문제를 해결하기 위한 방법으로 뷰 모델을 도입할 수 있다.

```typescript
// 기존 ListResponse에 더 자세한 의미를 담기 위한 변화
interface JobListItemResponse {
  name: string;
}

interface JobListResponse {
  jobItems: JobListItemResponse[];
}

class JobList {
  readonly totalItemCount: number;
  readonly items: JobListItemResponse[];

  constructor({ jobItems }: JobListResponse) {
    this.totalItemCount = jobItems.length;
    this.items = jobItems;
  }
}

const fetchJobList = async (filter?: ListFetchFilter): Promise<JobListResponse> => {
  const { data } = await api
    .params({ ...filter })
    .get('/apis/get-list-summaries')
    .call<Response<JobListResponse>>();

  return new JobList(data);
};
```

뷰 모델을 만들면 API 응답이 바뀌어도 UI가 깨지지 않게 개발할 수 있다. 또한 앞의 예시처럼 API 응답에는 없는 totalItemCount 같은 도메인 개념을 넣을 때 백엔드나 UI에서 로직을 추가하여 처리할 필요 없이 간편하게 새로운 필드를 뷰 모델에 추가할 수 있다.

그러나 뷰 모델 방식에서도 문제가 발생할 수 있다. 추상화 레이어 추가는 결국 코드를 복잡하게 만들며 레이어를 관리하고 개발하는 데도 비용이 든다. 앞의 코드에서 JobListItemResponse 타입은 서버에서 지정한 응답 형식이기 때문에 이를 UI에서 사용하려면 다음처럼 더 많은 타입을 선언해야 한다.

```typescript
interface JobListResponse {
  jobItems: JobListItemResponse[];
}

class JobListItem {
  constructor(item: JobListItemResponse) {
    /* JobListItemResponse에서 JobListItem 객체로 변환해주는 코드 */
  }
}

class JobList {
  readonly totalItemCount: number;
  readonly items: JobListItemResponse[];

  constructor({ jobItems }: JobListResponse) {
    this.totalItemCount = jobItems.length;
    this.items = jobItems.map((item) => new JobListItem(item));
  }
}

const fetchJobList = async (filter?: ListFetchFilter): Promise<JobListResponse> => {
  const { data } = await api
    .params({ ...filter })
    .get('/apis/get-list-summaries')
    .call<Response<JobListResponse>>();

  return new JobList(data);
};
```

단순히 API 20개를 추가한다면 20개의 응답이 추가될 것이다. 이 말은 20개 이상 뷰 모델이 추가될 수 있다는 뜻이다. 앞 코드의 **totalItemCount**같이 API 응답에는 없는 새로운 필드를 만들어서 사용할 때, 서버가 내려준 응답과 클라이언트가 실제 사용하는 도메인이 다르다면 서버와 클라이언트 간의 의사소통 문제가 생길 수 있다.

결국 API 응답이 바뀌었을 때는 클라이언트 코드를 수정하는 데 들어가는 비용을 줄이면서도 도메인의 일관성을 지킬 수 있는 절충안을 찾아야 한다.

꼭 필요한 곳에만 뷰 모델을 부분적으로 만들어서 사용하기, 백엔드와 클라이언트 개발자가 충분히 소통한 다음에 개발하여 API 응답 변화를 최대한 줄이기, 뷰 모델에 필드를 추가하는 대신에 **getter** 등의 함수를 추가하여 실제 어떤 값이 뷰 모델에 추가한 값인지 알기 쉽게 하기 등의 방법을 예로 들 수 있다.

개발 단계에서는 API 응답 형식이 자주 바뀐다. 또한 응답 값의 타입이 **string**이어야 하는데 **number**가 들어오는 것과 같이 잘못된 타입이 전달되기도 한다. 그러나 타입스크립트는 정적 검사 도구로 런타임에서 발생하는 오류는 찾아낼 수 없다. 런타임에 API 응답의 타입 오류를 방지하려면 Superstruct 같은 라이브러리를 사용하면 된다.

7 Superstruct를 사용해 런타임에서 응답 타입 검증하기

런타임 응답 타입 검증을 하기 위해 사용하는 Superstruct 라이브러리의 소개를 찾아보면 아래와 같이 설명하고 있다.

- Superstruct를 사용하여 인터페이스 정의와 자바스크립트 데이터의 유효성 검사를 쉽게 할 수 있다.
- Superstruct는 런타임에서의 데이터 유효성 검사를 통해 개발자와 사용자에게 자세한 런타임 에러를 보여주기 위해 고안되었다.

이처럼 Superstruct 라이브러리 공식 문서에는 크게 2가지의 핵심 역할을 언급하고 있다. Superstruct 라이브러리가 타입스크립트와 어떤 시너지를 낼 수 있을지 알아보기 전에 간단하게 Superstruct 사용 방법을 살펴보자. 공식 문서에서 제공하는 간단한 코드 예시는 아래와 같다.

```
import { assert, is, validate, object, number, string, array } from "superstruct";

const Article = object({
  id: number(),
  title: string(),
  tags: array(string()),
  author: object({
    id: number(),
  }),
});

const data = {
  id: 34,
```

```
  title: "Hello World",
  tags: ["news", "features"],
  author: {
    id: 1,
  },
};

assert(data, Article);
is(data, Article);
validate(data, Article);
```

먼저 **Article**이라는 변수는 Superstruct의 **object()** 모듈의 반환 결과다.

object()라는 모듈 이름에서 예상할 수 있듯이 **Article**은 **object**(객체) 형태를 가진 무언가라고 생각할 수 있다.

ⓘ 실제 Superstruct 내부 로직에서 반환되는 타입은 object()의 반환 결과를 한 번 더 감싸서 내려온다.

그렇다면 **number()**, **string()** 모듈의 반환 타입도 숫자, 문자열 형태라고 이해할 수 있다.

Article의 **id**는 숫자, **title**은 문자열, **tags**는 문자열 배열, **author**는 **id**라는 숫자를 속성으로 가진 객체 형태의 **object**이다. 즉, 위와 같은 데이터 명세를 가진 스키마이다.

data라는 변수는 보는 그대로 어떤 데이터 정보를 담은 **object**를 가리키고 있다. 그렇다면 **assert, is, validate**라는 모듈은 무엇일까? 각각 '확인', '~이다', '검사하다' 정도로 직역할 수 있는데 3가지 모두 데이터의 유효성 검사를 도와주는 모듈이다.

세 모듈의 공통점은 데이터 정보를 담은 **data** 변수와 데이터 명세를 가진 스키마인 **Article**을 인자로 받아 데이터가 스키마와 부합하는지를 검사한다는 것이다. 차이점은 모듈마다 데이터의 유효성을 다르게 접근하고 반환 값 형태가 다르다는 것이다.

- **assert**는 유효하지 않을 경우 에러를 던진다.
- **is**는 유효성 검사 결과에 따라 true 또는 false 즉, boolean 값을 반환한다.
- **validate**는 [error, data] 형식의 튜플을 반환한다. 유효하지 않을 때는 에러 값이 반환되고 유효한 경우에는 첫 번째 요소로 undefined, 두 번째 요소로 data value가 반환된다.

지금까지 Superstruct의 공식 문서를 참조하여 런타임에서의 자바스크립트 데이터의 유효성 검사가 실행되는 구조를 살펴봤다. 그렇다면 타입스크립트와는 어떤 시너지를 발휘할 수 있는 지 알아보자.

먼저 아래와 같이 **Infer**를 사용하여 기존 타입 선언 방식과 동일하게 타입을 선언할 수 있다.

```typescript
import { Infer, number, object, string } from "superstruct";

const User = object({
  id: number(),
  email: string(),
  name: string(),
});

type User = Infer<typeof User>;
```

앞의 **type User**는 기존의 타입스크립트 문법으로 작성되었다.

```typescript
type User = {
  id: number;
  email: string;
  name: string;
};

import { assert } from "superstruct";

function isUser(user: User) {
  assert(user, User);
  console.log("적절한 유저입니다.");
}
```

앞의 예시는 Superstruct의 **assert** 메서드를 통해 인사로 받는 **user**가 **User** 타입과 매칭되 는지 확인하는 **isUser** 함수이다.

```typescript
const user_A = {
  id: 4,
```

```
    email: "test@woowahan.email",
    name: "woowa",
};

isUser(user_A);
```

앞 코드를 실행하면 성공적으로 **"적절한 유저입니다."**가 출력된다. 반면 아래 같이 기대하던 데이터 형식과 달리 런타임에 데이터가 오염되어 들어왔을 때는 어떻게 될까?

```
const user_B = {
  id: 5,
  email: "wrong@woowahan.email",
  name: 4,
};

isUser(user_B);
// error TS2345: Argument of type '{ id: number; email: string; name: number; }' is
not assignable to parameter of type '{ id: number; email: string; name: string; }'
```

위와 같이 런타임 에러가 발생한다.

이처럼 컴파일 단계가 아닌 런타임에서도 적절한 데이터인지를 확인하는 검사가 필요할 때 유용하게 사용할 수 있다.

8 실제 API 응답 시의 Superstruct 활용 사례

Superstruct의 개념과 사용법에 대해 간략하게 살펴보았다. 이제 API 응답 시 활용되는 방법을 예시로 살펴보자. 앞선 예시에서 본 fetchList 함수를 사용해보자.

fetchList의 호출 결과는 ListItem 타입의 배열이다. 여기에서는 ListItem 타입이 다음과 같다고 가정해보자.

```
interface ListItem {
  id: string;
  content: string;
}
```

```typescript
interface ListResponse {
  items: ListItem[];
}

const fetchList = async (filter?: ListFetchFilter): Promise<ListResponse> => {
  const { data } = await api
    .params({ ...filter })
    .get("/apis/get-list-summaries")
    .call<Response<ListResponse>>();

  return { data };
};
```

우리는 fetchList 함수를 호출했을 때 id와 content가 담긴 ListItem 타입의 배열이 오기를 기대한다. 타입스크립트로 작성한 코드는 명시한 타입대로 응답이 올 거라고 기대하고 있지만 실제 서버 응답 형식은 다를 수 있다. 타입스크립트는 컴파일타임에 타입을 검증하는 역할을 한다. 따라서 타입스크립트만으로는 실제 서버 응답의 형식과 명시한 타입이 일치하는지를 확인할 수 없다.

이때 Superstruct를 활용하여 타입스크립트로 선언한 타입과 실제 런타임에서의 데이터 응답 값을 매칭하여 유효성 검사를 할 수 있다.

먼저 Superstruct의 모듈을 사용하여 검증하는 코드를 아래 같이 작성해보자.

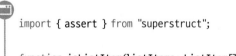

```typescript
import { assert } from "superstruct";

function isListItem(listItems: ListItem[]) {
  listItems.forEach((listItem) => assert(listItem, ListItem));
}
```

isListItem은 ListItem의 배열 목록을 받아아 데이터가 ListItem 타입과 동일한지 확인하고 다를 경우에는 에러를 던진다.

이제 fetchList 함수에 Superstruct로 작성한 검증 함수를 추가하면 런타임 유효성 검사를 진행할 수 있게 된다.

7.2 API 상태 관리하기

실제 API를 요청하는 코드는 컴포넌트 내에서 비동기 함수를 직접 호출하지는 않는다. 비동기 API를 호출하기 위해서는 API의 성공·실패에 따른 상태가 관리 되어야 하므로 상태 관리 라이브러리의 액션Action이나 훅과 같이 재정의된 형태를 사용해야 한다.

① 상태 관리 라이브러리에서 호출하기

상태 관리 라이브러리의 비동기 함수들은 서비스service 코드를 사용해서 비동기 상태를 변화시킬 수 있는 함수를 제공한다. 컴포넌트는 이러한 함수를 사용하여 상태를 구독하며, 상태가 변경될 때 컴포넌트를 다시 렌더링하는 방식으로 동작한다.

Redux는 비교적 초기에 나온 상태 관리 라이브러리다. 다음 예시를 살펴보자.

```
import { useEffect } from "react";
import { useDispatch, useSelector } from "react-redux";

export function useMonitoringHistory() {
  const dispatch = useDispatch();

  // 전역 Store 상태(RootState)에서 필요한 데이터만 가져온다
  const searchState = useSelector(
    (state: RootState) => state.monitoringHistory.searchState
  );

  // history 내역을 검색하는 함수, 검색 조건이 바뀌면 상태를 갱신하고 API를 호출한다
  const getHistoryList = async (
    newState: Partial<MonitoringHistorySearchState>
  ) => {
    const newSearchState = { ...searchState, ...newState };
    dispatch(monitoringHistorySlice.actions.changeSearchState(newSearchState));
    const response = await getHistories(newSearchState); // 비동기 API 호출하기
    dispatch(monitoringHistorySlice.actions.fetchData(response));
  };
```

```
    return {
      searchState,
      getHistoryList,
    };
  }
```

스토어에서 **getHistories** API만 호출하고, 그 결과를 받아와서 상태를 업데이트하는(상태에 저장하는) 일반적인 방식으로 사용할 수 있다. 그러나 앞의 예시와 같이 **getHistoryList** 함수에서는 **dispatch** 코드를 제외하더라도 다음과 같이 API 호출과 상태 관리 코드를 작성해야 한다.

```
enum ApiCallStatus {
  Request,
  None,
}
const API = axios.create();

const setAxiosInterceptor = (store: EnhancedStore) => {
  API.interceptors.request.use(
    (config: AxiosRequestConfig) => {
      const { params, url, method } = config;

      store.dispatch(
        // API 상태 저장을 위해 redux reducer `setApiCall` 함수를 사용한다
        // 상태가 `요청됨`인 경우 API가 Loading 중인 상태
        setApiCall({
          status: ApiCallStatus.Request, // API 호출 상태를 `요청됨`으로 변경
          urlInfo: { url, method },
        })
      );

      return config;
    },
    (error) => Promise.reject(error)
```

```
    );

    // onSuccess 시 인터셉터로 처리한다
    API.interceptors.response.use(
      (response: AxiosResponse) => {
        const { method, url } = response.config;

        store.dispatch(
          setApiCall({
            status: ApiCallStatus.None, // API 호출 상태를 `요청되지 않음`으로 변경
            urlInfo: { url, method },
          })
        );

        return response?.data?.data || response?.data;
      },
      (error: AxiosError) => {
        const {
          config: { url, method },
        } = error;

        store.dispatch(
          setApiCall({
            status: ApiCallStatus.None, // API 호출 상태를 `요청되지 않음`으로 변경
            urlInfo: { url, method },
          })
        );

        return Promise.reject(error);
      }
    );
  };
```

API를 호출할 때, 호출한 뒤 그리고 호출하고 에러가 발생했을 때 각각 setApiCall을 호출해서 상태를 업데이트해야 한다. Redux는 비동기 상태가 아닌 전역 상태를 위해 만들어진 라이브러리이기 때문에 미들웨어middleware라고 불리는 여러 도구를 도입하여 비동기 상태를 관리한다. 따라서 보일러플레이트 코드가 많아지는 등 간편하게 비동기 상태를 관리하기 어려운 상황도 발생한다.

반면 MobX 같은 라이브러리에서는 이러한 불편함을 개선하기 위해 비동기 콜백^{CallBack} 함수를 분리하여 액션으로 만들거나 runInAction과 같은 메서드를 사용하여 상태 변경을 처리한다. 또한 async / await나 flow 같은 비동기 상태 관리를 위한 기능도 있어 더욱 간편하게 사용할 수 있다. 비동기 상태 관리 코드 예시를 살펴보자.

```typescript
import { runInAction, makeAutoObservable } from "mobx";
import type Job from "models/Job";

class JobStore {
  job: Job[] = [];

  constructor() {
    makeAutoObservable(this);
  }
}

type LoadingState = "PENDING" | "DONE" | "ERROR";

class Store {
  job: Job[] = [];
  state: LoadingState = "PENDING";
  errorMsg = "";

  constructor() {
    makeAutoObservable(this);
  }

  async fetchJobList() {
    this.job = [];
    this.state = "PENDING";
    this.errorMsg = "";

    try {
      const projects = await this.fetchJobList()
      runInAction(() => {
        this.job = projects;
        this.state = "DONE";
      });
```

```
    } catch (e) {
      runInAction(() => {
        this.state = "ERROR";
        this.errorMsg = e.message;
      });
    }
  }
}
```

모든 상태 관리 라이브러리에서 비동기 처리 함수를 호출하기 위해 액션이 추가될 때마다 관련된 스토어나 상태가 계속 늘어난다. 이로 인한 가장 큰 문제점은 전역 상태 관리자가 모든 비동기 상태에 접근하고 변경할 수 있다는 것이다. 만약 2개 이상의 컴포넌트가 구독하고 있는 비동기 상태가 있다면 쓸데없는 비동기 통신이 발생하거나 의도치 않은 상태 변경이 발생할 수 있다.

② 훅으로 호출하기

react-query나 useSwr 같은 훅을 사용한 방법은 상태 변경 라이브러리를 사용한 방식보다 훨씬 간단하다. 이러한 훅은 캐시^{cache}를 사용하여 비동기 함수를 호출하며, 상태 관리 라이브러리에서 발생했던 의도치 않은 상태 변경을 방지하는 데 도움이 된다. useSwr과 react-query의 사용법이 유사하므로 여기서는 react-query의 사용 예시만 살펴본다.

아래 코드는 Job 목록을 불러오는 훅과 Job 1개를 업데이트하는 예시다. 만약 Job이 업데이트되면 해당 Job 목록의 정보가 유효하지 않게 되므로 다시 API를 호출해야 함을 알려줘야 한다. 이런 기능을 구현하는 방법을 살펴보자. react-query에서는 onSuccess 옵션의 invalidateQueries를 사용하여 특정 키의 API를 유효하지 않은 상태로 설정할 수 있다.

```
// Job 목록을 불러오는 훅
const useFetchJobList = () => {
  return useQuery(["fetchJobList"], async () => {
    const response = await JobService.fetchJobList();

    // View Model을 사용해서 결과
    return new JobList(response);
```

```
    });
  };

  // Job 1개를 업데이트하는 훅
  const useUpdateJob = (
    id: number,
    // Job 1개 update 이후 Query Option
    { onSuccess, ...options }: UseMutationOptions<void, Error, JobUpdateFormValue>
  ): UseMutationResult<void, Error, JobUpdateFormValue> => {
    const queryClient = useQueryClient();

    return useMutation(
      ["updateJob", id],
      async (jobUpdateForm: JobUpdateFormValue) => {
        await JobService.updateJob(id, jobUpdateForm);
      },
      {
        onSuccess: (
          data: void, // updateJob의 return 값은 없다 (status 200으로만 성공 판별)
          values: JobUpdateFormValue,
          context: unknown
        ) => {
          // 성공 시 'fetchJobList'를 유효하지 않음으로 설정
          queryClient.invalidateQueries(["fetchJobList"]);

          onSuccess && onSuccess(data, values, context);
        },
        ...options,
      }
    );
  };
```

이후 컴포넌트에서는 일반적인 훅을 호출하는 것처럼 사용하면 된다. JobList 컴포넌트가 반드시 최신 상태를 표현하려면 폴링polling이나 웹소켓websocket 등의 방법을 사용해야 한다. 아래 예시에서는 간단한 폴링 방식으로 최신 상태를 업데이트하는 것을 볼 수 있다.

폴링(polling)

클라이언트가 주기적으로 서버에 요청을 보내 데이터를 업데이트하는 것이다. 클라이언트는 일정한 시간 간격으로 서버에 요청을 보내고, 서버는 해당 요청에 대해 최신 상태의 데이터를 응답으로 보내주는 방식을 말한다.

```
const JobList: React.FC = () => {
  // 비동기 데이터를 필요한 컴포넌트에서 자체 상태로 저장
  const {
    isLoading,
    isError,
    error,
    refetch,
    data: jobList,
  } = useFetchJobList();

  // 간단한 Polling 로직, 실시간으로 화면이 갱신돼야 하는 요구가 없어서
  // 30초 간격으로 갱신한다
  useInterval(() => refetch(), 30000);

  // Loading인 경우에도 화면에 표시해준다
  if (isLoading) return <LoadingSpinner />;

  // Error에 관한 내용은 11.3 API 에러 핸들링에서 더 자세하게 다룬다
  if (isError) return <ErrorAlert error={error} />;

  return (
    <>
      {jobList.map((job) => (
        <Job job={job} />
      ))}
    </>
  );
};
```

최근 사내에서도 Redux나 MobX와 같은 전역 상태 관리 라이브러리를 react-query로 변경하고자 하는 시도가 이루어지고 있다. 앞서 언급했다시피 상태 관리 라이브러리에서는 비

동기로 상태를 변경하는 코드가 점점 추가되면 전역 상태 관리 스토어가 비대해지기 때문이다. 단순히 상태를 변경하는 액션이 증가하는 것뿐만 아니라 전역 상태 자체도 복잡해진다.

에러 발생, 로딩 중 등과 같은 상태는 전역으로 관리할 필요가 거의 없다. 다른 컴포넌트가 에러 상태인지, 성공 상태인지를 구독하는 경우 컴포넌트의 결합도와 복잡도가 높아져 유지보수를 어렵게 만들 수 있다. 이런 고민으로 인해 비동기 통신을 react-query를 사용해서 처리하고 있다.

react-query를 가장 많이 활용하고 있지만 react-query는 전역 상태 관리를 위한 라이브러리가 아닌 만큼 상태 관리 라이브러리 중에서 가장 뛰어나다는 의미는 아니다. 어떤 상태 관리 라이브러리를 선택할지는 프로젝트의 도메인, 개발자의 학습 곡선 그리고 기존 코드와의 호환성 등에 따라 달라질 수 있다. 상태 관리 라이브러리에는 고정된 모범 사례Best Practice가 있는 것이 아니기 때문에 상황에 따라 적절한 판단이 필요하다.

7.3 API 에러 핸들링

비동기 API 호출을 하다 보면 상태 코드에 따라 401(인증되지 않은 사용자), 404(존재하지 않는 리소스), 500(서버 내부 에러) 혹은 CORS 에러 등 다양한 에러가 발생할 수 있다. 타입스크립트에서는 어떻게 이러한 에러를 어떻게 처리하고 명시할 수 있는지 알아보자. 코드에서 발생할 수 있는 에러 상황에 대해 명시적인 코드를 작성하면 유지보수가 용이해지고, 사용자에게도 구체적인 에러 상황을 전달할 수 있다. 이 절에서는 비동기 API 에러를 구체적이고 명시적으로 핸들링하는 방법을 예시와 함께 살펴본다.

1 타입 가드 활용하기

Axios 라이브러리에서는 Axios 에러에 대해 `isAxiosError`라는 타입 가드를 제공하고 있다. 이 타입 가드를 직접 사용할 수도 있지만, 서버 에러임을 명확하게 표시하고 서버에서 내려주는 에러 응답 객체에 대해서도 구체적으로 정의함으로써 에러 객체가 어떤 속성을 가졌는지를 파악할 수 있다.

다음과 같이 서버에서 전달하는 공통 에러 객체에 대한 타입을 정의할 수 있다.

```
interface ErrorResponse {
  status: string;
  serverDateTime: string;
  errorCode: string;
  errorMessage: string;
}
```

ErrorResponse 인터페이스를 사용하여 처리해야 할 Axios 에러 형태는 AxiosError<ErrorResponse>로 표현할 수 있으며 다음과 같이 타입 가드를 명시적으로 작성할 수 있다.

```
function isServerError(error: unknown): error is AxiosError<ErrorResponse> {
  return axios.isAxiosError(error);
}
```

ⓘ 사용자 정의 타입 가드를 정의할 때는 타입 가드 함수의 반환 타입으로 parameterName is Type 형태의 타입 명제[type predicate]를 정의해주는 게 좋다. 이때 parameterName은 타입 가드 함수의 시그니처에 포함된 매개변수여야 한다.

```
const onClickDeleteHistoryButton = async (id: string) => {
  try {
    await axios.post("https://....", { id });

    alert("주문 내역이 삭제되었습니다.");
  } catch (error: unknown) {
    if (isServerError(e) && e.response && e.response.data.errorMessage) {
      // 서버 에러일 때의 처리임을 명시적으로 알 수 있다
      setErrorMessage(e.response.data.errorMessage);
      return;
    }

    setErrorMessage("일시적인 에러가 발생했습니다. 잠시 후 다시 시도해주세요");
  }
};
```

이처럼 타입 가드를 활용하면 서버 에러를 명시적으로 확인할 수 있다.

2 에러 서브클래싱하기

실제 요청을 처리할 때 단순한 서버 에러도 발생하지만 인증 정보 에러, 네트워크 에러, 타임아웃 에러 같은 다양한 에러가 발생하기도 한다. 이를 더욱 명시적으로 표시하기 위해 서브클래싱Subclassing을 활용할 수 있다.

 서브클래싱(Subclassing)

기존(상위 또는 부모) 클래스를 확장하여 새로운(하위 또는 자식) 클래스를 만드는 과정을 말한다. 새로운 클래스는 상위 클래스의 모든 속성과 메서드를 상속받아 사용할 수 있고 추가적인 속성과 메서드를 정의할 수도 있다.

사용자에게 주문 내역을 보여주기 위해 서버에 주문 내역을 요청할 때는 다음과 같은 코드를 작성할 수 있다.

```typescript
const getOrderHistory = async (page: number): Promise<History> => {
  try {
    const { data } = await axios.get(`https://some.site?page=${page}`);
    const history = await JSON.parse(data);

    return Promise.resolve(history);
  } catch (error) {
    alert(error.message);
    return Promise.reject(error);
  }
};
```

이 코드는 주문 내역을 요청할 때 에러가 발생하면 에러 메시지를 얼럿을 사용하여 사용자에게 표시해준다. 이때 "로그인 정보가 만료되었습니다.", "유효하지 않은 요청 데이터입니다."와 같이 서버에서 전달된 에러 메시지를 보고 사용자는 어떤 에러가 발생한 것인지 판단할 수 있더라도, 개발자 입장에서는 사용자 로그인 정보가 만료되었는지, 타임아웃이 발생한 건지 혹은 데이터를 잘못 전달한 것인지를 구분할 수 없다.

이때 서브클래싱을 활용하면 에러가 발생했을 때 코드상에서 어떤 에러인지를 바로 확인할 수 있다. 또한 에러 인스턴스가 무엇인지에 따라 에러 처리 방식을 다르게 구현할 수 있다.

```
class OrderHttpError extends Error {
  private readonly privateResponse: AxiosResponse<ErrorResponse> | undefined;

  constructor(message?: string, response?: AxiosResponse<ErrorResponse>) {
    super(message);
    this.name = "OrderHttpError";
    this.privateResponse = response;
  }

  get response(): AxiosResponse<ErrorResponse> | undefined {
    return this.privateResponse;
  }
}

class NetworkError extends Error {
  constructor(message = "") {
    super(message);
    this.name = "NetworkError";
  }
}

class UnauthorizedError extends Error {
  constructor(message: string, response?: AxiosResponse<ErrorResponse>) {
    super(message, response);
    this.name = "UnauthorizedError";
  }
}
```

그다음 아래와 같이 에러 객체를 상속한 `OrderHttpError`, `NetworkError`, `Unauthor-izedError`를 정의한다. Axios를 사용하고 있다면 조건에 따라 인터셉터에서 적합한 에러 객체를 전달할 수 있다.

```
const httpErrorHandler = (
  error: AxiosError<ErrorResponse> | Error
): Promise<Error> => {
  let promiseError: Promise<Error>;

  if (axios.isAxiosError(error)) {
```

```
      if (Object.is(error.code, "ECONNABORTED")) {
        promiseError = Promise.reject(new TimeoutError());
      } else if (Object.is(error.message, "Network Error")) {
        promiseError = Promise.reject(new NetworkError(""));
      } else {
        const { response } = error as AxiosError<ErrorResponse>;

        switch (response?.status) {
          case HttpStatusCode.UNAUTHORIZED:
            promiseError = Promise.reject(
              new UnauthorizedError(response?.data.message, response)
            );
            break;
          default:
            promiseError = Promise.reject(
              new OrderHttpError(response?.data.message, response)
            );
        }
      }
    } else {
      promiseError = Promise.reject(error);
    }

    return promiseError;
  };
```

다시 요청 코드로 돌아와서 다음과 같이 활용할 수 있다.

```
const onActionError = (
  error: unknown,
  params?: Omit<AlertPopup, "type" | "message">
) => {
  if (error instanceof UnauthorizedError) {
    onUnauthorizedError(
      error.message,
      errorCallback?.onUnauthorizedErrorCallback
    );
  } else if (error instanceof NetworkError) {
    alert("네트워크 연결이 원활하지 않습니다. 잠시 후 다시 시도해주세요.", {
```

```
        onClose: errorCallback?.onNetworkErrorCallback,
    });
  } else if (error instanceof OrderHttpError) {
    alert(error.message, params);
  } else if (error instanceof Error) {
    alert(error.message, params);
  } else {
    alert(defaultHttpErrorMessage, params);
  }
};

const getOrderHistory = async (page: number): Promise<History> => {
  try {
    const { data } = await fetchOrderHistory({ page });
    const history = await JSON.parse(data);

    return history;
  } catch (error) {
    onActionError(error);
  }
};
```

이처럼 에러를 서브클래싱해서 표현하면 명시적으로 에러 처리를 할 수 있다. `error in-stanceof OrderHttpError`와 같이 작성된 타입 가드문을 통해 코드상에서 에러 핸들링에 대한 부분을 한눈에 볼 수 있다.

③ 인터셉터를 활용한 에러 처리

Axios 같은 페칭 라이브러리는 인터셉터interceptors 기능을 제공한다. 이를 사용하면 HTTP 에러에 일관된 로직을 적용할 수 있다.

```
const httpErrorHandler = (
  error: AxiosError<ErrorResponse> | Error
): Promise<Error> => {
  (error) => {
    // 401 에러인 경우 로그인 페이지로 이동
    if (error.response && error.response.status === 401) {
```

```
      window.location.href = `${backOfficeAuthHost}/login?targetUrl=${window.
  location.href}`;
    }
    return Promise.reject(error);
  };
};

orderApiRequester.interceptors.response.use(
  (response: AxiosResponse) => response,
  httpErrorHandler
);
```

❹ 에러 바운더리를 활용한 에러 처리

에러 바운더리는 리액트 컴포넌트 트리에서 에러가 발생할 때 공통으로 에러를 처리하는 리액트 컴포넌트이다. 에러 바운더리를 사용하면 리액트 컴포넌트 트리 하위에 있는 컴포넌트에서 발생한 에러를 캐치하고, 해당 에러를 가장 가까운 부모 에러 바운더리에서 처리하게 할 수 있다. 에러 바운더리는 에러가 발생한 컴포넌트 대신에 에러 처리를 하거나 예상치 못한 에러를 공통 처리할 때 사용할 수 있다.

```
import React, { ErrorInfo } from "react";
import ErrorPage from "pages/ErrorPage";

interface ErrorBoundaryProps {}

interface ErrorBoundaryState {
  hasError: boolean;
}

class ErrorBoundary extends React.Component<
  ErrorBoundaryProps,
  ErrorBoundaryState
> {
  constructor(props: ErrorBoundaryProps) {
    super(props);
    this.state = { hasError: false };
```

```
    }

    static getDerivedStateFromError(): ErrorBoundaryState {
      return { hasError: true };
    }

    componentDidCatch(error: Error, errorInfo: ErrorInfo): void {
      this.setState({ hasError: true });
      console.error(error, errorInfo);
    }

    render(): React.ReactNode {
      const { children } = this.props;
      const { hasError } = this.state;
      return hasError ? <ErrorPage /> : children;
    }
  }

  const App = () => {
    return (
      <ErrorBoundary>
        <OrderHistoryPage />
      </ErrorBoundary>
    );
  };
```

이처럼 작성하면 OrderHistoryPage 컴포넌트 내에서 처리되지 않은 에러가 있을 때 에러 바운더리에서 에러 페이지를 노출한다. 이외에도 에러 바운더리에 로그를 보내는 코드를 추가하여 예상치 못한 에러의 발생 여부를 추적할 수 있게 된다.

⑤ 상태 관리 라이브러리에서의 에러 처리

앞서 잠깐 살펴본 Redux의 에러 처리 방법은 다음과 같다.

```
// API 호출에 관한 api call reducer
const apiCallSlice = createSlice({
  name: "apiCall",
```

```
    initialState,
  reducers: {
    setApiCall: (state, { payload: { status, urlInfo } }) => {
      /* API State를 채우는 logic */
    },
    setApiCallError: (state, { payload }: PayloadAction<any>) => {
      state.error = payload;
    },
  },
});

const API = axios.create();

const setAxiosInterceptor = (store: EnhancedStore) => {
  /* 중복 코드 생략 */

  // onSuccess시 처리를 인터셉터로 처리한다
  API.interceptors.response.use(
    (response: AxiosResponse) => {
      const { method, url } = response.config;

      store.dispatch(
        setApiCall({
          status: ApiCallStatus.None, // API 호출 상태를 `요청되지 않음`으로 변경
          urlInfo: { url, method },
        })
      );

      return response?.data?.data || response?.data;
    },
    (error: AxiosError) => {
      // 401 unauthorized
      if (error.response?.status === 401) {
        window.location.href = error.response.headers.location;
        return;
      }
      // 403 forbidden
      else if (error.response?.status === 403) {
        window.location.href = error.response.headers.location;
        return;
```

```
      }
      // 그 외에는 화면에 alert 띄우기
      else {
        message.error(`[서버 요청 에러]: ${error?.response?.data?.message}`);
      }

      const {
        config: { url, method },
      } = error;

      store.dispatch(
        setApiCall({
          status: ApiCallStatus.None, // API 호출 상태를 `요청되지 않음`으로 변경
          urlInfo: { url, method },
        })
      );

      return Promise.reject(error);
    }
  );
};
```

에러 상태를 관리하지 않고 처리할 수 있다면 바로 처리(예: 401, 403)하고, 그렇지 않다면 reject로 넘겨준다. 이후 액션을 정의하면서 setApiCallError를 사용하여 에러를 상태로 처리한다.

```
const fetchMenu = createAsyncThunk(
  FETCH_MENU_REQUEST,
  async ({ shopId, menuId }: FetchMenu) => {
    try {
      const data = await api.fetchMenu(shopId, menuId);
      return data;
    } catch (error) {
      setApiCallError({ error });
    }
  }
);
```

이렇게 저장된 에러는 컴포넌트에서 사용할 수 있다. 만약 MobX를 사용하고 있다면 주로 스토어에서 에러 핸들링을 한다. 외부에서는 별도로 성공 · 실패 등에 대해 참조하지 않으며 비동기 동작의 수행 및 결괏값을 사용한다.

```
class JobStore {
  jobs: Job[] = [];
  state: LoadingState = "PENDING"; // "PENDING" | "DONE" | "ERROR";
  errorMsg = "";

  constructor() {
    makeAutoObservable(this);
  }

  async fetchJobList() {
    this.jobs = [];
    this.state = "PENDING";
    this.errorMsg = "";

    try {
      const projects = await fetchJobList();
      runInAction(() => {
        this.projects = projects;
        this.state = "DONE";
      });
    } catch (e) {
      runInAction(() => {
        // 에러 핸들링 코드를 작성
        this.state = "ERROR";
        this.errorMsg = e.message;
        showAlert();
      });
    }
  }

  get isLoading(): boolean {
    return state === "PENDING";
  }
}
```

```
const JobList = (): JSX.Element => {
  const [jobStore] = useState(() => new JobStore());

  if (job.isLoading) {
    return <Loader />;
  }

  return <>{jobStore.jobs.map((job) => <Item job={job} />)}</>;
};
```

⑥ react-query를 활용한 에러 처리

react-query나 swr과 같은 데이터 페칭 라이브러리를 사용하면 요청에 대한 상태를 반환해 주기 때문에 요청 상태를 확인하기 쉽다. 다음은 react-query를 사용한 예시다.

```
const JobComponent: React.FC = () => {
  const { isError, error, isLoading, data } = useFetchJobList();

  if (isError) {
    return <div>{`${error.message}가 발생했습니다. 나중에 다시 시도해주세요.`}</div>;
  }

  if (isLoading) {
    return <div>로딩 중입니다.</div>;
  }

  return <>{data.map((job) => <JobItem key={job.id} job={job} />)}</>;
};
```

⑦ 그 밖의 에러 처리

API 응답은 주로 성공 시 2xx 코드를, 실패 시 4xx, 5xx 코드를 반환한다. 일반적으로 API 요청 라이브러리에서도 HTTP 상태 코드에 따라 성공 응답인지 실패 응답인지를 판단한다. 그러나 비즈니스 로직에서의 유효성 검증에 의해 추가된 커스텀 에러는 200 응답과 함께 응답 바디에 별도의 상태 코드를 전달하기도 한다. 이러한 상황에서는 커스텀 에러를 어떻게 구현하고 처리할지에 대한 논의가 이루어질 수 있다. 하지만 이미 설계가 그렇게 되어있거나 레거시로 남아있지만 영향 범위가 넓어서 대응할 수 없을 때 등 200번 대의 성공 응답에 대한 에러 처리가 필요한 상황이 생길 수 있다.

예를 들어 장바구니에서 주문을 생성하는 API가 다음과 같은 커스텀 에러를 반환한다고 해보자.

```
httpStatus: 200
{
  "status": "C20005", // 성공인 경우 "SUCCESS"를 응답
  "message": "장바구니에 품절된 메뉴가 있습니다."
}
```

이 에러를 처리하기 위해 요청 함수 내에서 조건문으로 status(상태)를 비교할 수 있다.

```
const successHandler = (response: CreateOrderResponse) => {
  if (response.status === "SUCCESS") {
    // 성공 시 진행할 로직을 추가한다
    return;
  }
  throw new CustomError(response.status, response.message);
};

const createOrder = (data: CreateOrderData) => {
  try {
    const response = apiRequester.post("https://...", data);

    successHandler(response);
  } catch (error) {
    errorHandler(error);
  }
};
```

이 방법을 사용하면 간단하게 커스텀 에러를 처리할 수 있다. 또한 영향 범위가 각 요청에 대한 성공/실패 응답 처리 함수로 한정되어 관리하기 편리해진다. 그러나 이렇게 처리해야 하는 API가 많을 때는 매번 if (response.status === "SUCCESS") 구문을 추가해야 한다.

만약 커스텀 에러를 사용하고 있는 요청을 일괄적으로 에러로 처리하고 싶다면 Axios 등의 라이브러리 기능을 활용하면 된다. 특정 호스트에 대한 API requester를 별도로 선언하고 상태 코드 비교 로직을 인터셉터에 추가할 수 있다.

```
export const apiRequester: AxiosInstance = axios.create({
  baseURL: orderApiBaseUrl,
  ...defaultConfig,
});

export const httpSuccessHandler = (response: AxiosResponse) => {
  if (response.data.status !== "SUCCESS") {
    throw new CustomError(response?.data.message, response);
  }
  return response;
};

apiRequester.interceptors.response.use(httpSuccessHandler, httpErrorHandler);

const createOrder = (data: CreateOrderData) => {
  try {
    const response = apiRequester.post("https://...", data);

    successHandler(response);
  } catch (error) {
    // status가 SUCCESS가 아닌 경우 에러로 전달된다
    errorHandler(error);
  }
};
```

인터셉터에서 커스텀 에러를 판단하고 에러를 던짐으로써 외부에서 200번 대로 온 응답이라도 400번 대, 500번 대 같은 에러로 받게 된다. 이후 성공 핸들러에서는 성공인 경우의 동작만 작성하고, 에러 핸들러에서 커스텀 에러를 처리할 수 있다.

7.4 API 모킹

프론트엔드 개발을 하다보면 서버 API가 완성되기 전에 개발을 진행해야 하는 일이 종종 생긴다. 기획이 완료되고 서버 API가 완성된 다음에 프론트엔드 개발을 한 후 QA를 진행할 수 있다면 좋겠지만, 현실에서는 프론트엔드 개발이 서버 개발보다 먼저 이루어지거나 서버와 프론트엔드 개발이 동시에 이루어지는 경우가 더 많다.

그렇다면 이러한 상황에서 프론트엔드 개발을 어떻게 진행할 수 있을까? 단순하게는 개발 중인 코드에 `TEMP_DELIVERY_STATUS_TEXT = "배달 중이에요."`와 같이 임시 변수를 만들어서 우선 UI를 구현할 수 있을 것이다. 그런데 리뷰 작성, 주문하기와 같은 POST 요청을 보내야 한다면 그리고 요청 응답에 따라 각기 다른 팝업을 보여주어야 한다면 어떻게 해야 할까?

서버가 별도의 가짜 서버Mock Server를 제공한다고 하더라도 프론트엔드 개발 과정에서 발생할 수 있는 모든 예외 사항을 처리하는 것은 쉽지 않다. 또한 매번 테스트를 위해 구현을 반복해야 하기 때문에 번거로울 수 있다.

이럴 때 모킹Mocking이라는 방법을 활용할 수 있다. 모킹은 가짜 모듈을 활용하는 것을 말한다. API를 사용하는 함수 또는 컴포넌트에 대한 테스트를 작성해봤다면 한 번쯤은 `jest.fn()`과 같은 방법으로 API 함수를 모킹해봤을 것이다. 모킹은 테스트할 때뿐 아니라 개발할 때도 사용할 수 있다.

모킹을 활용하면 앞서 제시한 상황에서 유연하게 대처할 수 있게 된다. 또한 dev 서버가 불안정하거나 AWS 등에 문제가 생겼을 때와 같은 서버 상태에 문제가 발생한 경우에도 서버의 영향을 받지 않고 프론트엔드 개발을 할 수 있게 된다.

이외에도 이슈가 생겼을 때 charles 등의 도구를 활용하면 응답 값을 그대로 복사하여 이슈 발생 상황을 재현하는 데 도움이 된다. 또한 개발하면서 다양한 예외 케이스의 응답을 편하게 테스트해볼 수 있다. 우아한형제들 프론트엔드에서는 axios-mock-adapter[1], NextApi-Handler 등을 활용하여 API를 모킹해서 사용하고 있다.

---

1 https://github.com/ctimmerm/axios-mock-adapter

1 JSON 파일 불러오기

간단한 조회만 필요한 경우에는 *.json 파일을 만들거나 자바스크립트 파일 안에 JSON 형식의 정보를 저장하고 익스포트export해주는 방식을 사용하면 된다. 이후 GET 요청에 파일 경로를 삽입해주면 조회 응답으로 원하는 값을 받을 수 있다.

```
// mock/service.ts
const SERVICES: Service[] = [
  {
    id: 0,
    name: "배달의민족",
  },
  {
    id: 1,
    name: "만화경",
  },
];

export default SERVICES;

// api
const getServices = ApiRequester.get("/mock/service.ts");
```

이 방법은 별도의 환경 설정이 필요하지 않아 쉽게 구현할 수 있다. 프로젝트 초기 단계에서 사용자의 인터랙션없이 빠르게 목업을 구축할 때 유용하게 사용할 수 있다. 그러나 실제 API URL로 요청하는 것이 아니기 때문에 추후에 요청 경로를 바꿔야 한다.

2 NextApiHandler 활용하기

프로젝트에서 Next.js를 사용하고 있다면 NextApiHandler를 활용할 수 있다. NextApi-Handler는 하나의 파일 안에 하나의 핸들러를 디폴트 익스포트default export로 구현해야 하며 파일의 경로가 요청 경로가 된다.

핸들러를 정의하는 것은 간단하다. 응답하고자 하는 값을 정의하고 핸들러 안에서 요청에 대한 응답을 정의한다. 핸들러를 사용하는 경우 단순히 파일을 불러오는 것과 다르게 중간 과정에 응답 처리 로직을 추가할 수 있다.

 Next.js

리액트 기반의 프론트엔드 프레임워크다. 리액트 애플리케이션을 쉽게 구축하고 운영하기 위한 도구를 제공하는 프레임워크로서, 서버 사이드 렌더링, 정적 사이트 생성, 코드 스플리팅 등의 기능을 내장하고 있다.

```
// api/mock/brand
import { NextApiHandler } from "next";

const BRANDS: Brand[] = [
  {
    id: 1,
    label: "배민스토어",
  },
  {
    id: 2,
    label: "비마트",
  },
];

const handler: NextApiHandler = (req, res) => {
  // request 유효성 검증

  res.json(BRANDS);
};

export default handler;
```

③ API 요청 핸들러에 분기 추가하기

요청 경로를 수정하지 않고 평소에 개발할 때 필요한 경우에만 실제 요청을 보내고 그 외에는 목업을 사용하여 개발하고 싶다면 다음과 같이 처리할 수도 있다. API 요청을 훅 또는 별도 함수로 선언해준 다음 조건에 따라 목업 함수를 내보내거나 실제 요청 함수를 내보낼 수 있다.

```
const mockFetchBrands = (): Promise<FetchBrandsResponse> => new Promise((resolve) =>
{
  setTimeout(() => {
    resolve({
      status: "SUCCESS",
      message: null,
      data: [
        {
          id: 1,
          label: "배민스토어",
        },
        {
          id: 2,
          label: "비마트",
        },
      ],
    });
  }, 500);
});

const fetchBrands = () => {
  if (useMock) {
    return mockFetchBrands();
  }

  return requester.get("/brands");
};
```

이 방법을 사용하면 개발이 완료된 이후에도 유지보수할 때 목업 함수를 사용할 수 있다. 필요한 경우에만 실제 API에 요청을 보내고 평소에는 서버에 의존하지 않고 개발할 수 있게 된다. 그러나 모든 API 요청 함수에 if 분기문을 추가해야 하므로 번거롭게 느껴질 수도 있다.

④ axios-mock-adapter로 모킹하기

서비스 함수에 분기문이 추가되는 것을 바라지 않는다면 라이브러리를 사용하면 된다. axios-mock-adapter는 Axios 요청을 가로채서 요청에 대한 응답 값을 대신 반환한다. 먼저 MockAdapter 객체를 생성하고, 해당 객체를 사용하여 모킹할 수 있다. 앞선 2가지 방법과 다르게 mock API의 주소가 필요하지 않다. 앞의 방법과 비슷하게 조회 요청에 대한 목업을 작성하면 다음과 같다.

```ts
// mock/index.ts
import axios from "axios";
import MockAdapter from "axios-mock-adapter";
import fetchOrderListSuccessResponse from "fetchOrderListSuccessResponse.json";

interface MockResult {
  status?: number;
  delay?: number;
  use?: boolean;
}

const mock = new MockAdapter(axios, { onNoMatch: "passthrough" });

export const fetchOrderListMock = () =>
  mock
    .onGet(/\/order\/list/)
    .reply(200, fetchOrderListSuccessResponse);

// fetchOrderListSuccessResponse.json
{
  "data": [
    {
      "orderNo": "ORDER1234",
      "orderDate": "2022-02-02",
      "shop": {
        "shopNo": "SHOP1234",
        "name": "가게이름1234"
      },
      "deliveryStatus": "DELIVERY"
    }
  ]
}
```

단순히 응답 바디만 모킹할 수도 있지만 상태 코드, 응답 지연 시간 등을 추가로 설정할 수도 있다. 이에 따라 다양한 HTTP 상태 코드에 대한 목업을 정의할 수 있고, API별로 지연 시간을 다르게 설정할 수 있다. 이렇게 응답 처리를 하는 부분을 별도 함수로 구현하면 여러 mock 함수에서 사용할 수 있다.

```
export const lazyData = (
  status: number = Math.floor(Math.random() * 10) > 0 ? 200 : 200,
  successData: unknown = defaultSuccessData,
  failData: unknown = defaultFailData,
  time = Math.floor(Math.random() * 1000)
): Promise<any> =>
  new Promise((resolve) => {
    setTimeout(() => {
      resolve([status, status === 200 ? successData : failData]);
    }, time);
  });

export const fetchOrderListMock = ({
  status = 200,
  time = 100,
  use = true
}: MockResult) =>
  use &&
  mock
    .onGet(/\/order\/list/)
    .reply(() =>
      lazyData(status, fetchOrderListSuccessResponse, undefined, time)
    );
```

axios-mock-adapter를 사용하면 GET뿐만 아니라 POST, PUT, DELETE 등 다른 HTTP 메서드에 대한 목업을 작성할 수 있게 된다. 또한 networkError, timeoutError 등을 메서드로 제공하기 때문에 다음처럼 임의로 에러를 발생시킬 수도 있다.

```
export const fetchOrderListMock = () => mock.onPost(/\/order\/list/).networkError();
```

⑤ 목업 사용 여부 제어하기

로컬에서는 목업을 사용하고 dev나 운영 환경에서는 사용하지 않으려면 간단한 설정을 해주면 되는데 플래그를 사용하여 목업으로 개발할 때와 개발하지 않을 때를 구분할 수 있다.

이렇게 하면 프로덕션에서 사용되는 코드와 목업을 위한 코드를 분리할 필요가 없다. 프론트엔드 코드를 작성하고 요청을 보낼 때 실제 엔드포인트를 쓸 수 있으므로 새로운 기능을 개발할 때 말고도 유지보수할 때도 작성해둔 목업을 사용할 수 있다. 이렇게 로컬에서 개발할 때는 주로 목업을 사용하고, dev 서버 환경이 필요할 때는 dev 서버를 바라보도록 설정할 수 있다. 이런 식으로 프론트엔드와 서버를 독립시킬 수 있고 혹여나 dev 서버에 문제가 생기더라도 로컬에서 진행되는 프론트엔드 개발에는 영향을 주지 않는다.

```
const useMock = Object.is(REACT_APP_MOCK, "true");

const mockFn = ({ status = 200, time = 100, use = true }: MockResult) => use &&
  mock.onGet(/\/order\/list/).reply(() =>
    new Promise((resolve) =>
      setTimeout(() => {
        resolve([
          status,
          status === 200 ? fetchOrderListSuccessResponse : undefined,
        ]);
      }, time)
    )
  );

if (useMock) {
  mockFn({ status: 200, time: 100, use: true });
}
```

다음처럼 플래그에 따라 **mockFn**을 제어할 수 있는데 매개변수를 넘겨 특정 mock 함수만 동작하게 하거나 동작하지 않게 할 수 있다. 스크립트 실행 시 구분 짓고자 한다면 `package.json`에 관련 스크립트를 추가해줄 수 있다.

```
// package.json
{
  ...,
  "scripts": {
    ...
    "start:mock": "REACT_APP_MOCK=true npm run start",
    "start": "REACT_APP_MOCK=false npm run start",
    ...
  },
  ...
}
```

이렇게 자바스크립트 코드의 실행 여부를 제어하지 않고 config 파일을 별도로 구성하거나 프록시proxy를 사용할 수도 있다.

axios-mock-adapter를 사용하는 경우에는 API 요청을 중간에 가로채는 것이기 때문에 실제로 API 요청을 주고받지 않는다. 따라서 브라우저가 제공하는 개발자 도구의 네트워크 탭에서는 확인하기 어렵다. API 요청의 흐름을 파악하고 싶다면 react-query-devtools 혹은 redux test tool과 같이 별도의 도구를 사용해야 한다.

목업을 사용할 때 네트워크 요청을 확인하고 싶을 때는 네트워크에 보낸 요청을 변경해주는 Cypress 같은 도구의 웹훅webhook을 사용하면 된다.

> **Cypress**
>
> 프론트엔드 테스트를 위한 오픈 소스 자바스크립트 엔드 투 엔드 테스트 도구다. 주로 웹 애플리케이션의 동작을 시뮬레이션하고 테스트하는 데 사용된다. Cypress는 사용하기 쉽고 강력한 기능을 제공하여 웹 애플리케이션을 더욱 견고하고 안정적으로 개발할 수 있도록 도와준다.

앞에서 소개한 모킹 방식 외에도 최근에는 서비스워커를 활용하는 라이브러리인 MSW를 도입한 팀도 있다. MSW를 사용하면 모킹 시 개발 환경과 운영 환경을 분리할 수 있으며, 개발자 도구의 네트워크 탭에서 API 통신을 확인할 수 있다. 이 책에서는 다루지 않지만 MSW를 래핑한 개발자 도구를 만들어 사용하기도 한다. 자세한 내용은 우아한형제들의 다른 채널에서 소개할 예정이다.

우형 이야기

앞서 우아한형제들에서는 fetch API로 서버와의 통신에 필요한 기능을 개발하는 대신 Axios를 주로 사용하고 있다고 말했다. 현재도 서버와의 통신을 효율적으로 처리하기 위한 데이터 페칭 라이브러리가 개발되고 있다. 우아한형제들의 구성원은 이러한 라이브러리를 어떻게 활용하고 있을까?

Q. 데이터 페칭 라이브러리를 사용하나요? 사용한다면 어떤 기준으로 선택했나요? 또 사용하고 나서 느낀 장단점은 어떤 게 있나요?

A팀 관리하는 프로젝트에 비동기 요청이 많지 않아 데이터 페칭 라이브러리는 안 쓰고 있어요. 필요한 경우에는 사용 중인 상태 관리 라이브러리인 Recoil에서 제공하는 useSelector를 활용하여 데이터 페칭을 처리하고 있습니다.

B팀 웹에서 관리해야 하는 데이터의 복잡성이 높지 않아서 상태 관리 라이브러리의 느낌으로 react-query를 사용하고 있습니다. 팀 내부에서 '상태 관리'를 하는 목적을 고려했을 때, 상당 부분이 비동기 통신을 위해 쓰이는 것 같다고 생각했어요. '서버에서 가져온 데이터 관리 용도로 클라이언트 상태를 관리하는 MobX나 Redux를 사용하는 게 맞을까?'라는 의문이 생겨서 고민 끝에 사용하던 Redux를 걷어냈어요.

Redux를 사용할 때는 Redux 규칙도 알아야 하고 불필요한 코드가 많이 생겨서 번거로웠죠. 그리고 선언적이었던 Redux에 비해 react-query는 선형적이라고 느껴집니다. 코드가 간결하고 직관적으로 느껴져서 리액트를 모르는 사람이 보더라도 쉽게 코드를 읽을 수 있습니다.

데이터 페칭 라이브러리를 조사했을 때 react-query가 당시 swr이 지원하지 않던 suspense 모드를 제공하고 있어서 react-query를 선택했었습니다. 그런데 결론적으로 suspense 모드는 사용하고 있지 않습니다. (웃음) 전체적으로 제공하는 기능이 react-query가 훨씬 많았고 선호도도 높았기에 선택했던 것으로 기억합니다.

C팀 저희 팀도 react-query를 사용하고 있습니다. 기존의 상태 관리 라이브러리를 사용하여 서버에서 가져온 값을 처리할 때는 비동기 처리 레이어나 로직 작업을 추가로 해야 했는데, react-query를 사용하면서 이 부분이 편리해졌다는 게 큰 장점으로 느껴집니다. 또 코드를 짜면서 신경 써야 하는 부분도 줄었어요. 특히 데이터를 나시 가져오거나(refetch), 캐싱해주는 기능은 강력하다고 생각합니다. react-query가 swr보다 더 다양한 기능을 제공해준다고 생각해서 선택했습니다.

D팀 데이터 페칭 라이브러리를 사용하는 이유는 서버 데이터를 캐싱해주고, 하나의 API를 여러 컴포넌트에서 사용할 때 편리하게 활용할 수 있다는 점 때문입니다. 처음에는 Next.js를 사용할 것을 염두에 두고 swr을 사용하다가, 현재는 제공하는 기능이 다양한 react-query를 사용하고 있습니다. swr과 달리 react-query는 서버 상태를 변경하는 useMutation 메서드를 제공해주며 자체적으로 isLoading에 대해 처리도 해주어 편리합니다. 이러한 편리함과 다양한 기능 때문에 사람들의 선호도가 높은 것 같네요!

E팀 서버에서 가져온 데이터를 알아서 캐싱해주고, 다시 정보를 가져오는 방법도 간편하다는 점에서 데이터 페칭 라이브러리를 사용하는 게 좋다고 생각합니다. 저희 팀은 react-query와 swr 둘 다 사용하고 있는데 고객 지향 서비스에서는 swr을, 어드민에서는 react-query를 사용합니다. 고객 지향 서비스는 번들 사이즈가 작은 걸 사용하는 게 좋을 것 같다는 생각에 swr을 선택했는데, react-query를 사용해도 괜찮을 것 같습니다. 두 라이브러리를 비교하면 react-query가 제공하는 API의 인터페이스가 좀 더 직관적이고 러닝 커브가 낮아 사용하기 더 편한 것 같습니다.

```
1    (8장) =>
2    {(<JSX에서
3    TSX로/>)
4    };
```

리액트의 등장으로 더욱 편리하게 웹 애플리케이션을 개발할 수 있게 되었다. 타입스크립트와 리액트를 결합하면 더 손쉽게 유지보수할 수 있는 애플리케이션을 개발할 수 있다. 이 장에서는 리액트에서 사용하는 JSX 문법을 타입스크립트에 어떻게 적용하는지를 소개한다.

8.1 리액트 컴포넌트의 타입

리액트 애플리케이션을 타입스크립트로 작성할 때 @types/react 패키지에 정의된 리액트 내장 타입을 사용해본 경험이 있을 것이다. 리액트 내장 타입 중에는 역할이 명확한 것도 있지만, 역할이 비슷해 보이는 타입도 존재하기 때문에 어떤 것을 사용해야 할지 헷갈릴 때가 있다. 이 절에서는 헷갈릴 수 있는 대표적인 리액트 컴포넌트 타입을 살펴보면서 상황에 따라 어떤 것을 사용하면 좋을지 그리고 사용할 때의 유의점은 무엇인지 알아보자.

1 클래스 컴포넌트 타입

```
interface Component<P = {}, S = {}, SS = any> extends ComponentLifecycle<P, S, SS> {}

class Component<P, S> {
  /* ... 생략 */
}

class PureComponent<P = {}, S = {}, SS = any> extends Component<P, S, SS> {}
```

클래스 컴포넌트가 상속받는 React.Component와 React.PureComponent의 타입 정의는 위와 같으며 P와 S는 각각 props와 상태state를 의미한다. 이 예시를 보면 props와 상태 타입을 제네릭으로 받고 있다는 것을 알 수 있다. Welcome 컴포넌트의 props 타입을 지정해보면 아래와 같다. 상태가 있는 컴포넌트일 때는 제네릭의 두 번째 인자로 타입을 넘겨주면 상태에 대한 타입을 지정할 수 있다.

```
interface WelcomeProps {
  name: string;
}

class Welcome extends React.Component<WelcomeProps> {
  /* ... 생략 */
}
```

② 함수 컴포넌트 타입

```
// 함수 선언을 사용한 방식
function Welcome(props: WelcomeProps): JSX.Element {}

// 함수 표현식을 사용한 방식 - React.FC 사용
const Welcome: React.FC<WelcomeProps> = ({ name }) => {};

// 함수 표현식을 사용한 방식 - React.VFC 사용
const Welcome: React.VFC<WelcomeProps> = ({ name }) => {};

// 함수 표현식을 사용한 방식 - JSX.Element를 반환 타입으로 지정
const Welcome = ({ name }: WelcomeProps): JSX.Element => {};

type FC<P = {}> = FunctionComponent<P>;

interface FunctionComponent<P = {}> {
  // props에 children을 추가
  (props: PropsWithChildren<P>, context?: any): ReactElement<any, any> | null;
  propTypes?: WeakValidationMap<P> | undefined;
  contextTypes?: ValidationMap<any> | undefined;
  defaultProps?: Partial<P> | undefined;
  displayName?: string | undefined;
}

type VFC<P = {}> = VoidFunctionComponent<P>;

interface VoidFunctionComponent<P = {}> {
  // children 없음
  (props: P, context?: any): ReactElement<any, any> | null;
  propTypes?: WeakValidationMap<P> | undefined;
  contextTypes?: ValidationMap<any> | undefined;
  defaultProps?: Partial<P> | undefined;
  displayName?: string | undefined;
}
```

함수 표현식을 사용하여 함수 컴포넌트를 선언할 때 가장 많이 볼 수 있는 형태는 React.FC 혹은 React.VFC로 타입을 지정하는 것이다. FC는 FunctionComponent의 약자로 React.FC 와 React.VFC는 리액트에서 함수 컴포넌트의 타입 지정을 위해 제공되는 타입이다.

먼저 React.FC가 등장하고 이후 @types/react 16.9.4버전에서 React.VFC 타입이 추가되었다. 둘 사이에는 children이라는 타입을 허용하는지 아닌지에 따른 차이를 보인다. React.FC는 암묵적으로 children을 포함하고 있기 때문에 해당 컴포넌트에서 children을 사용하지 않더라도 children props를 허용한다. 따라서 children props가 필요하지 않은 컴포넌트에서는 더 정확한 타입 지정을 하기 위해 React.FC보다 React.VFC를 많이 사용한다.

하지만 리액트 v18로 넘어오면서 React.VFC가 삭제되고 React.FC에서 children이 사라졌다. 그래서 앞으로는 React.VFC 대신 React.FC 또는 props 타입·반환 타입을 직접 지정하는 형태로 타이핑해줘야 한다.

③ Children props 타입 지정

```
type PropsWithChildren<P> = P & { children?: ReactNode | undefined };
```

가장 보편적인 children 타입은 ReactNode | undefined가 된다. ReactNode는 ReactElement 외에도 boolean, number 등 여러 타입을 포함하고 있는 타입으로, 더 구체적으로 타이핑하는 용도에는 적합하지 않다. 예를 들어 특정 문자열만 허용하고 싶을 때는 children에 대해 추가로 타이핑해줘야 한다. children에 대한 타입 지정은 다른 prop 타입 지정과 동일한 방식으로 지정할 수 있다.

```
// example 1
type WelcomeProps = {
  children: "천생연분" | "더 귀한 분" | "귀한 분" | "고마운 분";
};

// example 2
type WelcomeProps = {
  children: string;
};

// example 3
type WelcomeProps = {
  children: ReactElement;
};
```

④ render 메서드와 함수 컴포넌트의 반환 타입 - React.ReactElement vs JSX. Element vs React.ReactNode

React.ReactElement, JSX.Element, React.ReactNode 타입은 쉽게 헷갈릴 수 있기 때문에 자세히 살펴보자. 함수 컴포넌트의 반환 타입인 ReactElement는 아래와 같이 정의된다.

```
interface ReactElement<P = any,
  T extends string | JSXElementConstructor<any> =
  | string
  | JSXElementConstructor<any>
> {
  type: T;
  props: P;
  key: Key | null;
}
```

React.createElement를 호출하는 형태의 구문으로 변환하면 React.createElement의 반환 타입은 ReactElement이다. 리액트는 실제 DOM이 아니라 가상Virtual의 DOM을 기반으로 렌더링하는데 가상 DOM의 엘리먼트는 ReactElement 형태로 저장된다. 즉, ReactElement 타입은 리액트 컴포넌트를 객체 형태로 저장하기 위한 포맷이다.

```
declare global {
  namespace JSX {
    interface Element extends React.ReactElement<any, any> {}
  }
}
```

함수 컴포넌트 예시에서 JSX.Element 타입을 사용한 것을 보고 의아했을 수 있다. JSX.Element 타입은 앞의 코드를 보면 알 수 있다시피 리액트의 ReactElement를 확장하고 있는 타입이며, 글로벌 네임스페이스에 정의되어 있어 외부 라이브러리에서 컴포넌트 타입을 재정의할 수 있는 유연성을 제공한다. 이러한 특성으로 인해 컴포넌트 타입을 재정의하거나 변경하는 것이 용이해진다. React.Node는 다음과 같이 타입이 정의되어 있다.

```typescript
type ReactText = string | number;
type ReactChild = ReactElement | ReactText;
type ReactFragment = {} | Iterable<ReactNode>;

type ReactNode =
  | ReactChild
  | ReactFragment
  | ReactPortal
  | boolean
  | null
  | undefined;
```

단순히 ReactElement 외에도 boolean, string, number 등의 여러 타입을 포함하고 있다.
ReactNode, JSX.Element, ReactElement 사이의 포함 관계를 정리하면 아래 그림과 같다.

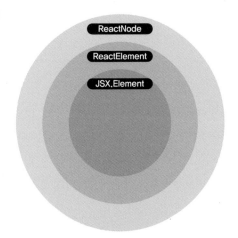

▶ ReactNode, JSX.Element, ReactElement 간의 포함 관계

5 ReactElement, ReactNode, JSX.Element 활용하기

ReactElement, ReactNode, JSX.Element는 모두 리액트의 요소를 나타내는 타입이다. 리액트의 요소를 나타내는 데 왜 이렇게 많은 타입이 존재하는지 의문이 생길 수도 있을 것이다. 이 절에서는 이 3가지 타입의 차이점과 어떤 상황에서 어떤 타입을 사용해야 더 좋은 코드를 작성할 수 있는지를 소개한다. 먼저 @types/react 패키지에 정의된 타입을 살펴보면 아래와 같다.

```ts
declare namespace React {
  // ReactElement
  interface ReactElement<
    P = any,
    T extends string | JSXElementConstructor<any> =
      | string
      | JSXElementConstructor<any>
  > {
    type: T;
    props: P;
    key: Key | null;
  }

  // ReactNode
  type ReactText = string | number;
  type ReactChild = ReactElement | ReactText;
  type ReactFragment = {} | Iterable<ReactNode>;

  type ReactNode =
    | ReactChild
    | ReactFragment
    | ReactPortal
    | boolean
    | null
    | undefined;

  type ComponentType<P = {}> = ComponentClass<P> | FunctionComponent<P>;
}

// JSX.Element
declare global {
```

```
namespace JSX {
  interface Element extends React.ReactElement<any, any> {
    // ...
  }
  // ...
}
}
```

이처럼 정의된 타입을 좀 더 자세히 살펴보자.

ReactElement

리액트 엘리먼트를 생성하는 `createElement` 메서드에 대해 들어본 적이 있을 것이다. 리액트를 사용하면서 JSX라는 자바스크립트를 확장한 문법을 자주 접했을 텐데 JSX가 `createElement` 메서드를 호출하기 위한 문법이다.

JSX

JSX는 자바스크립트의 확장 문법으로 리액트에서 UI를 표현하는 데 사용된다. XML과 비슷한 구조로 되어 있으며 리액트 컴포넌트를 선언하고 사용할 때 더욱 간결하고 가독성 있게 코드를 작성할 수 있도록 도와준다. 또한 HTML과 유사한 문법을 제공하여 리액트 사용자에게 렌더링 로직(마크업)을 쉽게 만들 수 있게 해주고, 컴포넌트 구조와 계층 구조를 편리하게 표현할 수 있도록 해준다.

즉, JSX는 리액트 엘리먼트를 생성하기 위한 문법이며 트랜스파일러는 JSX 문법을 `createElement` 메서드 호출문으로 변환하여 아래와 같이 리액트 엘리먼트를 생성한다.

```
const element = React.createElement(
  "h1",
  { className: "greeting" },
  "Hello, world!"
);

// 주의: 다음 구조는 단순화되었다
const element = {
```

```
    type: "h1",
    props: {
      className: "greeting",
      children: "Hello, world!",
    },
};

declare global {
  namespace JSX {
    interface Element extends React.ReactElement<any, any> {
      // ...
    }
    // ...
  }
}
```

리액트는 이런 식으로 만들어진 리액트 엘리먼트 객체를 읽어서 DOM을 구성한다. 리액트에는 여러 개의 createElement 오버라이딩 메서드가 존재하는데, 이 메서드들이 반환하는 타입은 ReactElement 타입을 기반으로 한다.

정리하면 ReactElement 타입은 JSX의 createElement 메서드 호출로 생성된 리액트 엘리먼트를 나타내는 타입이라고 볼 수 있다.

ReactNode

ReactNode 타입에 대해 알아보기 전에 먼저 ReactChild 타입을 살펴보자.

```
type ReactText = string | number;
type ReactChild = ReactElement | ReactText;
```

ReactChild 타입은 ReactElement | string | number로 정의되어 ReactElement보다는 쫌 더 넓은 범위를 갖고 있다. 그럼 ReactNode 타입을 살펴보자.

```
type ReactFragment = {} | Iterable<ReactNode>; // ReactNode의 배열 형태
type ReactNode =
  | ReactChild
```

```
        ¦ ReactFragment
        ¦ ReactPortal
        ¦ boolean
        ¦ null
        ¦ undefined;
```

ReactNode는 앞에서 설명한 ReactChild 외에도 boolean, null, undefined 등 훨씬 넓은
범주의 타입을 포함한다. 즉, ReactNode는 리액트의 render 함수가 반환할 수 있는 모든 형
태를 담고 있다고 볼 수 있다.

JSX.Element

앞서 언급했던 JSX.Element 타입의 정의 코드를 다시 살펴보자.

```
declare global {
  namespace JSX {
    interface Element extends React.ReactElement<any, any> {
      // ...
    }
    // ...
  }
}
```

JSX.Element는 ReactElement의 제네릭으로 props와 타입 필드에 대해 any 타입을 가지도
록 확장하고 있다. 즉, JSX.Element는 ReactElement의 특정 타입으로 props와 타입 필드
를 any로 가지는 타입이라는 것을 알 수 있다.

⑥ 사용 예시

이렇게 ReactElement, ReactNode, JSX.Element 3가지 타입에 대해 자세히 살펴보았는데,
이들의 공통점은 모두 리액트에서 제공하는 컴포넌트를 나타낸다는 것이다. 그러면 어떤 상황
에 어떤 타입을 사용하는 게 좋을까? 예시를 통해 알아보자.

ReactNode

ReactNode 타입은 앞서 언급한 대로 리액트의 render 함수가 반환할 수 있는 모든 형태를 담고 있기 때문에 리액트 컴포넌트가 가질 수 있는 모든 타입을 의미한다.

리액트의 Composition(합성) 모델을 활용하기 위해 prop으로 children을 많이 사용해봤을 것이다. children을 포함하는 props 타입을 선언하면 다음과 같다.

```
interface MyComponentProps {
  children?: React.ReactNode;
  // ...
}
```

JSX 형태의 문법을 때로는 string, number, null, undefined같이 어떤 타입이든 children prop으로 지정할 수 있게 하고 싶다면 ReactNode 타입으로 children을 선언하면 된다.

ⓘ 리액트 내장 타입인 PropsWithChildren 타입도 ReactNode 타입으로 children을 선언하고 있다.

```
type PropsWithChildren<P = unknown> = P & {
  children?: ReactNode | undefined;
};

interface MyProps {
  // ...
}

type MyComponentProps = PropsWithChildren<MyProps>;
```

이런 식으로 ReactNode는 prop으로 리액트 컴포넌트가 다양한 형태를 가질 수 있게 하고 싶을 때 유용하게 사용된다.

JSX.Element

JSX.Element는 앞서 언급한 대로 props와 타입 필드가 any 타입인 리액트 엘리먼트를 나타낸다. 이러한 특성 때문에 리액트 엘리먼트를 prop으로 전달받아 render props 패턴으로 컴포넌트를 구현할 때 유용하게 활용할 수 있다. 다음 코드를 살펴보자.

```
interface Props {
  icon: JSX.Element;
}

const Item = ({ icon }: Props) => {
  // prop으로 받은 컴포넌트의 props에 접근할 수 있다
  const iconSize = icon.props.size;

  return (<li>{icon}</li>);
};

// icon prop에는 JSX.Element 타입을 가진 요소만 할당할 수 있다
const App = () => {
  return <Item icon={<Icon size={14} />} />
};
```

icon prop을 JSX.Element 타입으로 선언함으로써 해당 prop에는 JSX 문법만 삽입할 수 있다. 또한 icon.props에 접근하여 prop으로 넘겨받은 컴포넌트의 상세한 데이터를 가져올 수 있다.

ReactElement

앞서 살펴본 JSX.Element 예시를 확장하여 추론 관점에서 더 유용하게 활용할 수 있는 방법은 JSX.Element 대신에 ReactElement을 사용하는 것이다. 이때 원하는 컴포넌트의 props를 ReactElement의 제네릭으로 지정해줄 수 있다. 만약 JSX.Element가 ReactElement의 props 타입으로 any가 지정되었다면, ReactElement 타입을 활용하여 제네릭에 직접 해당 컴포넌트의 props 타입을 명시해준다.

```
interface IconProps {
  size: number;
}

interface Props {
  // ReactElement의 props 타입으로 IconProps 타입 지정
  icon: React.ReactElement<IconProps>;
}
```

```
const Item = ({ icon }: Props) => {
  // icon prop으로 받은 컴포넌트의 props에 접근하면, props의 목록이 추론된다
  const iconSize = icon.props.size;

  return <li>{icon}</li>;
};
```

이처럼 코드를 작성하면 `icon.props`에 접근할 때 어떤 props가 있는지가 추론되어 IDE에 표시되는 것을 확인할 수 있다.

```
const Item = ({icon}: Props) => {
  const iconSize = icon.props.|
                          icon.props.
                          size
```

출처: 리액트 공식 문서 – JSX 소개 (https://ko.reactjs.org/docs/introducing-jsx.html)

7 리액트에서 기본 HTML 요소 타입 활용하기

리액트를 사용하면서 HTML `button` 태그를 확장한 `Button` 컴포넌트를 만들어본 경험이 있을 것이다.

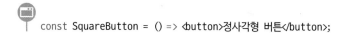
```
const SquareButton = () => <button>정사각형 버튼</button>;
```

이렇게 새롭게 만든 `Button` 컴포넌트는 기존 HTML `button`과 같은 역할을 하면서도 새로운 기능이나 UI가 추가된 형태이다. 기존의 `button` 태그가 클릭 이벤트를 등록하기 위한 `on-Click` 이벤트 핸들러를 지원하는 것처럼, 새롭게 만든 `Button` 컴포넌트도 `onClick` 이벤트 핸들러를 지원해야만 일관성과 편의성을 모두 챙길 수 있다. 이 절에서는 기존 HTML 태그의 속성 타입을 활용하여 타입을 지정하는 방법에 대해 알아보자.

DetailedHTMLProps와 ComponentWithoutRef

HTML 태그의 속성 타입을 활용하는 대표적인 2가지 방법은 리액트의 `DetailedHTMLProps`

와 ComponentPropsWithoutRef 타입을 활용하는 것이다.

먼저 React.DetailedHTMLProps를 활용하는 경우에는 아래와 같이 쉽게 HTML 태그 속성과 호환되는 타입을 선언할 수 있다.

```
type NativeButtonProps =React.DetailedHTMLProps<
  React.ButtonHTMLAttributes<HTMLButtonElement>,
  HTMLButtonElement
>;

type ButtonProps = {
  onClick?: NativeButtonProps["onClick"];
};
```

ⓘ ButtonProps의 onClick 타입은 실제 HTML button 태그의 onClick 이벤트 핸들러 타입과 동일하게 할당되는 것을 확인할 수 있다.

```
(property) CommonButtonOptions.onClick?: MouseEventHandler<HTMLButtonElement> | undefined
onClick?: NativeButtonProps['onClick']          You, 1초 전 • Uncommitted changes
```

그리고 React.ComponentPropsWithoutRef 타입은 아래와 같이 활용할 수 있다.

```
type NativeButtonType = React.ComponentPropsWithoutRef<"button">;
type ButtonProps = {
  onClick?: NativeButtonType["onClick"];
};
```

ⓘ 마찬가지로 리액트의 button onClick 이벤트 핸들러에 대한 타입이 할당된 것을 볼 수 있다.

```
(property) onClick?: MouseEventHandler<HTMLButtonElement> | undefined
onClick?: NativeButtonProps['onClick']
```

언제 ComponentPropsWithoutRef를 사용하면 좋을까

이외에도 HTMLProps, ComponentPropsWithRef 등 HTML 태그의 속성을 지원하기 위한 다양한 타입이 있다. 여러 타입이 지원되다 보니 무엇을 사용해야 할지 혼란스럽게 느껴질 수 있을 것이다. 이러한 타입들은 각기 다른 이유로 탄생했을테지만 여기서는 컴포넌트의 props로서 HTML 태그 속성을 확장하고 싶을 때의 상황에 초점을 맞춰보자.

HTML button 태그와 동일한 역할을 하지만 커스텀한 UI를 적용하여 재사용성을 높이기 위한 Button 컴포넌트를 만든다고 가정해보자.

```
const Button = () => {
  return <button>버튼</button>;
};
```

먼저 HTML button 태그를 대체하는 역할이므로 아래와 같이 기존 button 태그의 HTML 속성을 props로 받을 수 있게 지원해야 할 것이다.

```
type NativeButtonProps = React.DetailedHTMLProps<
  React.ButtonHTMLAttributes<HTMLButtonElement>,
  HTMLButtonElement
>;

const Button = (props: NativeButtonProps) => {
  return <button {...props}>버튼</button>;
};
```

여기까지 보면 HTMLButtonElement의 속성을 모두 props로 받아 button 태그에 전달했으므로 문제없어 보인다. 그러나 ref를 props로 받을 경우 고려해야 할 사항이 있다.

생성된 DOM 노드나 리액트 엘리먼트에 접근하는 방법으로 아래와 같이 사용된다.

```
// 클래스 컴포넌트
class Button extends React.Component {
  constructor(props) {
    super(props);
    this.buttonRef = React.createRef();
  }

  render() {
    return <button ref={this.buttonRef}>버튼</button>;
  }
}

// 함수 컴포넌트
function Button(props) {
  const buttonRef = useRef(null);

  return <button ref={buttonRef}>버튼</button>;
}
```

컴포넌트 내에서 ref를 활용해 생성된 DOM 노드에 접근하는 것과 마찬가지로, 재사용할 수 있는 Button 컴포넌트 역시 props로 전달된 ref를 통해 button 태그에 접근하여 DOM 노드를 조작할 수 있을 것으로 예상된다.

```
type NativeButtonProps = React.DetailedHTMLProps<
  React.ButtonHTMLAttributes<HTMLButtonElement>,
  HTMLButtonElement
>;

// 클래스 컴포넌트
class Button extends React.Component {
  constructor(ref: NativeButtonProps["ref"]) {
    this.buttonRef = ref;
```

```
    }

    render() {
      return <button ref={this.buttonRef}>버튼</button>;
    }
  }

  // 함수 컴포넌트
  function Button(ref: NativeButtonProps["ref"]) {
    const buttonRef = useRef(null);

    return <button ref={buttonRef}>버튼</button>;
  }
```

여기서 주목해야 할 점은 클래스 컴포넌트와 함수 컴포넌트에서 ref를 props로 받아 전달하는 방식에 차이가 있다는 것이다.

```
  // 클래스 컴포넌트로 만들어진 Button 컴포넌트를 사용할 때
  class WrappedButton extends React.Component {
    constructor() {
      this.buttonRef = React.createRef();
    }

    render() {
      return (
        <div>
          <Button ref={this.buttonRef} />
        </div>
      );
    }
  }
```

클래스 컴포넌트로 만들어진 버튼은 컴포넌트 props로 전달된 ref가 Button 컴포넌트의 button 태그를 그대로 바라보게 된다.

```
// 함수 컴포넌트로 만들어진 Button 컴포넌트를 사용할 때
const WrappedButton = () => {
  const buttonRef = useRef();

  return (
    <div>
      <Button ref={buttonRef} />
    </div>
  );
};
```

하지만 함수 컴포넌트의 경우 기대와 달리 전달받은 ref가 Button 컴포넌트의 button 태그를 바라보지 않는다. 클래스 컴포넌트에서 ref 객체는 마운트된 컴포넌트의 인스턴스를 current 속성값으로 가지지만, 함수 컴포넌트에서는 생성된 인스턴스가 없기 때문에 ref에 기대한 값이 할당되지 않는 것이다.

이러한 제약을 극복하고 함수 컴포넌트에서도 ref를 전달받을 수 있도록 도와주는 것이 React.forwardRef 메서드이다.

```
// forwardRef를 사용해 ref를 전달받을 수 있도록 구현
const Button = forwardRef((props, ref) => {
  return <button ref={ref} {...props}>버튼</button>;
});

// buttonRef가 Button 컴포넌트의 button 태그를 바라볼 수 있다
const WrappedButton = () => {
  const buttonRef = useRef();

  return (
    <div>
      <Button ref={buttonRef} />
    </div>
  );
};
```

forwardRef는 2개의 제네릭 인자를 받을 수 있는데, 첫 번째는 ref에 대한 타입 정보이며 두 번째는 props에 대한 타입 정보이다. 그렇다면 앞 코드에서 Button 컴포넌트에 대한 forwardRef의 타입 선언은 어떻게 할까?

```
type NativeButtonType = React.ComponentPropsWithoutRef<"button">;

// forwardRef의 제네릭 인자를 통해 ref에 대한 타입으로 HTMLButtonElement를, props에 대한
타입으로 NativeButtonType을 정의했다
const Button = forwardRef<HTMLButtonElement, NativeButtonType>((props, ref) => {
  return (
    <button ref={ref} {...props}>
      버튼
    </button>
  );
});
```

앞의 코드를 보면 Button 컴포넌트의 props에 대한 타입인 NativeButtonType을 정의할 때 ComponentPropsWithoutRef 타입을 사용한 것을 알 수 있다. 이렇게 타입을 React.ComponentPropsWithoutRef<"button">로 작성하면 button 태그에 대한 HTML 속성을 모두 포함하지만, ref 속성은 제외된다. 이러한 특징 때문에 DetailedHTMLProps, HTMLProps, ComponentPropsWithRef와 같이 ref 속성을 포함하는 타입과는 다르다.

함수 컴포넌트의 props로 DetailedHTMLProps와 같이 ref를 포함하는 타입을 사용하게 되면, 실제로는 동작하지 않는 ref를 받도록 타입이 지정되어 예기치 않은 에러가 발생할 수 있다. 따라서 HTML 속성을 확장하는 props를 설계할 때는 ComponentPropsWithoutRef 타입을 사용하여 ref가 실제로 forwardRef와 함께 사용될 때만 props로 전달되도록 타입을 정의하는 것이 안전하다.

8.2 타입스크립트로 리액트 컴포넌트 만들기

타입스크립트는 리액트 프로젝트에서 공통 컴포넌트에 어떤 타입의 속성(프로퍼티)이 제공되어야 하는지 알려준다. 더불어 필수로 전달되어야 하는 속성이 전달되지 않았을 때는 에러를 표시하여 유지보수 과정에서 발생할 수 있는 다양한 실수를 사전에 막을 수 있게 해준다. 이 절에서는 타입스크립트로 Select 컴포넌트를 구현해보면서 타입스크립트의 장점을 알아보자.

① JSX로 구현된 Select 컴포넌트

아래는 JSX로 구현된 Select 컴포넌트이다. 이 컴포넌트는 각 option의 키(key)-값(value) 쌍을 객체를 받고 있으며, 선택된 값이 변경될 때 호출되는 onChange 이벤트 핸들러를 받도록 구현되어 있다. 그러나 추가적인 설명이 없다면 컴포넌트를 사용하는 입장에서 각 속성에 어떤 타입의 값을 전달해야 할지 알기 어렵다.

```
const Select = ({ onChange, options, selectedOption }) => {
  const handleChange = (e) => {
    const selected = Object.entries(options)
      .find(([_, value]) => value === e.target.value)?.[0];
    onChange?.(selected);
  };

  return (
    <select
    onChange={handleChange}
    value={selectedOption && options[selectedOption]}
    >
      {Object.entries(options).map(([key, value]) => (
        <option key={key} value={value}>
          {value}
        </option>
      ))}
    </select>
  );
};
```

따라서 컴포넌트를 사용하는 개발자가 각 속성에 어떤 타입의 값을 전달해야 할지 명확히 알수 있도록 추가적인 설명이 필요하다. 다음 절에서 어떻게 컴포넌트와 속성에 대해 알려줄 수 있는지 알아보자.

② JSDocs로 일부 타입 지정하기

컴포넌트의 속성 타입을 명시하기 위해 JSDocs를 사용할 수 있다. JSDocs를 활용하면 컴포넌트에 대한 설명과 각 속성이 어떤 역할을 하는지 간단하게 알려줄 수 있다.

```
/**
 * Select 컴포넌트
 * @param {Object} props - Select 컴포넌트로 넘겨주는 속성
 * @param {Object} props.options - { [key: string]: string } 형식으로 이루어진 option 객체
 * @param {string | undefined} props.selectedOption - 현재 선택된 option의 key값
 (optional)
 * @param {function} props.onChange - select 값이 변경되었을 때 불리는 callBack 함수
 (optional)
 * @returns {JSX.Element}
 */
const Select = //...
```

③ props 인터페이스 적용하기

JSDocs를 활용하면 각 속성의 대략적인 타입과 어떤 역할을 하는지 파악할 수 있지만, options가 어떤 형식의 객체를 나타내는지나 onChange의 매개변수 및 반환 값에 대한 구체적인 정보를 알기 쉽지 않아서 잘못된 타입이 전달될 수 있는 위험이 존재한다. 이러한 문제를 해결하기 위해 타입스크립트를 사용하여 좀 더 정교하고 구체적인 타입을 지정할 수 있다. 먼저 JSX 파일의 확장자를 TSX로 변경한 후에 Select 컴포넌트의 props에 대한 인터페이스를 작성해보자.

```
type Option = Record<string, string>; // {[key: string]: string}

interface SelectProps {
  options: Option;
  selectedOption?: string;
  onChange?: (selected?: string) => void;
}

const Select = ({ options, selectedOption, onChange }: SelectProps): JSX.Element =>
  //...
```

예시에서는 먼저 Option이라는 타입을 정의하고, SelectProps에서 이 타입을 재사용하고 있다. Record는 키(key)와 값(value)의 타입이 모두 string인 객체 타입을 생성하는 유틸리티 타입으로 사용된다.[1] options의 타입을 정의해줌으로써 string이 아닌 배열이나 다른 유형의 value를 가진 객체는 전달할 수 없게 되었다. onChange는 선택된 string 값(또는 undefined)을 매개변수로 받고 어떤 값도 반환하지 않는(void) 함수임을 명확하게 표현하고 있다. 또한 onChange는 옵셔널 프로퍼티(선택적 속성)이기 때문에 부모 컴포넌트에서 넘겨주지 않아도 해당 컴포넌트를 사용할 수 있다.

[key: string]은 사실상 모든 키값을 가질 수 있음을 나타낸다. 하지만 넓은 범위의 타입은 해당 타입을 사용하는 함수에 잘못된 타입이 전달될 수 있기 때문에, 가능한 한 타입을 좁게 제한하여 사용하길 바란다.

```
interface Fruit {
  count: number;
}

interface Param {
  [key: string]: Fruit; // type Param = Record<string, Fruit>과 동일
}

const func: (fruits: Param) => void = ({ apple }: Param) =>
  console.log(apple.count);
```

---

1 {[key: string]: string}으로도 표현할 수 있다.

```
// OK.
func({ apple: { count: 0 } });

// Runtime Error (Cannot read properties of undefined (reading 'count'))
func({ mango: { count: 0 } });
```

④ 리액트 이벤트

리액트는 가상 DOM을 다루면서 이벤트도 별도로 관리한다. onclick, onchange같이 DOM 엘리먼트에 등록되어 처리하는 이벤트 리스너와 달리, 리액트 컴포넌트(노드)에 등록되는 이벤트 리스너는 onClick, onChange처럼 카멜 케이스로 표기한다. 따라서 리액트 이벤트는 브라우저의 고유한 이벤트와 완전히 동일하게 동작하지는 않는다. 예를 들어 리액트 이벤트 핸들러는 이벤트 버블링 단계에서 호출된다. 이벤트 캡처 단계에서 이벤트 핸들러를 등록하기 위해서는 onClickCapture, onChangeCapture와 같이 일반 이벤트 리스너 이름 뒤에 Capture를 붙여야 한다.

또한 리액트는 브라우저 이벤트를 합성한 합성 이벤트(SyntheticEvent)를 제공한다.

```
type EventHandler<Event extends React.SyntheticEvent> = (e: Event) => void | null;
type ChangeEventHandler = EventHandler<ChangeEvent<HTMLSelectElement>>;

const eventHandler1: GlobalEventHandlers["onchange"] = (e) => {
  e.target; // 일반 Event는 target이 없음
};

const eventHandler2: ChangeEventHandler = (e) => {
  e.target; // 리액트 이벤트(합성 이벤트)는 target이 있음
};
```

리액트에서 제공하는 기본 컴포넌트도 SelectProps처럼 각각 props에 대한 타입을 명시해두고 있으므로 리액트 컴포넌트에 연결할 이벤트 핸들러도 해당 타입을 일치시켜줘야 한다.

앞의 예시에서 React.ChangeEventHandler<HTMLSelectElement> 타입은 React.EventHandler<ChangeEvent<HTMLSelectElement>>와 동일한 타입이다. onChange는 HTML

의 select 엘리먼트에서 발생하는 change 이벤트에 대한 핸들러로 선언되었다. 이제 우리는 ChangeEvent<HTMLSelectElement> 타입의 이벤트를 매개변수로 받아 해당 이벤트를 처리히는 핸들러를 작성할 수 있게 되었다.

```tsx
const Select = ({ onChange, options, selectedOption }: SelectProps) => {
  const handleChange: React.ChangeEventHandler<HTMLSelectElement> = (e) => {
    const selected = Object.entries(options).find(
      ([_, value]) => value === e.target.value
    )?.[0];
    onChange?.(selected);
  };

  return (
    <select onChange={handleChange}>
      {/* ... */}
    </select>
  );
};
```

5 훅에 타입 추가하기

아래 예시는 Select 컴포넌트를 사용하여 과일을 선택할 수 있는 컴포넌트를 나타낸 것이다.

useState 같은 함수 역시 타입 매개변수를 지정해줌으로써 반환되는 state 타입을 지정해줄 수 있다. 만약 제네릭 타입을 명시하지 않으면 타입스크립트 컴파일러는 초깃값(default value)의 타입을 기반으로 state 타입을 추론한다.

```tsx
const fruits = {
  apple: "사과",
  banana: "바나나",
  blueberry: "블루베리",
};

const FruitSelect: VFC = () => {
  const [fruit, changeFruit] = useState<string | undefined>();
```

```
   return (
     <Select onChange={changeFruit} options={fruits} selectedOption={fruit} />
   );
 };
```

만약 타입 매개변수가 없다면 fruit의 타입이 undefined로만 추론되면서 onChange의 타입과 일치하지 않아 오류가 발생한다.

```
// fruit: undefined;
// changeFruit: (v: React.SetStateAction<undefined>) => void;
const [fruit, changeFruit] = useState();

return (
  <Select
    // Error - SetStateAction<undefined>와 맞지 않음
    // (changeFruit에는 undefined만 매개변수로 넘길 수 있음)
    onChange={changeFruit}
    options={fruits}
    selectedOption={fruit}
  />
);
```

다음 예시의 작성자는 fruit가 반드시 apple, banana, blueberry 중 하나라고 기대하고 있을 것이다. 하지만 useState에 제네릭 타입을 지정해주지 않는다면 타입스크립트 컴파일러는 fruit를 string으로 추론할 것이고, 다음에 다른 개발자가 changeFruit에 fruit 타입에 속하지 않는 orange를 넣을 수도 있다. 컴파일러 역시 이를 에러로 잡지 않아 예상치 못한 사이드 이펙트Side Effect가 발생할 수도 있다.

> 🗣️ 사이드 이펙트(Side Effect)
>
> 프로그램의 실행 결과가 예상치 못한 상태로 변경되거나 예상치 못한 동작을 하게 되는 상황을 가리킨다. 즉, 코드의 실행이 예상과 다르게 동작하여 예상치 못한 결과를 초래하는 것을 의미한다.

```
const [fruit, changeFruit] = useState("apple");

// error가 아님
const func = () => {
  changeFruit("orange");
};
```

이럴 때는 타입 매개변수로 좀 더 명확한 타입을 지정함으로써, 다른 개발자가 해당 state나, changeState를 한정된 타입으로만 다룰 수 있게 강제할 수 있다.

```
type Fruit = keyof typeof fruits; // 'apple' | 'banana' | 'blueberry';
const [fruit, changeFruit] = useState<Fruit | undefined>("apple");

// 에러 발생
const func = () => {
  changeFruit("orange");
};
```

keyof typeof obj는 해당 객체의 키값을 유니온 타입으로 추출하는 패턴으로 자주 사용된다. 앞의 예시에서는 keyof typeof fruits를 사용하여 fruits 키값만 추출해서 Fruit라는 타입을 새로 만들었다. 그리고 이렇게 정의된 Fruit 타입을 useState의 제네릭으로 활용하여 changeFruit에 'apple', 'banana', 'blueberry', undefined를 제외한 다른 값이 할당되면 에러가 발생하도록 설정되었다.

이처럼 훅이나 외부 라이브러리 또는 내부 모듈의 함수는 적절한 제네릭 타입을 설정하여 활용할 수 있다.

ⓘ string, number, boolean 같은 원시 타입은 자동으로 추론되므로 생략할 수 있다.

⑥ 제네릭 컴포넌트 만들기

```
const FruitSelect = () => {
  const [fruit, changeFruit] = useState<Fruit | undefined>();

  return (
    <Select onChange={changeFruit} options={fruits} selectedOption="orange" />
  );
};
```

selectedOption은 options에 존재하지 않는 값을 받아도 아무런 오류가 발생하지 않는다. 8.2.3에서 언급한 대로 Option의 타입에서 키(key)가 string이기만 하면 prop으로 넘겨줄 수 있기 때문이다.

하지만 changeFruit의 매개변수 Fruit는 prop으로 전달돼야 하는 onChange의 매개변수 타입인 string보다 좁기 때문에 타입 에러가 발생한다.

Select를 사용하는 입장에서 제한된 키(key)와 값(value)만을 가지도록 하려면 어떻게 해야 할까? 함수 컴포넌트 역시 함수이므로 제네릭을 사용한 컴포넌트를 만들어낼 수 있다.

아래는 객체 형식의 타입을 받아 해당 객체의 키값을 selectedOption, onChange의 매개변수에만 적용하도록 만든 예시이다.

```
interface SelectProps<OptionType extends Record<string, string>> {
  options: OptionType;
  selectedOption?: keyof OptionType;
  onChange?: (selected?: keyof OptionType) => void;
}

const Select = <OptionType extends Record<string, string>>({
  options,
  selectedOption,
  onChange,
}: SelectProps<OptionType>) => {
  // Select component implementation
};
```

Select 컴포넌트에 전달되는 props의 타입 기반으로 타입이 추론되어 <Select<추론된_타입>> 형태의 컴포넌트가 생성된다. 이제 FruitSelect에서 잘못된 selectedOption을 전달하면 타입 에러가 발생한다.

```
const fruits = {
  apple: "사과",
  banana: "바나나",
  blueberry: "블루베리",
};

const FruitSelect: VFC = () => {
  // ...
  // <Select<Fruit> ... />으로 작성해도 되지만, 넘겨주는 props의 타입으로 타입 추론을 해줍니다
  // Type Error - Type "orange" is not assignable to type "apple" | "banana" |
"blueberry" | undefined
  return (
    <Select options={fruits} onChange={changeFruit} selectedOption="orange" />
  );
};
```

⑦ HTMLAttributes, ReactProps 적용하기

className, id와 같은 리액트 컴포넌트의 기본 props를 추가하려면 SelectProps에 직접 className?: string; id?: string;을 넣어도 되지만 아래처럼 리액트에서 제공하는 타입을 사용하면 더 정확한 타입을 설정할 수 있다.

```
type ReactSelectProps = React.ComponentPropsWithoutRef<"select">;

interface SelectProps<OptionType extends Record<string, string>> {
  id?: ReactSelectProps["id"];
  className?: ReactSelectProps["className"];
  // ...
}
```

ComponentPropsWithoutRef는 리액트 컴포넌트의 prop 타입을 반환해주는 타입이다.

Type['key']를 활용하면 객체 형식의 타입 내부 속성값을 가져올 수 있다. ReactProps에서 여러 개의 타입을 가져와야 한다면 Pick 키워드를 활용하여 아래처럼 사용할 수도 있다.

Pick<Type, 'key1' ¦ 'key2' ...>는 객체 형식의 타입에서 key1, key2...의 속성만 추출하여 새로운 객체 형식의 타입을 반환한다.

```
interface SelectProps<OptionType extends Record<string, string>>
  extends Pick<ReactSelectProps, "id" ¦ "key" ¦ /* ... */> {
  // ...
}
```

8 styled-components를 활용한 스타일 정의

리액트 컴포넌트를 만들 때 CSS 파일 대신 자바스크립트 안에 직접 스타일을 정의하는 CSS-in-JS 기법을 사용할 수 있다.

그중 가장 대표적인 CSS-in-JS 라이브러리인 styled-components를 활용하여 리액트 컴포넌트에 스타일 관련 타입을 추가해보자.

그 전에 컴포넌트에 스타일을 적용하는 데 사용되는 값을 정의해야 한다. 앞선 예시의 Select 컴포넌트에 글꼴 크기(fontSize)와 현재 선택된 option의 글꼴 색상(font color)을 설정할 수 있게 만들어보자. 일단 theme 객체를 생성하고 프로젝트에서 사용될 fontSize와 color, 해당 타입을 간단하게 구성한다.

```
const theme = {
  fontSize: {
    default: "16px",
    small: "14px",
    large: "18px",
  },
  color: {
    white: "#FFFFFF",
    black: "#000000",
  },
};
```

```
type Theme = typeof theme;

type FontSize = keyof Theme['fontSize'];
type Color = keyof Theme['color'];
```

이제 스타일과 관련된 props를 작성하고, color와 font-size의 스타일 정의를 담은 StyledSelect를 작성한다.

```
interface SelectStyleProps {
  color: Color;
  fontSize: FontSize;
}

const StyledSelect = styled.select<SelectStyleProps>`
  color: ${({ color }) => theme.color[color]};
  font-size: ${({ fontSize }) => theme.fontSize[fontSize]};
`;
```

Select를 사용하는 부모 컴포넌트에서 원하는 스타일을 적용하기 위해 Select 컴포넌트의 props에 SelectStyleProps 타입을 상속한다.

Partial<Type>을 사용하면 객체 형식의 타입 내 모든 속성이 옵셔널(선택적)로 설정된다.

```
interface SelectProps extends Partial<SelectStyleProps> {
  // ...
}

const Select = <OptionType extends Record<string, string>>({
  fontSize = "default",
  color = "black",
  // ...
}: SelectProps<OptionType>) => {
  // ...

  return (
    <StyledSelect
```

```
      // ...
      fontSize={fontSize}
      color={color}
      // ...
    />
  );
};
```

⑨ 공변성과 반공변성

앞 예시의 onChange처럼 객체의 메서드 타입을 정의하는 상황은 종종 발생한다. 객체의 메서드 타입을 정의하는 방법은 2가지가 있다. 두 방법은 얼핏 비슷해 보이지만 미묘한 차이를 가지고 있다.

```
interface Props<T extends string> {
  onChangeA?: (selected: T) => void;
  onChangeB?(selected: T): void;
}

const Component = () => {
  const changeToPineApple = (selectedApple: "apple") => {
    console.log("this is pine" + selectedApple);
  };

  return (
    <Select
      // Error
      // onChangeA={changeToPineApple}
      // OK
      onChangeB={changeToPineApple}
    />
  );
};
```

부모 컴포넌트에서 매개변수가 apple일 때 실행되는 메서드를 생성했다고 해보자. onChangeA일 때는 타입 에러가 발생하지만, onChangeB일 때는 타입 에러가 발생하지 않는다. (-- strict 모드에서)

아래 예시에서는 모든 User가 id를 가지고 있으며 회원(Member)은 회원 가입 시 등록한 별명(nickName)을 추가로 갖고 있다. Member는 User를 상속하고 있는데 User보다 더 좁은 타입이자 User의 서브타입이다. 타입 A가 B의 서브타입일 때, T<A>가 T<B>의 서브타입이 된다면 공변성을 띠고 있다고 말한다.

```typescript
// 모든 유저(회원, 비회원)은 id를 갖고 있음
interface User {
  id: string;
}

interface Member extends User {
  nickName: string;
}

let users: Array<User> = [];
let members: Array<Member> = [];

users = members; // OK
members = users; // Error
```

일반적인 타입들은 공변성을 가지고 있어서 좁은 타입에서 넓은 타입으로 할당이 가능하다.

하지만 제네릭 타입을 지닌 함수는 반공변성을 가진다. 즉, T<B>가 T<A>의 서브타입이 되어, 좁은 타입 T<A>의 함수를 넓은 타입 T<B>의 함수에 적용할 수 없다는 것을 의미한다.

```typescript
type PrintUserInfo<U extends User> = (user: U) => void;

let printUser: PrintUserInfo<User> = (user) => console.log(user.id);

let printMember: PrintUserInfo<Member> = (user) => console.log(user.id, user.
nickName);

printMember = printUser; // OK.

printUser = printMember; // Error - Property 'nickName' is missing in type 'User'
but required in type 'Member'.
```

위 예시에서 볼 수 있듯이 printMember 타입을 가진 함수는 Member 타입의 객체부터 nick-Name까지 함께 출력하는 역할을 한다.

printUser는 PrintUserInfo<User> 타입으로 정의되어 있어서 Member 타입을 매개변수로 받을 수 없는 상황이다. 따라서 printMember 함수를 printUser 변수에 할당할 수 없다.

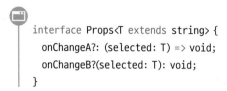

```
interface Props<T extends string> {
  onChangeA?: (selected: T) => void;
  onChangeB?(selected: T): void;
}
```

첫 번째 예시로 돌아가 --strict 모드에서 onChangeA같이 함수 타입을 화살표 표기법으로 작성한다면 반공변성을 띠게 된다. 또한 onChangeB와 같이 함수 타입을 지정하면 공변성과 반공변성을 모두 가지는 이변성을 띠게 된다. 안전한 타입 가드를 위해서는 특수한 경우를 제외하고는 일반적으로 반공변적인 함수 타입을 설정하는 것이 권장된다.

8.3 정리

앞서 다룬 많은 예시를 통해 알 수 있듯이 리액트 프로젝트에서 타입스크립트는 컴포넌트를 안전하게 조합하고 사용할 수 있도록 도와준다. 또한 다양한 훅을 활용하여 컴포넌트 내부 동작을 구현할 때도 타입을 명확하게 지정함으로써 많은 실수를 미리 방지할 수 있게 해준다. 이처럼 타입스크립트를 잘 활용하면 리액트 프로젝트를 더 안정적으로 운영할 수 있다.

최종적인 Select 컴포넌트는 다음과 같다.

```
const theme = {
  fontSize: {
    default: "16px",
    small: "14px",
    large: "18px",
  },
  color: {
```

```typescript
    white: "#FFFFFF",
    black: "#000000",
  },
};


type Theme = typeof theme;


export type FontSize = keyof Theme["fontSize"];
export type Color = keyof Theme["color"];


type ReactSelectProps = React.ComponentPropsWithoutRef<"select">;


interface SelectProps<OptionType extends Record<string, string>>
  extends Partial<SelectStyleProps> {
  id?: ReactSelectProps["id"];
  className?: ReactSelectProps["className"];


  options: OptionType;
  selectedOption?: keyof OptionType;
  onChange?: (selected?: keyof OptionType) => void;
}


export const Select = <OptionType extends Record<string, string>>({
  className,
  id,
  options,
  onChange,
  selectedOption,
  fontSize = "default",
  color = "black",
}: SelectProps<OptionType>) => {
  const handleChange: React.ChangeEventHandler<HTMLSelectElement> = (e) => {
    const selected = Object.entries(options).find(
      ([_, value]) => value === e.target.value
    )?.[0];
```

```
      onChange?.(selected);
  };


  return (
    <StyledSelect
      id={id}
      className={className}
      fontSize={fontSize}
      color={color}
      onChange={handleChange}
      value={selectedOption && options[selectedOption]}
    >
      {Object.entries(options).map(([key, value]) => (
        <option key={key} value={value}>
          {value}
        </option>
      ))}
    </StyledSelect>
  );
};


interface SelectStyleProps {
  color: Color;
  fontSize: FontSize;
}


const StyledSelect = styled.select<SelectStyleProps>`
  color: ${({ color }) => theme.color[color]};
  font-size: ${({ fontSize }) => theme.fontSize[fontSize]};
`;


const fruits = {
  apple: "사과",
  banana: "바나나",
  blueberry: "블루베리",
};
```

```
type Fruit = keyof typeof fruits;


const FruitSelect = () => {
  const [fruit, changeFruit] = useState<Fruit | undefined>();


  return (
    <Select
      className="fruitSelectBox"
      options={fruits}
      onChange={changeFruit}
      selectedOption={fruit}
      fontSize="large"
    />
  );
};
```

```
1    (9장) =>
2    {(<훅/>)
3    };
```

리액트 훅은 함수 컴포넌트에서도 클래스 컴포넌트와 유사한 생명주기에 따라 로직을 실행할 수 있는 기능을 제공한다. 리액트 훅이 도입되기 전에는 주로 클래스 기반 컴포넌트를 사용했다. 그러나 클래스 기반 컴포넌트를 사용하면 몇 가지 불편한 점을 마주하게 된다.

첫째로 컴포넌트 간 상태 로직을 재사용하기 어렵다. 스토어에 연결하여 값을 동기화하거나, 비슷한 형태의 상태 로직을 각 컴포넌트에서 직접 작성해야 했다. 물론 render props나 고차 컴포넌트 같은 방식으로 로직을 재사용할 수는 있었지만, 상태 처리 로직을 재사용하기 위한 근본적인 해결 방법은 아니었다.

둘째, 클래스 컴포넌트를 사용하면 componentDidMount와 같은 생명주기 메서드에 서로 관련 없는 로직들이 얽혀 코드의 복잡성을 증가시키는 문제가 있었다. 클래스 컴포넌트에서는 상태 업데이트에 대한 사이드 이펙트를 componentDidMount, componentDidUpdate와 같은 생명주기 메서드에서만 처리할 수 있었다. 이로 인해 모든 상태 관련 코드들이 생명주기 메서드에서 수정되었고 자연스레 컴포넌트의 복잡성이 증가했다. 리액트 16.8부터는 훅이라는 개념이 도입되면서 이러한 문제를 해결하고자 했다.

이 장에서는 리액트에서 제공하는 몇 가지 훅을 사용하여 상태 또는 사이드 이펙트를 다루는 방법을 소개한다. 또한 상태 로직을 재사용할 수 있게 해주고, 컴포넌트의 복잡성을 낮춰주는 커스텀 훅에 대해 알아본다.

리액트에 훅이 추가(리액트 16.8 버전)되기 이전에는 클래스 컴포넌트에서만 상태를 가질 수 있었다. 클래스 컴포넌트에서는 componentDidMount, componentDidUpdate와 같이 하나의 생명주기 함수에서만 상태 업데이트에 따른 로직을 실행시킬 수 있었다. 간단한 형태의 컴포넌트에서는 문제가 되지 않았지만, 프로젝트 규모가 커지면서 상태를 스토어에 연결하거나 비슷한 로직을 가진 상태 업데이트 및 사이드 이펙트 처리가 불편해졌다. 또한 모든 상태를 하나의 함수 내에서 처리하다 보니 관심사가 뒤섞이게 되었고 상태에 따른 테스트나 잘못 발생한 사이드 이펙트의 디버깅이 어려워졌다.

```
componentDidMount() {
  this.props.updateCurrentPage(routeName);
   this.didFocusSubscription = this.props.navigation.addListener('focus', () => {/*
add focus handler to navigation */});
   this.didBlurSubscription = this.props.navigation.addListener('blur', () => {/* add
blur handler to navigation */});
}

componentWillUnmount() {
  if (this.didFocusSubscription != null) {
    this.didFocusSubscription();
  }

  if (this.didBlurSubscription != null) {
    this.didBlurSubscription();
  }

  if (this._screenCloseTimer != null) {
    clearTimeout(this._screenCloseTimer);
    this._screenCloseTimer = null;
  }
}

componentDidUpdate(prevProps) {
  if (this.props.currentPage != routeName) return;
```

```
  if (this.props.errorResponse != prevProps.errorResponse) {/* handle error response
*/}
  else if (this.props.logoutResponse != prevProps.logoutResponse) {/* handle logout
response */}
  else if (this.props.navigateByType != prevProps.navigateByType) {/* handle
navigateByType change */}

  // Handle other prop changes here
}
```

componentWillUnmount에서는 componentDidMount에서 정의한 컴포넌트가 DOM에서 해제될 때 실행되어야 할 여러 사이드 이펙트 함수를 호출한다. 만약 componentWillUnmount에서 실행되어야 할 사이드 이펙트가 하나 빠졌다면 componentDidMount와 비교해가며 어떤 함수가 빠졌는지 찾아야 할 것이다. 또한 props 변경에 대한 디버깅을 수행하려면 componentDidUpdate에서 내가 원하는 props 변경 조건문이 나올 때까지 코드를 찾아봐야 한다.

리액트 훅이 도입되면서 함수 컴포넌트에서도 클래스 컴포넌트와 같이 컴포넌트의 생명주기에 맞춰 로직을 실행할 수 있게 되었다. 이에 따라 비즈니스 로직을 재사용하거나 작은 단위로 코드를 분할하여 테스트하는 게 용이해졌으며 사이드 이펙트와 상태를 관심사에 맞게 분리하여 구성할 수 있게 되었다. 지금부터 자주 사용하는 리액트 훅을 예시와 함께 살펴보자.

1 useState

리액트 함수 컴포넌트에서 상태를 관리하기 위해 useState 훅을 활용할 수 있다. useState의 타입 정의는 다음과 같다.

```
function useState<S>(
  initialState: S | (() => S)
): [S, Dispatch<SetStateAction<S>>];

type Dispatch<A> = (value: A) => void;
type SetStateAction<S> = S | ((prevState: S) => S);
```

useState가 반환하는 튜플을 살펴보자. 튜플의 첫 번째 요소는 제네릭으로 지정한 S 타입이며, 두 번째 요소는 상태를 업데이트할 수 있는 Dispatch 타입의 함수이다. Dispatch 함수의 제네릭으로 지정한 SetStateAction에는 useState로 관리할 상태 타입인 S 또는 이전 상태 값을 받아 새로운 상태를 반환하는 함수인 (prevState: S) => S가 들어갈 수 있다. 이처럼 useState를 동기적으로 처리하기 위해 사용한다.

useState에 타입스크립트를 적용하면 강력한 힘을 가지게 된다. 다음 예시를 살펴보자.

```
import { useState } from "react";

const MemberList = () => {
  const [memberList, setMemberList] = useState([
    {
      name: "KingBaedal",
      age: 10,
    },
    {
      name: "MayBaedal",
      age: 9,
    },
  ]);

  // 🎞 addMember 함수를 호출하면 sumAge는 NaN이 된다
  const sumAge = memberList.reduce((sum, member) => sum + member.age, 0);

  const addMember = () => {
    setMemberList([
      ...memberList,
      {
        name: "DokgoBaedal",
        agee: 11,
      },
    ]);
  };
};
```

이 예시의 memberList에 새로운 멤버 객체를 추가할 때 문제가 발생한다. 기존 memberList 배열 요소에는 없는 agee라는 잘못된 속성이 포함된 객체가 추가되었다. 이로 인해 sumAge

변수가 NaN이 되는 예상치 못한 사이드 이펙트가 발생한다. 이러한 문제 때문에 기능을 추가하거나 수정할 때 해당 컴포넌트에서 다루는 상태 타입을 모른다면 치명적인 에러가 발생할 수 있다.

타입스크립트를 사용하면 이런 에러를 사전에 방지할 수 있다.

```tsx
import { useState } from "react";

interface Member {
  name: string;
  age: number;
}

const MemberList = () => {
  const [memberList, setMemberList] = useState<Member[]>([]);

  // member의 타입이 Member 타입으로 보장된다
  const sumAge = memberList.reduce((sum, member) => sum + member.age, 0);

  const addMember = () => {
    // 🖐 Error: Type 'Member | { name: string; agee: number; }'
    // is not assignable to type 'Member'
    setMemberList([
      ...memberList,
      {
        name: "DokgoBaedal",
        agee: 11,
      },
    ]);
  };

  return (
    // ...
  );
};
```

setMemberList의 호출 부분에서 추가하려는 새 객체의 타입을 확인하여 컴파일타임에 타입 에러를 발견할 수 있다.

② 의존성 배열을 사용하는 훅

useEffect와 useLayoutEffect

렌더링 이후 리액트 함수 컴포넌트에 어떤 일을 수행해야 하는지 알려주기 위해 useEffect 훅을 활용할 수 있다. useEffect의 타입 정의는 다음과 같다.

```
function useEffect(effect: EffectCallback, deps?: DependencyList): void;
type DependencyList = ReadonlyArray<any>;
type EffectCallback = () => void | Destructor;
```

useEffect의 첫 번째 인자이자 effect의 타입인 EffectCallback은 Destructor를 반환하거나 아무것도 반환하지 않는 함수이다. Promise 타입은 반환하지 않으므로 useEffect의 콜백 함수에는 비동기 함수가 들어갈 수 없다. useEffect에서 비동기 함수를 호출할 수 있다면 경쟁 상태Race Condition를 불러일으킬 수 있기 때문이다.

> **경쟁 상태(Race Condition)**
>
> 멀티스레딩 환경에서 동시에 여러 프로세서나 스레드가 공유된 자원에 접근하려고 할 때 발생할 수 있는 문제다. 이러한 상황에서 실행 순서나 타이밍을 예측할 수 없게 되어 프로그램 동작이 원하지 않는 방향으로 흐를 수 있다.

두 번째 인자인 deps는 옵셔널하게 제공되며 effect가 수행되기 위한 조건을 나열한다. 예를 들어 deps 배열의 원소가 변경되면 실행한다는 식으로 사용한다. 다만 deps의 원소로 숫자나 문자열 같은 타입스크립트 기본 자료형이 아닌 객체나 배열을 넣을 때는 주의해야 한다.

```
type SomeObject = {
  name: string;
  id: string;
};

interface LabelProps {
  value: SomeObject;
```

```
  }

  const Label: React.FC<LabelProps> = ({ value }) => {
    useEffect(() => {
      // value.name과 value.id를 사용해서 작업한다
    }, [value]);

    // ...
  };
```

useEffect는 deps가 변경되었는지를 얕은 비교로만 판단하기 때문에, 실제 객체 값이 바뀌지 않았더라도 객체의 참조 값이 변경되면 콜백 함수가 실행된다. 앞의 예시처럼 부모에서 받은 인자를 직접 deps로 작성한 경우, 원치 않는 렌더링이 반복될 수 있다. 이를 방지하기 위해서는 다음과 같이 실제로 사용하는 값을 useEffect의 deps에서 사용해야 한다.

 얕은 비교(shallow compare)

객체나 배열과 같은 복합 데이터 타입의 값을 비교할 때 내부의 각 요소나 속성을 재귀적으로 비교하지 않고, 해당 값들의 참조나 기본 타입 값만을 간단하게 비교하는 것을 말한다.

```
const { id, name } = value;
useEffect(() => {
  // value.name과 value.id 대신 name, id를 직접 사용한다
}, [id, name]);
```

이런 특징은 이후에 살펴볼 useMemo나 useCallback과 같은 다른 혹에서도 동일하게 적용된다.

useEffect는 살펴본 것처럼 Destructor를 반환하는데 이것은 컴포넌트가 마운트 해제될 때 실행하는 함수이다. 하지만 이 말은 어느 정도만 맞다. deps가 빈 배열이라면 useEffect의 콜백 함수는 컴포넌트가 처음 렌더링될 때만 실행되며, 이때의 Destructor(클린업 함수라고도 한다)는 컴포넌트가 마운트 해제될 때 실행된다. 그러나 deps 배열이 존재한다면, 배열의 값이 변경될 때마다 Destructor가 실행된다.

useEffect와 비슷한 역할을 하는 훅으로 **useLayoutEffect**가 있다. 이 훅의 타입 정의 역시 **useEffect**와 동일하며 하는 역할의 차이만 있다.

```
type DependencyList = ReadonlyArray<any>;

function useLayoutEffect(effect: EffectCallback, deps?: DependencyList): void;
```

useEffect는 앞서 살펴본 **componentDidUpdate**와 같은 기존 생명주기 함수와는 다르게, 레이아웃 배치와 화면 렌더링이 모두 완료된 후에 실행된다.

```
const [name, setName] = useState("");

useEffect(() => {
  // 매우 긴 시간이 흐른 뒤 아래의 setName()을 실행한다고 생각하자
  setName("배달이");
}, []);

return (
  <div>
    {`안녕하세요, ${name}님!`}
  </div>
);
```

이와 같은 코드를 실행하면 처음에는 "**안녕하세요, 님!**"으로 name이 빈칸으로 렌더링된 후, 다시 "**안녕하세요, 배달이님!**"으로 변경되어 렌더링될 것이다. 만약 name을 지정하는 setName이 오랜 시간이 걸린 후에 실행된다면 사용자는 빈 이름을 오랫동안 보고 있어야 할 것이다.

useLayoutEffect는 이런 상황에서 사용할 수 있다. useLayoutEffect를 사용하면 화면에 해당 컴포넌트가 그려지기 전에 콜백 함수를 실행하기 때문에 첫 번째 렌더링 때 빈 이름이 뜨는 경우를 방지할 수 있다.

useMemo와 useCallback

useMemo와 useCallback 모두 이전에 생성된 값 또는 함수를 기억하며, 동일한 값과 함수를 반복해서 생성하지 않도록 해주는 훅이다. 어떤 값을 계산하는 데 오랜 시간이 걸릴 때나 렌더링이 자주 발생하는 form에서 useMemo나 useCallback을 유용하게 사용할 수 있다.

```
type DependencyList = ReadonlyArray<any>;

function useMemo<T>(factory: () => T, deps: DependencyList | undefined): T;
function useCallback<T extends (...args: any[]) => any>(callback: T, deps:
DependencyList): T;
```

두 훅 모두 제네릭을 지원하기 위해 T 타입을 선언해주며 useCallback은 함수를 저장하기 위해 제네릭의 기본 타입을 지정하고 있다. 둘 다 앞서 살펴본 useEffect와 비슷한 주의사항이 존재한다. 두 훅은 deps 배열을 갖고 있으며 해당 의존성이 변경되면 값을 다시 계산하게 된다. 앞서 언급한 대로 얕은 비교를 수행하기 때문에 deps 배열이 변경되지 않았는데도 다시 계산되지 않도록 주의해야 한다. 또한 불필요한 곳에 사용하지 않도록 하는 것도 중요하다. 모든 값과 함수를 useMemo와 useCallback을 사용해서 과도하게 메모이제이션하면 컴포넌트의 성능 향상이 보장되지 않을 수 있다.

 메모이제이션(Memoization)

이전에 계산한 값을 저장함으로써 같은 입력에 대한 연산을 다시 수행하지 않도록 최적화하는 기술이다.

③ useRef

리액트 애플리케이션에서 `<input />` 요소에 포커스를 설정하거나 특정 컴포넌트의 위치로 스크롤을 하는 등 DOM을 직접 선택해야 하는 경우가 발생할 수 있다. 이때 리액트의 `useRef`를 사용한다.

다음 예시를 살펴보자. 버튼을 누르면 `ref`에 저장된 `<input />` DOM에 포커스를 설정하려고 한다.

```tsx
import { useRef } from "react";

const MyComponent = () => {
  const ref = useRef<HTMLInputElement>(null);

  const onClick = () => {
    ref.current?.focus();
  };

  return (
    <>
      <button onClick={onClick}>ref에 포커스!</button>
      <input ref={ref} />
    </>
  );
};

export default MyComponent;
```

이 예시 코드에서는 `useRef`의 제네릭에 `HTMLInputElement | null`이 아닌 `HTMLInputElement`만 넣어주었다. 그런데 어떻게 초기 설정값에 `null`이 들어갈 수 있으며, `ref`에 `input` 요소를 저장할 수 있을까?

`useRef`는 세 종류의 타입 정의를 가지고 있다. `useRef`에 넣어주는 인자 타입에 따라 반환되는 타입이 달라진다.

```
function useRef<T>(initialValue: T): MutableRefObject<T>;
function useRef<T>(initialValue: T | null): RefObject<T>;
function useRef<T = undefined>(): MutableRefObject<T | undefined>;

interface MutableRefObject<T> {
  current: T;
}

interface RefObject<T> {
  readonly current: T | null;
}
```

useRef는 MutableRefObject 또는 RefObject를 반환한다.

MutableRefObject의 current는 값을 변경할 수 있다. 만약 null을 허용하기 위해 useRef의 제네릭에 HTMLInputElement | null 타입을 넣어주었다면, 해당 useRef는 첫 번째 타입 정의(function useRef<T>(initialValue: T): MutableRefObject<T>;)를 따를 것이다. 이때 MutableObject의 current는 변경할 수 있는 값이 되어 ref.current의 값이 바뀌는 사이드 이펙트가 발생할 수 있다.

반면 RefObject의 current는 readonly로 값을 변경할 수 없다. 앞의 예시에서는 useRef의 제네릭으로 HTMLInputElement을 넣고, 인자에 null을 넣어 useRef의 두 번째 타입 정의 (function useRef<T>(initialValue: T | null): RefObject<T>)를 따르게 된다. 이러면 RefObject를 반환하여 ref.current 값을 임의로 변경할 수 없게 된다.

자식 컴포넌트에 ref 전달하기

<button />이나 <input />과 같은 기본 HTML 요소가 아닌, 리액트 컴포넌트에 ref를 전달할 수도 있다. 그러나 이때 ref를 일반적인 props로 넘겨주는 방식으로 전달하면 브라우저에서 경고 메시지를 띄운다.

```
import { useRef } from "react";

const Component = () => {
  const ref = useRef<HTMLInputElement>(null);
```

```
    return <MyInput ref={ref} />;
};


interface Props {
  ref: RefObject<HTMLInputElement>;
}


/**
 * 🪧 Warning: MyInput: `ref` is not a prop. Trying to access it will result in
`undefined` being returned
 * If you need to access the same value within the child component, you should pass
it as a different prop
 */
const MyInput = ({ ref }: Props) => {
  return <input ref={ref} />;
};
```

ref라는 속성의 이름은 리액트에서 'DOM 요소 접근'이라는 특수한 목적으로 사용되기 때문에 props를 넘겨주는 방식으로 전달할 수 없다. 리액트 컴포넌트에서 ref를 prop으로 전달하기 위해서는 forwardRef를 사용해야 한다.

ⓘ ref가 아닌 inputRef 등의 다른 이름을 사용한다면 forwardRef를 사용하지 않아도 된다.

```
interface Props {
  name: string;
}


const MyInput = forwardRef<HTMLInputElement, Props>((props, ref) => {
  return (
    <div>
      <label>{props.name}</label>
      <input ref={ref} />
    </div>
  );
});
```

예시와 같이 forwardRef의 두 번째 인자에 ref를 넣어 자식 컴포넌트로 ref를 전달할 수 있다. forwardRef의 타입 정의는 다음과 같다.

```
function forwardRef<T, P = {}>(
  render: ForwardRefRenderFunction<T, P>
): ForwardRefExoticComponent<PropsWithoutRef<P> & RefAttributes<T>>;
```

forwardRef에 인자로 넘겨주는 콜백 함수인 ForwardRefRenderFunction의 타입 정의는 다음과 같다.

```
interface ForwardRefRenderFunction<T, P = {}> {
  (props: P, ref: ForwardedRef<T>): ReactElement | null;
  displayName?: string | undefined;
  defaultProps?: never | undefined;
  propTypes?: never | undefined;
}
```

ForwardRefRenderFunction은 2개의 타입 매개변수 T와 P를 받는다. P는 일반적인 리액트 컴포넌트에서 자식 컴포넌트로 넘겨주는 props의 타입을, T는 ref로 전달하려는 요소의 타입을 나타낸다. 주목할 점은 ref의 타입이 T를 래핑한 형태인 ForwardedRef<T>라는 것이다. ForwardedRef의 타입 정의는 다음과 같다.

```
type ForwardedRef<T> =
  | ((instance: T | null) => void)
  | MutableRefObject<T | null>
  | null;
```

여기서 MutableRefObject<T | null>만 살펴보자. 앞서 useRef의 반환 타입은 Muta-bleRefObject<T> 또는 RefObject<T>가 될 수 있다고 했다. 하지만 ForwardedRef에는 오직 MutableRefObject만 들어올 수 있다. MutableRefObject가 RefObject보다 넓은 범위의 타입을 가지기 때문에, 부모 컴포넌트에서 ref를 어떻게 선언했는지와 관계없이 자식 컴포넌트가 해당 ref를 수용할 수 있다.

useImperativeHandle

useImperativeHandle은 ForwardRefRenderFunction과 함께 쓸 수 있는 훅이다. 이 훅을 활용하면 부모 컴포넌트에서 ref를 통해 자식 컴포넌트에서 정의한 커스터마이징된 메서드를 호출할 수 있게 된다. 이에 따라 자식 컴포넌트는 내부 상태나 로직을 관리하면서 부모 컴포넌트와의 결합도도 낮출 수 있다. 예시를 살펴보자.

```
// <form> 태그의 submit 함수만 따로 뽑아와서 정의한다
type CreateFormHandle = Pick<HTMLFormElement, "submit">;

type CreateFormProps = {
  defaultValues?: CreateFormValue;
};

const JobCreateForm: React.ForwardRefRenderFunction<CreateFormHandle,
CreateFormProps> = (props, ref) => {
  // useImperativeHandle Hook을 사용해서 submit 함수를 커스터마이징한다
  useImperativeHandle(ref, () => ({
    submit: () => {
      /* submit 작업을 진행 */
    }
  }));

  // ...
}
```

앞의 예시처럼 자식 컴포넌트에서는 ref와 정의된 CreateFormHandle을 통해 부모 컴포넌트에서 호출할 수 있는 함수를 생성하고, 부모 컴포넌트에서는 다음처럼 current.submit() 를 사용하여 자식 컴포넌트의 특정 메서드를 실행할 수 있게 된다.

```
const CreatePage: React.FC = () => {
  // `CreateFormHandle` 형태를 가진 자식의 ref를 불러온다
  const refForm = useRef<CreateFormHandle>(null);

  const handleSubmitButtonClick = () => {
    // 불러온 ref의 타입에 따라 자식 컴포넌트에서 정의한 함수에 접근할 수 있다
    refForm.current?.submit();
  };

  // ...
};
```

useRef의 여러 가지 특성

useRef는 자식 컴포넌트를 저장하는 변수로 활용할 수 있을 뿐만 아니라 다른 방식으로도 유용하게 사용할 수 있다.

- useRef로 관리되는 변수는 값이 바뀌어도 컴포넌트의 리렌더링이 발생하지 않는다. 이런 특성을 활용하면 상태가 변경되더라도 불필요한 리렌더링을 피할 수 있다.
- 리액트 컴포넌트의 상태는 상태 변경 함수를 호출하고 렌더링된 이후에 업데이트된 상태를 조회할 수 있다. 반면 useRef로 관리되는 변수는 값을 설정한 후 즉시 조회할 수 있다.

```
type BannerProps = {
  autoplay: boolean;
};

const Banner: React.FC<BannerProps> = ({ autoplay }) => {
  const isAutoPlayPause = useRef(false);

  if (autoplay) {
    // keepAutoPlay 같이 isAutoPlay가 변하자마자 사용해야 할 때 쓸 수 있다
    const keepAutoPlay = !touchPoints[0] && !isAutoPlayPause.current;

    // ...
  }

  return (
```

```
    ◇
      {autoplay && (
        <button
          aria-label="자동 재생 일시 정지"
          // isAutoPlayPause는 사실 렌더링에는 영향을 미치지 않고 로직에만 영향을 주므로 상태
로 사용해서 불필요한 렌더링을 유발할 필요가 없다
          onClick={() => { isAutoPlayPause.current = true }}
        />
      )}
    </>
  );
};
}

const Label: React.FC<LabelProps> = ({ value }) => {
  useEffect(() => {
    // value.name과 value.id를 사용해서 작업한다
  }, [value]);

  // ...
};
```

isAutoPlayPause는 현재 자동 재생이 일시 정지되었는지 확인하는 ref이다. 이 변수는 렌더링에 영향을 미치지 않으며, 값이 변경되더라도 다시 렌더링을 기다릴 필요 없이 사용할 수 있어야 한다. 앞의 예시처럼 isAutoPlayPause.current에 null이 아닌 값을 할당해서 마치 변수처럼 활용할 수도 있다.

훅의 규칙

리액트 훅을 안전하게 사용하기 위해 다음 2가지 규칙을 지켜야 한다. 리액트는 이러한 규칙을 준수할 수 있도록 도와주는 Lint 플러그인도 제공한다.

첫째, 훅은 항상 최상위 레벨top-level에서 호출되어야 한다. 다시 말해 조건문, 반복문, 중첩 함수, 클래스 등의 내부에서는 훅을 호출하지 않아야 한다. 반환문으로 함수 컴포넌트가 종료되거나, 조건문 또는 변수에 따라 반복문 등으로 훅의 호출 여부(호출되거나 호출되지 않거나)가 결정되어서는 안 된다. 이렇게 해야 useState나 useEffect가 여러 번 호출되더라도 훅의 상태를 올바르게 유지할수 있게 된다.

둘째. 훅은 항상 함수 컴포넌트나 커스텀 훅 등의 리액트 컴포넌트 내에서만 호출되어야 한다.

이 2가지 규칙을 지키면 컴포넌트의 모든 상태 관련 로직을 좀 더 명확하게 드러낼 수 있다. 이러한 규칙이 필요한 이유는 리액트에서 훅은 호출 순서에 의존하기 때문이다. 모든 컴포넌트 렌더링에서 훅의 순서가 항상 동일하게 유지되어야 하며, 이를 통해 항상 동일한 컴포넌트 렌더링이 보장된다. 따라서 이 2가지 규칙을 숙지하고 훅을 사용해야 한다.

9.2 커스텀 훅

1 나만의 훅 만들기

리액트에서 기본적으로 제공하는 useState, useState, useRef 등의 훅에 더해, 사용자 정의 훅을 생성하여 컴포넌트 로직을 함수로 뽑아내 재사용할 수 있다.

커스텀 훅custom hook은 리액트 컴포넌트 내에서만 사용할 수 있는데 이름은 반드시 use로 시작해야 한다. 가장 일반적인 커스텀 훅인 useInput을 예시로 작성해보자. useInput은 인자로 받은 초깃값을 useState로 관리하며, 해당 값을 수정할 수 있는 onChange 함수를 input의 값과 함께 반환하는 훅이다.

```
import { useState } from "react";

const useInput = (initialValue) => {
  const [value, setValue] = useState(initialValue);

  const onChange = (e) => {
    setValue(e.target.value);
  };

  return { value, onChange };
};
```

이처럼 useInput을 만든 후 컴포넌트 내에서 사용한다.

```
const MyComponent = () => {
  const { value, onChange } = useInput("");

  return (
    <div>
      <h1>{value}</h1>
      <input onChange={onChange} value={text} />
    </div>
  );
};

export default App;
```

② 타입스크립트로 커스텀 훅 강화하기

앞선 useInput 예시를 타입스크립트로 작성해보자. 기존 코드를 .ts 파일에 작성하면 타입스크립트 컴파일러는 에러를 표시한다.

```
import { useState, useCallback } from "react";

// 🚫 Parameter 'initialValue' implicitly has an 'any' type.ts(7006)
const useInput = (initialValue) => {
  const [value, setValue] = useState(initialValue);

  // 🚫 Parameter 'e' implicitly has an 'any' type.ts(7006)
  const onChange = useCallback((e) => {
    setValue(e.target.value);
  }, []);

  return { value, onChange };
};

export default useInput;
```

useInput 함수의 인자로 넣어준 initialValue와, onChange 함수의 인자로 넣어준 e의 타입이 지정되지 않았기 때문에 발생하는 에러로 두 군데 모두 타입을 명시적으로 정의해주면 해결된다.

```tsx
import { useState, useCallback, ChangeEvent } from "react";

// ☑ initialValue에 string 타입을 정의
const useInput = (initialValue: string) => {
  const [value, setValue] = useState(initialValue);

  // ☑ 이벤트 객체인 e에 ChangeEvent<HTMLInputElement> 타입을 정의
  const onChange = useCallback((e: ChangeEvent<HTMLInputElement>) => {
    setValue(e.target.value);
  }, []);

  return { value, onChange };
};

export default useInput;
```

이때 initialValue와 같은 값은 개발자가 임의로 string 등의 타입으로 지정해줄 수 있지만, <input /> 요소의 onChange 이벤트로 발생하는 이벤트 객체 e의 타입은 유추하기 힘들다. IDE를 활용하면 타입스크립트 컴파일러(tsc)가 현재 사용하고 있는 이벤트 객체의 타입을 유추해서 알려주므로 유용하다.

```tsx
                      (parameter) e: React.ChangeEvent<HTMLInputElement>
<input onChange={(e) => { console.log(e)}} />
```

(10장) =>
{(<상태 관리/>)
};

1
2
3

상태는 리액트를 사용하면서 빈번하게 접하는 용어 중 하나이다. 익숙하게 사용해왔기에 평소 상태에 대해 잘 알고 있다고 여길 수도 있지만, 상태에 대한 깊은 이해와 효율적인 활용은 생각보다 어렵다. 이 장에서는 리액트 애플리케이션에서 가장 중요한 역할을 하는 상태에 대해 알아본다. 기본적인 상태의 개념을 익히고 어떻게 효율적으로 상태를 관리할 수 있는지를 살펴보자.

10.1 상태 관리

① 상태(State)

상태란 무엇일까? 리액트 애플리케이션에서의 상태는 렌더링에 영향을 줄 수 있는 동적인 데이터 값을 말한다. 리액트 공식 문서에서는 상태를 아래와 같이 정의하고 있다.

- 렌더링 결과에 영향을 주는 정보를 담은 순수 자바스크립트 객체[1]

리액트에서의 상태는 시간이 지나면서 변할 수 있는 동적인 데이터이며, 값이 변경될 때마다 컴포넌트의 렌더링 결과물에 영향을 준다. 리액트 앱 내의 상태는 지역 상태, 전역 상태, 서버 상태로 분류할 수 있다. 리액트 내부 API만을 사용하여 상태를 관리할 수 있지만 성능 문제와 상태의 복잡성으로 인해 Redux, MobX, Recoil 같은 외부 상태 관리 라이브러리를 주로 활용한다.

지역 상태(Local State)

지역 상태는 컴포넌트 내부에서 사용되는 상태로 예를 들어 체크박스의 체크 여부나 폼의 입력값 등이 해당한다. 주로 useState 혹은 가장 많이 사용하며 때에 따라 useReducer와 같은 혹을 사용하기도 한다.

전역 상태(Global State)

전역 상태는 앱 전체에서 공유하는 상태를 의미한다. 여러 개의 컴포넌트가 전역 상태를 사용할 수 있으며 상태가 변경되면 컴포넌트들도 업데이트된다. 또한 Prop drilling 문제를 피하고자 지역 상태를 해당 컴포넌트들 사이의 전역 상태로 공유할 수도 있다.

---

1 https://legacy.reactjs.org/docs/faq-state.html

Prop drilling

props를 통해 데이터를 전달하는 과정에서 중간 컴포넌트는 해당 데이터가 필요하지 않음에도 자식 컴포넌트에 전달하기 위해 props를 전달해야 하는 과정을 말한다. 컴포넌트의 수가 많아지면 Prop drilling으로 인해 코드가 훨씬 복잡해질 수 있다.

서버 상태(Server State)

서버 상태는 사용자 정보, 글 목록 등 외부 서버에 저장해야 하는 상태들을 의미한다. UI 상태와 결합하여 관리하게 되며 로딩 여부나 에러 상태 등을 포함한다. 서버 상태는 지역 상태 혹은 전역 상태와 동일한 방법으로 관리되며 최근에는 react-query, SWR과 같은 외부 라이브러리를 사용하여 관리하기도 한다.

② 상태를 잘 관리하기 위한 가이드

상태는 애플리케이션의 복잡성을 증가시키고 동작을 예측하기 어렵게 만든다. 또한 상태가 업데이트될 때마다 리렌더링이 발생하기 때문에 유지보수 및 성능 관점에서 상태의 개수를 최소화하는 것이 바람직하다. 가능하다면 상태가 없는 Stateless 컴포넌트를 활용하는 게 좋다. 어떤 값을 상태로 정의할 때는 다음 2가지 사항을 고려해야 한다.

- 시간이 지나도 변하지 않는다면 상태가 아니다.
- 파생된 값은 상태가 아니다.

시간이 지나도 변하지 않는다면 상태가 아니다

시간이 지나도 변하지 않는 값이라면, 객체 참조 동일성을 유지하는 방법을 고려해볼 수 있다. 컴포넌트가 마운트될 때만 스토어 객체 인스턴스를 생성하고, 컴포넌트가 언마운트될 때까지 해당 참조가 변하지 않는다고 가정해보자. 이를 단순히 상수 변수에 저장하여 사용할 수도 있지만, 이러한 방식은 렌더링될 때마다 새로운 객체 인스턴스가 생성되기 때문에 컨텍스트나 props 등으로 전달했을 시 매번 다른 객체로 인식되어 불필요한 리렌더링이 자주 발생할 수 있다. 따라서 리액트의 다른 기능을 활용하여 컴포넌트 라이프사이클 내에서 마운트될 때 인스턴스가 생성되고, 렌더링될 때마다 동일한 객체 참조가 유지되도록 구현해줘야 한다.

```
const Component: React.VFC = () => {
  const store = new Store();

  return (
    <StoreProvider store={store}>
      <Children>
    </StoreProvider>
  );
};
```

객체의 참조 동일성을 유지하기 위해 널리 사용되는 방법의 하나는 메모이제이션이다. use-Memo를 활용하여 컴포넌트가 마운트될 때만 객체 인스턴스를 생성하고 이후 렌더링에서는 이전 인스턴스를 재활용할 수 있도록 구현할 수 있다.

```
const store = useMemo(() => new Store(), []);
```

단순히 코드만 봤을 때는 문제가 없어 보인다. 하지만 객체 참조 동일성을 유지하기 위해 useMemo를 사용하는 것은 권장되는 방법이 아니다. 리액트 공식 문서를 보면 useMemo를 통한 메모이제이션은 의미상으로 보장된 것이 아니기 때문에 오로지 성능 향상을 위한 용도로만 사용되어야 한다고 언급하고 있다. 또한 리액트에서는 메모리 확보를 위해 이전 메모이제이션 데이터가 삭제될 수 있다고 한다. 따라서 useMemo 없이도 올바르게 동작하도록 코드를 작성하고, 나중에 성능 개선을 위해 useMemo를 추가하는 것이 적절한 접근 방식이다.

원하는 대로 동작하게 하는 방법은 아래와 같이 2가지가 있다.

- useState의 초깃값만 지정하는 방법
- useRef를 사용하는 방법

먼저 useState를 사용하여 초깃값만 지정함으로써 모든 렌더링 과정에서 객체 참조를 동일하게 유지 할 수 있다. 그러나 useState(new Store())와 같이 사용하면 객체 인스턴스가 실제로 사용되지 않더라도 렌더링마다 생성되어 초깃값 설정에 큰 비용이 소요될 수 있다. 따라서 useState(() => new Store())와 같이 초깃값을 계산하는 콜백을 지정하는 방식(지연 초기화 방식)을 사용한다.

```
const [store] = useState(() => new Store());
```

다만 useState를 사용하는 것은 기술적으로는 잘 동작할 수 있지만, 의미론적으로 봤을 때는 좋은 방법이 아니다. 처음에는 상태를 시간이 지나면서 변화되어 렌더링에 영향을 주는 데이터로 정의했지만, 현재의 목적은 모든 렌더링 과정에서 객체의 참조를 동일하게 유지하고자하는 것이기 때문이다.

⚠ useRef()와 {current: ...} 객체를 직접 생성하는 방법 간의 유일한 차이는 useRef는 매번 렌더링할 때마다 동일한 ref 객체를 제공한다는 것이다.

리액트 공식 문서에 따르면 useRef가 동일한 객체 참조를 유지하려는 목적으로 사용하기에 가장 적합한 혹이다. useRef의 인자로 직접 new Store()를 사용하면 useState와 마찬가지로 렌더링마다 불필요한 인스턴스가 생성되므로 아래와 같이 작성해줘야 한다.

```
const store = useRef<Store>(null);

if (!store.current) {
  store.current = new Store();
}
```

useRef는 기술적으로 useState({ children: initialValue })[0]과 동일하다고 할 수 있다. 그러나 상태라고 하는 것은 렌더링에 영향을 주며 변화하는 값을 의미하고 있기 때문에, 의미론적으로 객체 참조 동일성을 유지하기 위해 useState에 초깃값만 할당하는 것은 적절하지 않다. 가독성 등의 이유로 팀 내에서 합의된 컨벤션으로 지정된 것이 아니라면 동일한 객체 참조를 할 때는 useRef를 사용할 것을 권장한다.

파생된 값은 상태가 아니다

부모에게서 전달받을 수 있는 props이거나 기존 상태에서 계산될 수 있는 값은 상태가 아니다. SSOT[Single Source Of Truth]는 어떠한 데이터도 단 하나의 출처에서 생성하고 수정해야 한다는 원칙을 의미하는 방법론이다. 리액트 앱에서 상태를 정의할 때도 이를 고려해야 한다. 다른 값에서 파생된 값을 상태로 관리하게 되면 기존 출처와는 다른 새로운 출처에서 관리하게 되는 것이므로 해당 데이터의 정확성과 일관성을 보장하기 어렵다.

- 부모에게서 props로 전달받으면 상태가 아니다.

아래와 같은 컴포넌트가 있다고 가정해보자. 해당 컴포넌트는 초기 이메일 값을 부모 컴포넌트로부터 받아 input value로 렌더링하고 이후에는 사용자가 입력한 값을 input 태그의 value로 렌더링한다. 얼핏 보면 별문제 없어 보인다. 하지만 어떤 문제가 있을까?

```tsx
import { useState } from "react";

type UserEmailProps = {
  initialEmail: string;
};

const UserEmail: React.VFC<UserEmailProps> = ({ initialEmail }) => {
  const [email, setEmail] = useState(initialEmail);

  const onChangeEmail = (event: React.ChangeEvent<HTMLInputElement>) => {
    setEmail(event.target.value);
  };

  return (
    <div>
      <input type="text" value={email} onChange={onChangeEmail} />
    </div>
  );
};
```

위 컴포넌트에서는 전달받은 initialEmail prop의 값이 변경되어도 input 태그의 value는 변경되지 않는다. useState의 초깃값으로 설정한 값은 컴포넌트가 마운트될 때 한 번만 email 상태의 값으로 설정되며 이후에는 독자적으로 관리된다.

여기서 props와 상태를 동기화하기 위해 useEffect를 사용한 해결책을 떠올릴 수도 있다. 하지만 좋은 방법은 아니다. 만약 사용자가 값을 변경한 뒤에 initialEmail prop이 변경된다면 input 태그의 value는 어떻게 설정될까? 이럴 때는 사용자의 입력을 무시하고 부모 컴포넌트로부터 전달된 initialEmail prop의 값을 value로 설정할 것이다.

아래와 같은 useEffect를 사용한 동기화 작업은 리액트 외부 데이터(예: LocalStorage)와 동기화할 때만 사용해야 하며, 내부에 존재하는 데이터를 상태와 동기화하는 데는 사용하면 안 된다. 왜냐하면 내부에 존재하는 상태를 useEffect로 동기화하면 개발자가 추적하기 어려운 오류가 발생할 수 있기 때문이다. 따라서 useEffect로 동기화하는 것은 피해야 한다.

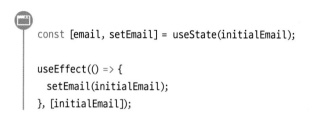

```
const [email, setEmail] = useState(initialEmail);

useEffect(() => {
  setEmail(initialEmail);
}, [initialEmail]);
```

그렇다면 어떻게 해결할 수 있을까? 현재 email 상태에 대한 출처는 prop으로 받는 initialEmail과 useState로 생성한 email state이다. 문제를 해결하기 위해 두 출처 간의의 데이터를 동기화하기보다 단일한 출처에서 데이터를 사용하도록 변경해줘야 한다. 일반적으로 리액트에서는 상위 컴포넌트에서 상태를 관리하도록 해주는 상태 끌어올리기(Lifting State Up) 기법을 사용한다. UserEmail에서 관리하던 상태를 부모 컴포넌트로 옮겨서 email 데이터의 출처를 props 하나로 통일할 수 있다.

```
import { useState } from "react";

type UserEmailProps = {
  email: string;
  setEmail: React.Dispatch<React.SetStateAction<string>>;
};

const UserEmail: React.VFC<UserEmailProps> = ({ email, setEmail }) => {
  const onChangeEmail = (event: React.ChangeEvent<HTMLInputElement>) => {
    setEmail(event.target.value);
  };

  return (
    <div>
      <input type="text" value={email} onChange={onChangeEmail} />
    </div>
  );
};
```

앞의 상황처럼 두 컴포넌트에서 동일한 데이터를 상태로 갖고 있을 때는 두 컴포넌트 간의 상태를 동기화하는 방법을 사용하면 안 된다. 대신 가까운 공통 부모 컴포넌트로 상태를 끌어올려서 SSOT를 지킬 수 있도록 해야 한다.

- props 혹은 기존 상태에서 계산할 수 있는 값은 상태가 아니다.

다음 예시는 아이템 목록과 선택된 아이템 목록을 가지고 있는 코드다. 이 코드는 아이템 목록이 변경될 때마다 선택된 아이템 목록을 가져오기 위해 useEffect로 동기화 작업을 하고 있다. 이 코드의 문제점은 무엇일까?

```
const [items, setItems] = useState<Item[]>([]);
const [selectedItems, setSelectedItems] = useState<Item[]>([]);

useEffect(() => {
  setSelectedItems(items.filter((item) => item.isSelected));
}, [items]);
```

이러한 방법의 가장 큰 문제는 items와 selectedItems가 동기화되지 않을 수 있다는 것이다. 이 코드와 같이 아주 간단한 로직을 담고 있다면 괜찮지만 여러 상태가 복잡하게 얽혀있으면 흐름을 파악하기 어렵고 의도치 않게 동기화 과정이 누락될 수도 있다. 게다가 setSelectedItems를 사용하여 items에서 가져온 데이터가 아닌 임의의 데이터셋을 설정하는 것도 구조적으로 가능하기 때문에 오류가 발생할 가능성도 존재한다. 다시 말해, 새로운 상태로 정의함으로써 단일 출처가 아닌 여러 출처를 가지게 되었고 이에 따라 동기화 문제가 발생하게 된다는 것이다.

앞서 살펴본 바와 같이, 내부의 상태끼리 동기화하는 방법이 아니라 여러 출처를 하나의 출처로 합치는 방법을 고민해야 한다. 아주 간단한 방법은 상태로 정의하지 않고 계산된 값을 자바스크립트 변수로 담는 것이다. 그러면 items가 변경될 때마다 컴포넌트가 새로 렌더링되며, 매번 렌더링될 때마다 selectedItems를 다시 계산하게 된다. 이런 식으로 단일 출처를 가지면서 원하는 동작을 수행하게 할 수 있다.

```
const [items, setItems] = useState<Item[]>([]);
const selectedItems = items.filter((item) => item.isSelected);
```

성능 측면에서 살펴보자. `items`와 `selectedItems` 2가지 상태를 유지하면서 `useEffect`로 동기화하는 과정을 거치면 `selectedItems` 값을 얻기 위해서 2번의 렌더링이 발생한다.

- `items`의 값이 바뀌며 렌더링 발생
- `items`의 값이 변경됨을 감지하고 `selectedItems` 값을 변경하며 리렌더링 발생

계산할 수 있는 값을 상태로 관리하지 않고, 직접 자바스크립트 변수에 계산 결과를 담으면 리렌더링 횟수를 줄일 수 있다. 다만 이 경우에는 매번 렌더링될 때마다 계산을 수행하게 되므로 계산 비용이 크다면 성능 문제가 발생할 수도 있다. 이럴 때 `useMemo`를 사용하여 `items`가 변경될 때만 계산을 수행하고 결과를 메모이제이션하여 성능을 개선할 수 있다.

```
const [items, setItems] = useState<Item[]>([]);
const selectedItems = useMemo(() => veryExpensiveCalculation(items), [items]);
```

useState vs useReducer, 어떤 것을 사용해야 할까

`useState` 대신 `useReducer` 사용을 권장하는 경우는 크게 2가지가 있다.

- 다수의 하위 필드를 포함하고 있는 복잡한 상태 로직을 다룰 때
- 다음 상태가 이전 상태에 의존적일 때

예를 들어, 배달의민족 리뷰 리스트를 필터링하여 보여주기 위한 쿼리를 상태로 저장해야 한다고 해보자. 이러한 쿼리는 단순하지 않고 검색 날짜 범위, 리뷰 점수, 키워드 등 많은 하위 필드를 가지게 된다. 페이지네이션을 고려한다면 페이지, 사이즈 등의 필드도 추가될 수 있다.

```
// 날짜 범위 기준 - 오늘, 1주일, 1개월
type DateRangePreset = "TODAY" | "LAST_WEEK" | "LAST_MONTH";

type ReviewRatingString = "1" | "2" | "3" | "4" | "5";

interface ReviewFilter {
  // 리뷰 날짜 필터링
  startDate: Date;
  endDate: Date;
  dateRangePreset: Nullable<DateRangePreset>;
```

```
  // 키워드 필터링
  keywords: string[];

  // 리뷰 점수 필터링
  ratings: ReviewRatingString[];

  // ... 이외 기타 필터링 옵션
}

// Review List Query State
interface State {
  filter: ReviewFilter;
  page: string;
  size: number;
}
```

이러한 데이터 구조를 useState로 다루면 상태를 업데이트할 때마다 잠재적인 오류 가능성이 증가한다. 예를 들어 페이지값만 업데이트하고 싶어도 우선 전체 데이터를 가지고 온 다음 페이지값을 덮어쓰게 되므로 사이즈나 필터 같은 다른 필드가 수정될 수 있어 의도치 않은 오류가 발생할 수 있다. 또한 '사이즈 필드를 업데이트할 때는 페이지 필드를 0으로 설정해야 한다' 등의 특정한 업데이트 규칙이 있다면 useState만으로는 한계가 있다. 이럴 때는 useReducer를 사용하는 게 좋다.

useReducer는 '무엇을 변경할지'와 '어떻게 변경할지'를 분리하여 dispatch를 통해 어떤 작업을 할지를 액션으로 넘기고 reducer 함수 내에서 상태를 업데이트하는 방식을 정의한다. 이로써 복잡한 상태 로직을 숨기고 안전성을 높일 수 있다. 아래는 리뷰 쿼리 상태에 대한 Reducer를 정의하여 useReducer를 사용한 코드이다.

```
// Action 정의
type Action =
  | { payload: ReviewFilter; type: "filter"; }
  | { payload: number; type: "navigate"; }
  | { payload: number; type: "resize"; };

// Reducer 정의
const reducer: React.Reducer<State, Action> = (state, action) => {
```

```
  switch (action.type) {
    case "filter":
      return {
        filter: action.payload,
        page: 0,
        size: state.size,
      };
    case "navigate":
      return {
        filter: state.filter,
        page: action.payload,
        size: state.size,
      };
    case "resize":
      return {
        filter: state.filter,
        page: 0,
        size: action.payload,
      };
    default:
      return state;
  }
};

// useReducer 사용
const [state, dispatch] = useReducer(reducer, getDefaultState());

// dispatch 예시
dispatch({ payload: filter, type: "filter" });
dispatch({ payload: page, type: "navigate" });
dispatch({ payload: size, type: "resize" });
```

이외에도 boolean 상태를 토글하는 액션만 사용하는 경우에는 useState 대신 useReducer
를 사용하곤 한다.

```
import { useReducer } from 'react';

// Before
const [fold, setFold] = useState(true);
```

```
const toggleFold = () => {
  setFold((prev) => !prev);
};

// After
const [fold, toggleFold] = useReducer((v) => !v, true);
```

③ 전역 상태 관리와 상태 관리 라이브러리

- 상태는 사용하는 곳과 최대한 가까워야 하며 사용 범위를 제한해야만 한다.

상태를 여러 컴포넌트에서 공유하는 전역 상태로 정의할 때 어떤 방법을 사용할 수 있고 어떻게 관리하는지를 살펴보자. 어떠한 상태를 컴포넌트 내부에서만 사용하는 게 아니라 다른 컴포넌트와 공유할 수 있는 전역 상태로 사용하는 방법은 크게 리액트 컨텍스트 API를 사용하는 방법과 외부 상태 관리 라이브러리를 사용하는 방법으로 나눌 수 있다.

- 컨텍스트 API + useState 또는 useReducer
- 외부 상태 관리 라이브러리(Redux, MobX, Recoil 등)

컨텍스트 API(Context API)

컨텍스트 API는 다른 컴포넌트들과 데이터를 쉽게 공유하기 위한 목적으로 제공되는 API이다. 깊은 레벨에 있는 컴포넌트 사이에 데이터를 전달하는 Prop Drilling 같은 문제를 해결하기 위한 도구로 활용된다.

컨텍스트 API를 활용하면 전역적으로 공유해야 하는 데이터를 컨텍스트로 제공하고 해당 컨텍스트를 구독한 컴포넌트에서만 데이터를 읽을 수 있게 된다. 따라서 UI 테마 정보나 로케일 데이터같이 전역적으로 제공하거나 컴포넌트의 props를 하위 컴포넌트에게 계속해서 전달해야 할 때 유용하게 사용할 수 있다.

아래와 같이 TabGroup 컴포넌트와 Tab 컴포넌트에 type이라는 prop을 전달한 경우, TabGroup 컴포넌트에만 이 prop을 전달하고 Tab 컴포넌트의 구현 내에서도 사용할 수 있게 하려면 어떻게 해야 할까?

```
// 현재 구현된 것 - TabGroup 컴포넌트뿐 아니라 모든 Tab 컴포넌트에도 type prop을 전달
<TabGroup type="sub">

  <Tab name="텝 레이블 1" type="sub">
    <div>123</div>
  </Tab>
  <Tab name="텝 레이블 2" type="sub">
    <div>123</div>
  </Tab>
</TabGroup>

// 원하는 것 - TabGroup 컴포넌트에만 전달
<TabGroup type="sub">
  <Tab name="텝 레이블 1">
    <div>123</div>
  </Tab>
  <Tab name="텝 레이블 2">
    <div>123</div>
  </Tab>
</TabGroup>
```

상위 컴포넌트(TabGroup)의 props를 하위 컴포넌트(Tab)에 편리하게 전달하기 위해서는
아래와 같이 상위 컴포넌트 구현 부에 컨텍스트 프로바이더^{Context Provider}를 넣어주고, 하위 컴
포넌트에서 해당 컨텍스트를 구독하여 데이터를 읽어오는 방식을 사용할 수 있다.

```
const TabGroup: FC<TabGroupProps> = (props) => {
  const { type = "tab", ...otherProps } = useTabGroupState(props);

  /* ... 로직 생략 */

  return (
    <TabGroupContext.Provider value={{ ...otherProps, type }}>
      {/* ... */}
    </TabGroupContext.Provider>
  );
};

const Tab: FC<TabProps> = ({ children, name }) => {
```

```
  const { type, ...otherProps } = useTabGroupContext();

  return <>{/* ... */}</>;
};
```

컨텍스트 API 관련한 또 하나의 팁은 유틸리티 함수를 정의하여 더 간단한 코드로 컨텍스트와 훅을 생성하는 것이다. 아래와 같이 createContext라는 유틸리티 함수를 정의해서 자주 사용되는 프로바이더와 해당 컨텍스트를 사용하는 훅을 간편하게 생성하여 생산성을 높일 수 있다.

```
type Consumer<C> = () => C;

export interface ContextInterface<S> {
  state: S;
}

export function createContext<S, C = ContextInterface<S>>(): readonly [React.FC<C>,
Consumer<C>] {
  const context = React.createContext<Nullable<C>>(null);

  const Provider: React.FC<C> = ({ children, ...otherProps }) => {
    return (
      <context.Provider value={otherProps as C}>{children}</context.Provider>
    );
  };

  const useContext: Consumer<C> = () => {
    const _context = React.useContext(context);
    if (!_context) {
      throw new Error(ErrorMessage.NOT_FOUND_CONTEXT);
    }

    return _context;
  };

  return [Provider, useContext];
}
```

```
// Example
interface StateInterface {}
const [context, useContext] = createContext<StateInterface>();
```

컨텍스트 API는 엄밀하게 말해 전역 상태를 관리하기 위한 솔루션이라기보다 여러 컴포넌트 간에 값을 공유하는 솔루션에 가깝다. 그러나 useState나 useReducer같이 지역 상태를 관리하기 위한 API와 결합하여 여러 컴포넌트 사이에서 상태를 공유하기 위한 방법으로 사용되기도 한다.

```
function App() {
  const [state, dispatch] = useReducer(reducer, initialState);

  return (
    <StateProvider.Provider value={{ state, dispatch }}>
      <ComponentA />
      <ComponentB />
    </StateProvider.Provider>
  );
}
```

위와 같이 사용하면 해당 컨텍스트를 구독하는 컴포넌트에서 앱에 정의된 상태를 읽고 업데이트할 수 있다. 그러나 컨텍스트 API를 사용하여 전역 상태를 관리하는 것은 대규모 애플리케이션이나 성능이 중요한 애플리케이션에서 권장되지 않는 방법이다. 그 이유는 컨텍스트 프로바이더의 props로 주입된 값이나 참조가 변경될 때마다 해당 컨텍스트를 구독하고 있는 모든 컴포넌트가 리렌더링되기 때문이다. 물론 컨텍스트를 생성할 때 관심사를 잘 분리해서 구성하면 리렌더링 발생을 최소화할 수는 있겠지만 애플리케이션이 커지고 전역 상태가 많아질수록 불필요한 리렌더링과 상태의 복잡도가 증가한다.

10.2 상태 관리 라이브러리

범용적으로 사용하는 상태 관리 라이브러리의 특징과 상황에 따라 어떤 라이브러리를 선택하면 좋을지 간단히 알아보자. 우아한형제들에서 사용하는 전역 상태 관리 라이브러리로 MobX, Recoil, Redux, Zustand가 있다.

① MobX

객체 지향 프로그래밍과 반응형 프로그래밍 패러다임의 영향을 받은 라이브러리다. MobX를 활용하면 상태 변경 로직을 단순하게 작성할 수 있고, 복잡한 업데이트 로직을 라이브러리에 위임할 수 있다. 객체 지향 스타일로 코드를 작성하는 데 익숙하다면 MobX를 사용하는 것을 추천한다.

다만 데이터가 언제, 어떻게 변하는지 추적하기 어렵기 때문에 트러블슈팅에 어려움을 겪을 수 있다. 예시 코드는 다음과 같다.

```
import { observer } from "mobx-react-lite";
import { makeAutoObservable } from "mobx";

class Cart {
  itemAmount = 0;

  constructor() {
    makeAutoObservable(this);
  }

  increase() {
    this.itemAmount += 1;
  }

  reset() {
    this.itemAmount = 0;
  }
}

const myCart = new Cart();

const CartView = observer(({ cart }) => (
  <button onClick={() => cart.reset()}>
    amount of cart items: {cart.itemAmount}
```

```
    </button>
 ));

 ReactDOM.render(<CartView cart={myCart} />, document.body);

 setInterval(() => {
   myCart.increase();
 }, 1000);
```

② Redux

Redux는 함수형 프로그래밍의 영향을 받은 라이브러리다. 특정 UI 프레임워크에 종속되지 않아 독립적으로 상태 관리 라이브러리를 사용할 수 있다. 오랜 기간 사용되어 왔기 때문에 다양한 요구 사항에 대해 충분히 검증되었다. 또한 상태 변경 추적에 최적화되어 있어, 특정 상황에서 발생한 애플리케이션 문제의 원인을 파악하는 데 용이하다.

하지만 단순한 상태 설정에도 많은 보일러플레이트가 필요하고, 사용 난도가 높다는 단점이 있다. Redux를 활용한 상태 관리 예시 코드는 아래와 같다.

```
import { createStore } from "redux";

function counter(state = 0, action) {
  switch (action.type) {
    case "PLUS":
      return state + 1;
    case "MINUS":
      return state - 1;
    default:
      return state;
  }
}

let store = createStore(counter);
store.subscribe(() => console.log(store.getState()));

store.dispatch({ type: "PLUS" });
// 1
```

```
store.dispatch({ type: "PLUS" });
// 2
store.dispatch({ type: "MINUS" });
// 1
```

③ Recoil

Recoil은 상태를 저장할 수 있는 Atom과 해당 상태를 변형할 수 있는 순수 함수 selector를 통해 상태를 관리하는 라이브러리다. Redux에 비해 보일러플레이트가 적고 난이도가 쉬워 배우기 쉽다. 다만 단점으로는 라이브러리가 아직 실험적인experimental 상태이기 때문에 다양한 요구 사항에 대한 충분한 검증이 이루어지지 않았다는 것이다. Recoil을 활용한 상태 관리 예시 코드는 아래와 같다.

Recoil 상태를 공유하기 위해 컴포넌트들은 RecoilRoot 하위에 위치해야 한다.

```
import React from "react";
import { RecoilRoot } from "recoil";
import { TextInput } from "./";

function App() {
  return (
    <RecoilRoot>
      <TextInput />
    </RecoilRoot>
  );
}
```

Atom은 상태의 일부를 나타내며 어떤 컴포넌트에서든 읽고 쓸 수 있도록 제공된다.

```
import { atom } from "recoil";

export const textState = atom({
  key: "textState", // unique ID (with respect to other atoms/selectors)
  default: "", // default value (aka initial value)
});
```

```
import { useRecoilState } from "recoil";
import { textState } from "./";

export function TextInput() {
  const [text, setText] = useRecoilState(textState);

  const onChange = (event) => {
    setText(event.target.value);
  };

  return (
    <div>
      <input type="text" value={text} onChange={onChange} />
      <br />
      Echo: {text}
    </div>
  );
}

setInterval(() => {
  myCart.increase();
}, 1000);
```

④ Zustand

Zustand는 Flux 패턴을 사용하며 많은 보일러플레이트를 가지지 않는 훅 기반의 편리한 API 모듈을 제공한다. 클로저를 활용하여 스토어 내부 상태를 관리함으로써 특정 라이브러리에 종속되지 않는 특징이 있다.

그리고 상태와 상태를 변경하는 액션을 정의하고 반환된 훅을 어느 컴포넌트에서나 임포트하여 원하는 대로 사용할 수 있다. Zustand를 활용한 상태 관리 예시 코드는 아래와 같다.

```
import { create } from "zustand";

const useBearStore = create((set) => ({
  bears: 0,
  increasePopulation: () => set((state) => ({ bears: state.bears + 1 })),
  removeAllBears: () => set({ bears: 0 }),
```

```
  })));

  function BearCounter() {
    const bears = useBearStore((state) => state.bears);
    return <h1>{bears} around here ...</h1>;
  }

  function Controls() {
    const increasePopulation = useBearStore((state) => state.increasePopulation);
    return <button onClick={increasePopulation}>Plus</button>;
  }
```

우형 이야기

우형에서는 어떤 상태 관리 라이브러리를 사용할까?

Q. 현재 팀에서 사용하는 상태 관리 라이브러리가 있나요?

냥이팀 상태 관리 라이브러리를 다음과 같은 기준으로 선택했어요. 첫 번째는 '보일러플레이트 코드가 너무 많지 않으면 좋겠다', 두 번째 '코드를 하나 작성하는 데 너무 많은 게 들어가지 않았으면 좋겠다'는 기준이요. 그래서 Recoil을 사용합니다. 다만 리액트 함수 컴포넌트의 훅과 Recoil 상태 훅State Hook이 동일한 방식으로 동작하기 때문에 훅의 업데이트 방식이 아닌 형태로 컴포넌트를 업데이트하고 싶을 때 다시 말해, 비동기 업데이트 로직이랑 무관하게 실행하고 싶을 때는 지원이 부족해서 활용하기 쉽지 않았어요. 하지만 오히려 훅처럼 동작하는 방식을 선호하는 팀원들도 있어서, 다양한 의견을 고려하여 결정하게 되었습니다. 더불어 Recoil은 상대적으로 러닝 커브가 낮았다는 점도 선택한 이유 중 하나였습니다.

감자팀 Redux를 쓰기도 하고 MobX를 쓰기도 해요. 최근에는 어드민쪽에서 Recoil을 도입했습니다. 경험상 가장 좋았던 것은 Recoil이고 MobX가 가장 별로였던 것 같아요. Redux의 경우 툴킷을 사용하면 사용성이 향상되기에 괜찮은 것 같습니다.

Recoil이 가장 좋았다고 말한 이유는 Redux나 MobX는 보일러플레이트가 복잡할뿐더러 특히 MobX는 클래스 문법에 애너테이션까지 써야하는데 이 부분이 자바스크립트와 어울리지 않는다는 생각이 들었어요. Redux는 하나의 상태를 관리하기 위해 너무 많은 코드를 작성해야 하고, 비동기 처리를 추가하면 상태 관리가 복잡해지더라고요. 그에 반해 Recoil은 더 간편하며 리액트에 붙이기 편하다는 느낌을 받았습니다. MobX는 서버 개발자들이 만든 어드민에서 쓰고 있었고, 그 프로젝트를 넘겨받은 적이 있는데 아마 서버 개발자들 입장에서는 MobX가 가장 읽기 쉬운 상태 관리 라이브러리로 보여서 선택한 것 같아요.

왕팀 MobX와 Redux 모두 다뤄본 경험이 있어요. 둘을 비교해보면 Redux에서는 값을 변경하려면 디스패치에 액션과 값을 넣어야 합니다. 하지만 MobX에서는 컴포넌트를 옵서버로 선언하면 스토어가 변경되었을 때 리렌더링이 되기 때문에 마술 같은 면이 있죠. 또한 MobX는 객체 지향 패러다임과 잘 어울리는 것 같고 Vuex와 유사한 것 같아요. 한편 Redux는 보일러플레이트가 많이 필요하기 때문에 선호하지는 않아요. 팀 내에서는 Redux로 구현된 프로젝트를 Recoil로 변경할 계획을 하고 있습니다.

Q. 왜 프로젝트에 상태 관리 라이브러리가 왜 필요하다고 생각했나요? 앞으로도 계속 상태 관리 라이브러리가 필요할까요?

왕팀 우리는 프론트 앱을 위해 컴포넌트 구조를 설계하고 만듭니다. 그러면 계단식cascading 형태의 트리가 생길 텐데, 이 컴포넌트의 리액트적인 동작을 위한 구조와 데이터의 흐름이 만들어내는 구조가 항상 일치한다고 생각하지 않아요. 이러한 불일치를 해소하기 위한 것이 상태 관리 라이브러리라고 생각해요.

배달이팀 리액트는 애초에 UI를 그리는 데에만 관심이 있는 거고, 데이터를 컨트롤하는 것에는 관심이 없으니까 필요한 것 같아요.

감자팀 가장 대표적으로는 Prop Drilling을 피하고자 사용하는 것 같아요. 여러 컴포넌트에서 동일한 상태를 써야 할 때, 특히 상하 계층이 모호한 경우에는 상태 관리가 어려워지므로 상태 관리 라이브러리가 필요하다고 생각합니다. 하지만 모든 리액트 프로젝트에서 상태 관리가 무조건 필요하다고 생각하진 않아요.

Q. 팀에서 상태 관리 라이브러리를 바꾼 경험이 있나요?

메이팀 현재 한 프로젝트에서 Redux를 쓰고 있는데 Recoil로 전환을 고려하고 있어요. 메타 정보를 담고 있는 상태의 사이즈가 커짐에 따라 작은 변경에도 상태 전체를 복사해서 업데이트하기에는 소요되는 비용이 크다고 생각해요. 하지만 Recoil의 Atom Family를 활용하여 하나의 거대한 상태가 아닌 메타 정보 내 있는 각가의 블록 정보를 개별 상태로 두고 효율적으로 상태 관리를 하고 싶어요.

Q. 팀에서 사용하는 라이브러리 외에 선호하는 상태 관리 라이브러리가 있나요? 선호하는 이유는 무엇인가요?

냥이팀 저는 Recoil이 좋아요. Simple is best!

왕팀 현재까지는 MobX가 마음에 들어요. MobX는 객체 지향적인 특성이 돋보이는데 클래스 형으로 싱글톤이 되는 저장소를 명확하게 가지고 있고, 그 안에서 데이터를 다루는 것이 편하게 느껴집니다.

메이팀 저는 Redux가 더 익숙한 것 같아요. reducer라는 순수 함수 기반으로 값을 조작할 수 있어서 걱정할 필요 없다는 점이 매력적입니다. 그리고 많은 사람이 사용해왔기 때문에 레퍼런스가 풍부하다는 점도 좋아요. 보일러플레이트가 약간 있는 편이지만 한 번 작성하고 나면 코드 구조가 잘 정리되어 자리 잡게 되니 괜찮은 것 같아요.

```
1    (11장) =>
2    {(<CSS-in-
3    JS/>)
4    };
```

기존에는 스타일시트 묶음을 별도로 유지보수하며 프로젝트를 관리해왔다. CSS-
in-JS는 단어 그대로 자바스크립트 코드에서 CSS를 작성하는 방식을 말한다.
CSS-in-JS를 적용하면 CSS 스타일을 문서 레벨이 아니라 컴포넌트 레벨로 추상
화해주기 때문에 관리가 용이해진다. 반드시 CSS-in-JS를 사용해야 하는 것은 아
니다. CSS-in-CSS 방식도 많은 장점을 가지고 있다. 그러나 오늘날 웹은 페이지
가 아닌 컴포넌트로 작성되기 때문에 CSS-in-JS 방식을 적용했을 때 더 많은 이
점을 누릴 수 있다. 이 장에서는 CSS-in-JS의 개념과 사용법에 관해 알아본다.

1 CSS-in-JS와 인라인 스타일의 차이

CSS-in-JS는 CSS-in-CSS보다 더 강력한 추상화 수준을 제공한다. CSS-in-JS를 활용하면 자바스크립트로 스타일을 선언적이고 유지보수할 수 있는 방식으로 표현할 수 있다. 그렇다면 인라인 스타일이 CSS-in-JS일까? 아니다. 두 방식의 차이점에 관해 알아보자.

> 🦉 **인라인 스타일(Inline Style)**
>
> HTML 요소 내부에 직접 스타일을 적용하는 방식을 말한다. HTML 태그의 **style** 속성을 사용하여 인라인 스타일을 적용할 수 있다.

먼저 인라인 스타일을 살펴보자.

```
const textStyles = {
  color: white,
  backgroundColor: black
}

const SomeComponent = () => {
  return (
    <p style={textStyles}>inline style!</p>
  );
};
```

위 코드는 브라우저에서 DOM 노드를 다음과 같이 연결한다.

```
<p style="color: white; backgrond-color: black;">inline style!</p>
```

그다음 CSS-in-JS 방식을 살펴보자.

```
import styled from "styled-components";
const Text = styled.div`
  color: white,
  background: black
`;

// 다음처럼 사용
const Example = () => <Text>{Hello CSS-in-JS}</Text>;
```

위 코드는 다음과 같이 브라우저에서 DOM 노드를 연결한다.

```
<style>
  .hash136s21 {
    background-color: black;
    color: white;
  }
</style>

<p class="hash136s21">Hello CSS-in-JS</p>
```

인라인 스타일은 DOM 노드에 속성으로 스타일을 추가한 반면에 CSS-in-JS는 DOM 상단에 `<style>`태그를 추가했다.

CSS-in-JS를 사용하면 실제로 CSS가 생성되기 때문에 미디어 쿼리, 슈도 선택자 등과 같은 CSS 기능을 손쉽게 누릴 수 있다. styled-components 같은 라이브러리는 SASS의 기능까지 지원한다. CSS-in-JS의 몇 가지 장점을 나열하면 다음과 같다.

1. 컴포넌트로 생각할 수 있다: CSS-in-JS는 스타일을 컴포넌트 단위로 추상화하여 생각할 수 있게 해준다. 따라서 별도의 스타일시트를 유지보수할 필요 없이 각 컴포넌트의 스타일을 관리할 수 있다.

2. 부모와 분리할 수 있다: CSS에는 명시적으로 정의하지 않은 경우 부모 요소에서 자동으로 상속되는 속성이 있다. 하지만 CSS-in-JS는 이러한 상속을 받지 않는다. 따라서 각 컴포넌트의 스타일은 부모와 독립되어 독립적으로 동작한다.

3. 스코프를 가진다: CSS는 하나의 전역 네임스페이스를 가지기 때문에 선택자 충돌을 피하기 어렵다. 하나의 프로젝트 내에서는 BEM 같은 네이밍 컨벤션이 도움을 줄 수 있지만, 서드파티 코드를 통합할 때는 도움이 되지 않는다. CSS-in-JS는 CSS로 컴파일될 때 고유한 이름을 생성하여 스코프를 만들어준다. 따라서 선택자 충돌을 방지할 수 있다.

4 자동으로 벤더 프리픽스가 붙는다: CSS-in-JS 라이브러리들은 자동으로 벤더 프리픽스를 추가하여 브라우저 호환성을 향상해준다.

5 자바스크립트와 CSS 사이에 상수와 함수를 쉽게 공유할 수 있다: CSS-in-JS를 활용하면 자바스크립트 변수, 상수, 함수를 스타일 코드 내에서 쉽게 사용할 수 있다. 이를 통해 스타일과 관련된 로직을 함께 관리할 수 있다.

 BEM(Block Element Modifier)

CSS 클래스 네이밍 컨벤션의 한 형식을 의미한다. BEM은 선택자 충돌과 유지보수 문제를 해결하기 위해 개발된 방법론으로 다음과 같은 구조로 클래스를 작명하고 구성하게 된다.

- Block(블록): 컴포넌트나 모듈의 최상위 레벨 요소를 나타낸다. 클래스 명은 중복되지 않아야 하며, 컴포넌트의 기본 스타일을 정의한다.
- Element(요소): 블록 내부의 하위 요소를 나타낸다. 클래스 명은 블록의 클래스 명을 접두어로 가지며 블록 내부에서만 의미가 있다.
- Modifier(수정자): 블록이나 요소의 상태나 특성을 나타내는 클래스를 추가한다. 이로써 특정 상황에 스타일을 변경하거나 동작을 제어할 수 있다.

 벤더 프리픽스(Vendor Prefix)

웹 브라우저마다 지원되는 CSS 속성이나 기능이 다를 때 특정 브라우저에서 제대로 동작하도록 하기 위해 추가되는 접두사를 말한다.

② CSS-in-JS 등장 배경

리액트 컴포넌트를 스타일링하기 위해 순수하게 CSS만 사용할 수도 있지만 스타일링 라이브러리를 적용할 수도 있다. 스타일링 라이브러리는 크게 두 가지로 나눌 수 있다.

- CSS Preprocessor
  sass/scss
  less
  stylus

- CSS in JS
  styled-components
  emotion

CSS는 단순히 웹 문서를 꾸미는 역할에 그치지 않고, 웹 애플리케이션의 UI를 설계하는 데에도 사용된다. 웹 환경이 변하면서 요구 사항이 다양해지고 복잡도도 계속 증가했다. 특히 선택자selector의 복잡도가 높아짐에 따라 CSS 전처리기 방식이 등장하게 되었다. 앞서 언급했다시피 웹 애플리케이션의 UI를 구성하는 데에도 CSS를 사용하고 웹 개발에 컴포넌트/모듈 방식이 적용됨에 따라 CSS Modules를 시작으로 자바스크립트에서 CSS를 생성하는 방식이 도입되었다.

2014년 11월, 메타(구 페이스북)의 엔지니어인 크리스토퍼 쉬도Christopher Chedeau는 규모가 크고 동적인 웹 애플리케이션을 유지보수하기 위해 해결해야 할 CSS의 문제점을 7가지로 분류하여 설명하면서 해결책으로 CSS-in-JS 개념을 제시했다.

크리스토퍼 쉬도가 언급한 CSS의 7가지 문제점은 다음과 같다.

1 Global Namespace(글로벌 네임스페이스): 모든 스타일이 전역 공간을 공유하므로 중복되지 않는 CSS 클래스 이름을 고민해야 한다.

2 Dependencies(의존성): CSS의 의존성과 자바스크립트의 의존성이 달라서 사용하지 않는 스타일이 포함되거나 꼭 필요한 스타일이 누락되는 문제가 발생한다.(현재는 번들러의 발전으로 거의 해결)

3 Dead Code Elimination(불필요한 코드 제거): 기능 추가 · 수정 · 삭제 과정에서 불필요한 CSS를 삭제하기 어렵다.

4 Minification(최소화): 클래스 이름을 최소화하기 어렵다.

5 Sharing Constants(상수 공유): 자바스크립트와 상태 값을 공유할 수 없다.(이에 대한 해결책으로 현재는 CSS Variable이 도입되어 CSS의 공식 기능으로 제공)

6 Non-deterministic Resolution(비결정적 해결): CSS 로드 순서에 따라 스타일 우선순위가 달라진다.

7 Isolation(고립) – CSS의 외부 수정을 관리하기 어렵다.(캡슐화)

이때를 기점으로 CSS-in-JS를 구현하기 위한 여러 움직임이 있었고 그 결과 styled-components, emotion과 같은 CSS-in-JS 라이브러리가 등장하게 되었다.

이제는 CSS-in-JS를 통해 스타일이라는 요소를 컴포넌트의 일부로 간주할 수 있게 되었으며 HTML, CSS, 자바스크립트 같은 단위로 웹 애플리케이션을 분리하는 대신 스타일을 포함한 컴포넌트 단위로 분리할 수 있게 되었다.

▶웹 애플리케이션 분리 방식의 변화

(출처: https://speakerdeck.com/didoo/let-there-be-peace-on-css)

지금까지 CSS-in-JS의 기본적인 개념과 등장 배경 등을 살펴봤다. 그렇다고 해서 CSS-in-CSS 방식이 더 이상 사용할 수 없을 만큼 심각한 문제를 가지고 있다고 말하는 것은 아니다. CSS-in-JS를 적용하기 위해서는 별도의 라이브러리를 설치해야 하고 런타임에 스타일을 생성하기 위한 동작이 필요하기 때문에 CSS-in-CSS에 비해 성능적인 측면에서 뒤떨어질 수도 있다. 그러나 동적인 대규모 웹 애플리케이션 또는 웹 서비스를 컴포넌트 기반으로 개발할 때 CSS-in-JS 방식을 적용하면 생산성을 획기적으로 높일 수 있다.

우아한형제들의 많은 프로젝트에서도 이러한 이유로 CSS-in-JS를 적극적으로 사용하고 있다.

③ CSS-in-JS 사용하기

```ts
import styled from "@emotion/styled";

export const Button = styled.button<{ primary: boolean }>`
  background: transparent;
  border: none;
  cursor: pointer;
  font-size: inherit;
  padding: 0;
  margin: 0;
  color: ${({ primary }) => (primary ? "red" : "blue")};
`;
```

대부분의 CSS-in-JS 사용 방식은 유사한데 템플릿 리터럴을 활용해서 동적인 스타일을 정의하면 된다. 먼저 props의 타입을 정의하고, 이 props를 활용해서 동적인 스타일링을 구현한다.

만약 **variant** props의 유형에 따라 다른 스타일을 적용하고 싶다면 (emotion 라이브러리를 기준으로) **css** 함수를 사용하여 스타일을 정의하고 **variant** 값에 따라 맵 객체를 생성하여 사용할 수도 있다.

```ts
import { css, SerializedStyles } from "@emotion/react";
import styled from "@emotion/styled";

type ButtonRadius = "xs" | "s" | "m" | "l";

export const buttonRadiusStyleMap: Record<ButtonRadius, SerializedStyles> = {
  xs: css`
    border-radius: ${radius.extra_small};
  `,
  s: css`
    border-radius: ${radius.small};
  `,
  m: css`
    border-radius: ${radius.medium};
```

```
  `,
  l: css`
    border-radius: ${radius.large};
  `,
};

export const Button = styled.button<{ radius: string }>`
  ${({ radius }) => css`
    /* ...기타 스타일은 생략 */
    ${buttonRadiusStyleMap[radius]}
  `}
`;
```

RoundButton, SquareButton 등 여러 버튼 컴포넌트를 구현해야 한다면, 공통적인 버튼 스타일을 따로 정의한 다음에 각 컴포넌트 스타일에서 이를 확장하여 구현할 수 있다.

```
const RoundButton = styled(CommonButton)``;
const SquareButton = styled(CommonButton)``;
```

11.2 유틸리티 함수를 활용하여 styled-components의 중복 타입 선언 피하기

리액트 컴포넌트를 구현할 때 여러 옵션을 props로 받아 유연한 컴포넌트를 구현할 수 있다. 컴포넌트의 background-color, size와 같은 값도 props로 받아와서 상황에 맞는 스타일로 구현하는 경우가 많다. 이때 스타일 관련 props는 styled-components로 전달되는데 해당 타입을 styled-components에서도 정의해줘야 한다. 보통 styled-components에 넘겨주는 타입은 props에서 받은 타입과 동일하다. 이때 타입스크립트에서 제공하는 Pick, Omit 같은 유틸리티 타입을 유용하게 활용할 수 있다.

유틸리티 타입을 활용하지 않을 때는 어떤 불편함이 생기는지 알아보자.

① props 타입과 styled-components 타입의 중복 선언 및 문제점

아래 컴포넌트는 수평선을 그어주는 HrComponent다. HrComponent는 className, 수평선의 높이, 색상 값 그리고 isFull 속성을 props로 받는다. isFull 속성은 화면 좌우 기본 패딩 값을 무시하고 꽉 찬 수평선을 만들고 싶을 때 사용하는 속성이다. props의 color 타입에서 사용되는 colors는 색상 값만 따로 객체로 관리하고 각 컴포넌트에서 임포트하여 사용하고 있다. HrComponent를 사용할 때 색상값은 colors 객체에 존재하는 키값을 넣어주면 된다.

HrComponent의 props 중 height, color, isFull 속성은 styled-components인 HrComponent에 그대로 prop으로 전달되기 때문에 타입이 같다. 여기서는 아래 코드처럼 height, color, isFull에 대한 StyledProps 타입을 새로 정의하여 HrComponent에 적용했다.

이때 props와 똑같은 타입임에도 StyledProps를 따로 정의해줘야 하는 점 때문에 코드 중복이 발생한다. 또한 props의 height, color, isFull 타입이 변경되면 StyledProps도 변경되어야 한다. 아래 예시의 HrComponent는 간단한 컴포넌트이기 때문에 중복해서 타입을 작성해주는 게 그다지 번거롭지 않을 수 있지만, 컴포넌트가 커지고 여러 styled-components를 활용할 때는 중복되는 타입과 관리해야 되는 포인트가 늘어나게 된다.

props에서 받은 타입을 styled-components로 넘겨서 활용할 때는 Pick, Omit 같은 유틸리티 타입을 활용할 수 있다.

```
interface Props {
  height?: string;
  color?: keyof typeof colors;
  isFull?: boolean;
  className?: string;
  ...
}

export const Hr: VFC<Props> = ({ height, color, isFull, className }) => {
  ...
  return (
    <HrComponent
      height={height}
      color={color}
      isFull={isFull}
```

```
        className={className}
      />
    );
};

const StyledProps {
  height?: string;
  color?: keyof typeof colors;
  isFull?: boolean;
};

const HrComponent = styled.hr<StyledProps>`
  height: ${({ height }) => height || "10px"};
  margin: 0;
  background-color: ${({ color }) => colors[color || "gray7"]};
  border: none;

  ${({ isFull }) =>
    isFull &&
    css`
      margin: 0 -15px;
    `}
`;
```

이 코드에서는 Pick 유틸리티 타입을 사용하여 styled-components 타입을 작성했다.

이처럼 styled-components에 적용하는 것뿐만 아니라 상속받는 컴포넌트나 부모 컴포넌트에서 자식 컴포넌트로 넘겨주는 props 등의 경우에도 Pick이나 Omit 같은 유틸리티 타입을 활용하면 중복되는 타입을 피할 수 있어 유지보수적인 측면에서 긍정적인 효과를 얻을 수 있다.

```
const HrComponent = styled.hr<Pick<Props, "height" | "color" | "isFull">>`
  ...
`;
```

```
1    (12장) =>
2    {((<타입스크립트
     프로젝트관리
3
4    관리/>)

5    };
```

이 장에서는 타입스크립트 프로젝트에서 유용하게 활용할 수 있는 개념과 팁을 소개한다.

12.1 앰비언트 타입 활용하기

타입스크립트 프로젝트에서 앰비언트 타입을 활용하는 방법에 대해 알아보자. 앰비언트 타입의 개념뿐 아니라 효과적으로 사용할 수 있는 방법을 소개한다. 또한 우아한형제들에서 실제로 declare 키워드를 활용한 사례도 살펴본다.

① 앰비언트 타입 선언

타입스크립트의 타입 선언은 .ts 또는 .tsx 확장자를 가진 파일에서 할 수 있지만 .d.ts 확장자를 가진 파일에서도 선언할 수 있다.

앰비언트 타입 선언

.d.ts 확장자를 가진 파일에서는 타입 선언만 할 수 있으며 값을 표현할 수는 없다. 값을 포함하는 일반적인 선언과 구별하기 위해 .d.ts 확장자를 가진 파일에서 하는 타입 선언을 앰비언트ambient 타입 선언이라고 부른다.

① 앰비언트(ambient)는 사전적으로 '주변의'란 의미를 가진다.

앰비언트 타입 선언으로 값을 정의할 수는 없지만 declare라는 키워드를 사용하여 어딘가에 자바스크립트 값이 존재한다는 사실을 선언할 수 있다.

① declare는 타입스크립트 컴파일러에 어떤 것의 존재 여부를 명시해주는 역할을 한다. 단순히 존재 여부만 알려주기 때문에 컴파일 대상이 아니다.

대표적인 앰비언트 타입 선언 활용 사례

타입스크립트를 사용하다 보면 *.js 또는 *.ts 형식이 아닌 파일을 임포트할 때 종종 에러가 발생하는 것을 보게 된다. 예를 들어 자바스크립트로 png 등 이미지 파일을 모듈로 임포트할 때, 자바스크립트 환경에서는 멀쩡히 동작하던 게 타입스크립트 환경에서는 에러가 발생하는 상황이 연출되곤 한다.

타입스크립트는 기본적으로 .ts와 .js 파일만 이해하며 그 외의 다른 파일 형식은 인식하지
못한다. 따라서 알지 못하는 파일 형식을 모듈로 가져오려 하면 에러가 발생한다. 이런 상황에
서 타입스크립트의 declare 키워드를 사용하여 아래와 같이 특정 형식을 모듈로 선언하면 타
입스크립트 컴파일러에 미리 정보를 제공함으로써 에러를 수정할 수 있게 된다.

```
declare module "*.png" {
  const src: string;
  export default src;
}
```

보다시피 declare 키워드는 이미 존재하지만 타입스크립트가 알지 못하는 부분을 컴파일러
에 '이러한 것이 존재해'라고 알려주는 역할을 한다.

자바스크립트로 작성된 라이브러리

자바스크립트로 작성된 npm 라이브러리가 있다고 가정해보자. 이 라이브러리는 자바스크립
트로 구현되었기에 타입 선언이 존재하지 않는다. 따라서 타입스크립트에서 이 라이브러리를
사용할 수는 있지만 타입 선언이 없으므로 임포트한 모듈은 모두 any로 추론될 것이다. 만약
tsconfig.json 파일에서 any를 사용하지 못하게 설정했다면 프로젝트가 빌드되지 않을 것
이다.

이때 앰비언트 타입 선언을 사용할 수 있다. 자바스크립트 라이브러리 내부 함수와 변수의 타
입을 앰비언트 타입으로 선언하면 타입스크립트는 자동으로 .d.ts 확장자를 가진 파일을 검
색하여 타입 검사를 진행하게 되므로 문제없이 컴파일된다. 또한 VSCode와 같은 코드 편집
기도 .d.ts 확장자를 가진 파일을 해석하여 코드를 작성할 때 유용한 타입 힌트를 제공한다.

예를 들어 @types/react를 npm install -D 명령을 통해 설치하면 node_modules/@
types/react에 index.d.ts와 global.d.ts가 설치된다. 이러한 파일에는 리액트의 컴포넌
트와 훅에 대한 타입이 정의되어 있다. 더욱 흥미로운 점은 tsc는 별도의 설정 없이도 node_
modules/@types 디렉터리에 있는 타입 선언을 타입 검사에 활용한다는 것이다. 앞서 언급한
대로 VSCode는 index.d.ts와 global.d.ts 파일을 활용하여 코드 작성 시 유용한 타입 힌
트를 제공한다.

즉, 앰비언트 타입 선언은 타입스크립트에게 '자바스크립트 코드 안에는 이러한 정보들이 있어'라고 알려주는 도구라고 이해하면 된다.

타입스크립트로 작성된 라이브러리

타입스크립트로 작성된 라이브러리일지라도 자바스크립트 파일과 .d.ts 파일로 배포되는 것이 일반적이다.

타입스크립트 파일을 직접 배포하여 라이브러리 사용자가 타입스크립트를 컴파일할 때 라이브러리 코드도 함께 컴파일하게 할 수도 있다. 그러나 자바스크립트 파일과 .d.ts 파일로 배포하면 라이브러리 코드를 따로 컴파일하지 않아도 되기 때문에 컴파일 시간이 크게 줄어든다. 또한 .d.ts 파일이 있기 때문에 사용자는 .d.ts 파일에 정의된 타입 정보를 활용하여 라이브러리를 사용할 수 있다. 또한 tsconfig.json 파일의 declaration을 true로 설정하면 타입스크립트 컴파일러는 자동으로 .d.ts 파일을 생성한다.

자바스크립트 어딘가에 전역 변수가 정의되어 있음을 타입스크립트에 알릴 때

타입스크립트로 직접 구현하지 않았지만 실제 자바스크립트 어딘가에 전역 변수가 정의되어 있는 상황을 타입스크립트에 알릴 때 앰비언트 타입 선언을 사용한다.

예를 들어 웹뷰를 개발할 때 네이티브 앱과의 통신을 위한 인터페이스를 네이티브 앱이 Window 객체에 추가하는 경우가 많다. 이렇게 전역 객체인 Window에 변수나 함수를 추가하면 타입스크립트에서 직접 구현하지 않았더라도 실제 런타임 환경에서 해당 변수를 사용할 수 있다.

네이티브 앱에서 Window 전역 객체에 deviceId나 appVersion 같은 값을 할당해주는 시나리오를 떠올려보자. Window 객체의 속성은 타입스크립트로 직접 정의한 값이 아니기 때문에 타입스크립트는 해당 속성이 Window 객체의 타입에 존재하지 않는다고 판단한다. 따라서 해당 속성에 접근하려고 하면 Window 객체에 존재하지 않는 속성이라는 에러가 발생한다. 이때 global namespace에 있는 Window 객체에 해당 속성이 정의되어 있다는 것을 나타내기 위해 앰비언트 타입 선언을 사용할 수 있다.

```
declare global {
  interface Window {
    deviceId: string | undefined;
    appVersion: string;
  }
}
```

② 앰비언트 타입 선언 시 주의점

타입스크립트로 만드는 라이브러리에는 불필요

tsconfig.json의 declaration을 true로 설정하면 타입스크립트 컴파일러가 .d.ts 파일을 자동으로 생성해주기 때문에 수동으로 .d.ts 파일을 작성할 필요가 없다. 따라서 타입스크립트로 라이브러리를 개발할 때는 앰비언트 타입 선언을 사용할 필요가 없다.

전역으로 타입을 정의하여 사용할 때 주의해야 할 점

서로 다른 라이브러리에서 동일한 이름의 앰비언트 타입 선언을 한다면 충돌이 발생하여 어떤 타입 선언이 적용될지 알기 어려우며, 의도한 대로 동작하지 않을 수 있다. 또한 앰비언트 타입 선언은 명시적인 임포트나 익스포트가 없기 때문에 코드의 의존성 관계가 명확하지 않아 나중에 변경할 때 어려움을 겪을 수 있다.

③ 앰비언트 타입 선언을 잘못 사용했을 때의 문제점

.ts 파일 내의 앰비언트 변수 선언은 개발자에게 혼란을 야기할 수 있다. 대표적으로 .ts 파일 내부에 엠비언트 변수를 선언할 때 앰비언트 타입의 의존성 관계가 보이지 않기 때문에 변경에 의한 영향 범위를 파악하기 어렵다. 왜냐하면 앰비언트 타입은 명시적인 임포트나 익스포트 없이 코드 전역에서 사용할 수 있기 때문이다. 특히 소스코드 규모가 크다면 추후 변경이 어려워질 수 있다.

다음과 같이 declare 키워드를 사용한 앰비언트 타입 선언은 .d.ts 파일이 아닌 .ts, .tsx 파일 내에서도 할 수 있다.

- src/index.tsx

```
import React from "react";
import ReactDOM from "react-dom";
import App from "App";

declare global {
  interface Window {
    Example: string;
  }
}

const SomeComponent = () => {
  return <div>앰비언트 타입 선언은 .tsx 파일에서도 가능</div>;
};
```

이렇게 선언된 앰비언트 타입은 아래와 같은 **src/test.tsx** 파일에서도 임포트 없이 사용할
수 있다.

- src/test.tsx

```
window.Example; // 앰비언트 타입 선언으로 인해 타입스크립트 에러가 발생하지 않음
```

이렇듯 앰비언트 변수 선언은 어느 곳에나 영향을 줄 수 있기 때문에 일반 타입 선언과 섞이게
되면 앰비언트 선언이 어떤 파일에 포함되어 있는지 파악하기 어려워진다. 앞의 예시는 **Win-
dow** 전역 객체의 확장을 나타내고 있는데 **src/index.tsx**라는 최상위 파일에서 앰비언트 변
수 선언을 했기 때문에 그나마 파악하기 쉽다. 하지만 작은 컴포넌트에 앰비언트 변수 선언이
포함되어 있다면 모든 파일의 타입에 영향을 주기 때문에 어떤 파일에서 앰비언트 타입이 선
언되었는지 찾기 어려워진다.

.d.ts 확장자 파일 내에서 앰비언트 타입 선언을 하는 것은 일종의 개발자 간의 약속이다. 타
입 선언 위치가 명확해야 가독성이 높아지고 유지보수도 편하게 할 수 있기 때문이다.

④ 앰비언트 타입 활용하기

타입스크립트 컴파일러에 타입 정보를 알려주는 declare 키워드를 더 효과적으로 활용할 수 있는 방법을 살펴보자.

타입을 정의하여 임포트 없이 전역으로 공유

.d.ts 파일에서의 앰비언트 타입 선언은 전역 변수와 같은 역할을 한다. 따라서 앰비언트 타입을 선언하면 모든 코드 내에서 임포트하지 않고 사용할 수 있다. 가령 유용한 유틸리티 타입을 작성했다고 가정해보자. 이렇게 앰비언트 타입으로 유틸리티 타입을 선언하면 모든 코드에서 임포트하지 않아도 해당 타입을 사용할 수 있다. 마치 내장 타입 유틸리티 함수를 사용하는 것처럼 말이다.

```
// src/index.d.ts
type Optional<T extends object, K extends keyof T = keyof T> = Omit<T, K> &
Partial<Pick<T, K>>;

// src/components.ts
type Props = { name: string; age: number; visible: boolean };
type OptionalProps = Optional<Props>; // Expect: { name?: string; age?: number;
visible?: boolean;
```

declare type 활용하기

보편적으로 많이 사용하는 커스텀 유틸리티 타입을 declare type으로 선언하여 전역에서 사용할 수 있다. 아래 예시처럼 Nullable 타입을 선언해서 어디에서든 쉽게 사용할 수 있다.

```
declare type Nullable<T> = T | null;

const name: Nullable<string> = "woowa";
```

declare module 활용하기

CSS-in-JS 라이브러리의 사례를 살펴보자. theme의 인터페이스 타입을 확장하여 theme 타입이 자동으로 완성되도록 하는 기능이 추가되었다.

CSS-in-JS 라이브러리는 기존의 폰트 크기, 색상 등을 객체로 관리한다. 이렇게 정의된 theme에서 스타일 값을 가져와 기존 인터페이스 타입과 통합하여 theme 타입이 자동으로 완성되는 기능을 지원하고 있다.

```
const fontSizes = {
  xl: "30px",
  // ...
};

const colors = {
  gray_100: "#222222",
  gray_200: "#444444",
  // ...
};

const depths = {
  origin: 0,
  foreground: 10,
  dialog: 100,
  // ...
};

const theme = {
  fontSizes,
  colors,
  depths
};

declare module "styled-components" {
  type Theme = typeof theme;

  export interface DefaultTheme extends Theme {}
}
```

이외에도 로컬 이미지나 SVG같이 외부로 노출되어 있지 않은 파일을 모듈로 인식하여 사용할 수 있게끔 만들 수 있다.

```
declare module "*.gif" {
  const src: string;

  export default src;
}
```

declare namespace 활용하기

Node.js 환경에서 .env 파일을 사용할 때, `declare namespace`를 활용하여 `process.env`로 설정값을 손쉽게 불러오고 환경변수의 자동 완성 기능을 쓸 수 있다.

```
declare namespace NodeJS {
  interface ProcessEnv {
    readonly API_URL: string;
    readonly API_INTERNAL_URL: string;
    // ...
  }
}
```

앞과 같이 `process.env`를 통해 접근하는 변수 또한 타입을 지정할 수 있기 때문에 `as` 단언을 사용하지 않아도 된다. 아래와 같은 함수 예시를 통해 타입을 보강한 경우와 그렇지 않은 경우를 비교하여 개념을 이해할 수 있다.

```
function log(str: string) {
  console.log(str);
}
```

1) namespace를 활용하여 process.env 타입을 보강해주지 않은 경우

```
// .env
API_URL = "localhost:8080";

log(process.env.API_URL as string);
```

2) namespace를 활용하여 process.env 타입을 보강한 경우

```
// .env
API_URL = "localhost:8080";

declare namespace NodeJS {
  interface ProcessEnv {
    readonly API_URL: string;
  }
}

log(process.env.API_URL);
```

declare global 활용하기

declare global 키워드는 전역 변수를 선언할 때 사용한다. 예를 들어 전역 변수인 Window 객체의 스코프에서 사용되는 모듈이나 변수를 추가할 수 있다.

```
declare global {
  interface Window {
    newProperty: string;
  }
}
```

앞의 코드처럼 전역 변수인 Window 객체에 newProperty 속성을 추가한 것과 같은 동작을 구현할 수 있다. 대표적으로 네이티브 앱과의 통신을 위한 인터페이스를 Window 객체에 추가할 때 앰비언트 타입 선언을 활용할 수 있다.

다음 코드는 iOS 웹뷰에서 자바스크립트로 네이티브 함수를 호출하기 위한 함수를 정의한 것이다. 이를 통해 네이티브 앱과의 통신을 위한 함수를 호출할 때, 자동 완성 기능을 활용하여 실수를 줄일 수 있다.

```
declare global {
  interface Window {
    webkit?: {
      messageHandlers?: Record<
        string,
        {
          postMessage?: (parameter: string) => void;
        }
      >;
    };
  }
}
```

결과적으로 아래와 같은 코드가 자동으로 완성되는 것을 확인할 수 있다.

```
window.webkit?.|
                    ⬡ messageHandlers?
```

5 declare와 번들러의 시너지

declare global로 전역 변수를 선언하는 과정과 번들러를 통해 데이터를 주입하는 절차를 함께 활용하면 시너지를 낼 수 있다.

```
const color = {
  white: "#ffffff",
  black: "#000000",
} as const;

type ColorSet = typeof color;

declare global {
  const _color: ColorSet;
}
```

앞과 같이 전역에 _color라는 변수가 존재함을 타입스크립트 컴파일러에 알리면 해당 객체를 활용할 수 있다.

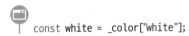

```
const white = _color["white"];
```

하지만 아직 ColorSet 타입을 가지고 있는 _color 객체의 실제 데이터가 존재하지 않는다. 다시 말해 앞의 코드는 타입스크립트 에러를 발생시키지 않지만, 코드가 실행될 경우에는 실제 데이터가 없기 때문에 기대하는 동작과 다를 수 있다.

이러한 문제를 해결하기 위한 방법 중 하나가 번들 시점에 번들러를 통해서 해당 데이터를 주입하는 것이다.

다음은 롤업rollup 번들러의 **inject** 모듈로 데이터를 주입하는 예시를 나타낸 것이다.

우선 전체적인 폴더 구조는 아래와 같다.

```
// data.ts
export const color = {
  white: "#ffffff",
  black: "#000000",
} as const;

// type.ts
import { color } from "./data";
type ColorSet = typeof color;

declare global {
  const _color: ColorSet;
```

```
  }

  // index.ts
  console.log(_color["white"]);

  // rollup.config.js
  import inject from "@rollup/plugin-inject";
  import typescript from "@rollup/plugin-typescript";

  export default [
    {
      input: "index.ts",
      output: [
        {
          dir: "lib",
          format: "esm",
        },
      ],
      plugins: [typescript(), inject({ _color: ["./data", "color"] })],
    },
  ];
```

전체적인 흐름을 살펴보면 data.ts에서 색상을 정의하고 있으며 type.ts에서는 해당 데이터로부터 타입을 정의하여 전역적으로 선언하고 있다.

index.ts 파일에서는 전역 타입으로 선언된 변수인 _color['white']를 콘솔로 출력하고 있다. 그리고 가장 중요한 롤업 번들러 설정에서 inject 모듈을 사용하여 _color에 해당하는 데이터를 삽입하고 있다.

 inject 모듈

inject는 임포트문의 경로를 분석하여 데이터를 가져온다.

    import { color } from "./data";

./data 경로에서 color를 가져오는 경우, ['./data', 'color']로 지정하여 어떤 데이터 값을 가져올지 명시할 수 있다.

해당 번들 결과물을 실행하면 #ffffff가 정상적으로 출력되는 것을 확인할 수 있다.

```
→  lib git:(master) ✗ node lib/index.js
#ffffff
```

스크립트와 설정 파일 활용하기

타입스크립트 프로젝트에서 스크립트와 tsconfig 등을 잘 활용하면 개발 생산성을 높일 수 있다. 이 절에서는 타입스크립트 프로젝트를 관리할 때 알아두면 유용한 꿀팁을 소개한다.

1 스크립트 활용하기

실시간으로 타입을 검사하자

일반적으로 타입스크립트 프로젝트에서는 에디터가 가능한 한 빠르게 타입 에러를 감지해준다. 그러나 컴퓨터 성능이 떨어지거나 프로젝트 규모가 커지면 에디터(예: VSCode, Web-Storm)가 타입 에러를 알려주는 속도가 느려진다. 때로는 검사하려는 특정 파일을 열어야만 타입 에러가 나타나기도 하며, 에디터에서 분명히 에러가 없다고 확인하고 나서 커밋commit했는데 뒤늦게 깃훅git hook 도구인 husky에 의해 타입 에러가 발견되기도 한다.

이럴 때는 아래 스크립트를 사용하여 실시간으로 에러를 확인할 수 있다.

```
yarn tsc —noEmit —incremental -w
```

이 스크립트는 프로젝트의 tsc(타입스크립트 컴파일러)를 실행한다.

- noEmit 옵션은 자바스크립트로 된 출력 파일을 생성하지 않도록 설정한 것이다.
- incremental 옵션은 증분 컴파일을 활성화하여 컴파일 시간을 단축할 수 있게 해준다.
- w는 파일 변경 사항을 모니터링한다는 의미이다.

증분 컴파일

매번 모든 대상을 컴파일하는 것이 아니라 변경 사항이 있는 부분만을 컴파일하는 것을 말하며, 이를 활용하면 컴파일 시간을 줄일 수 있다.

터미널에서 앞의 스크립트를 실행하면 파일이 변경될 때마다 tsc가 실행되어 어디에서 타입 에러가 발생했는지를 실시간으로 추적할 수 있다.

- 타입 에러가 없을 때

```
[오후 9:21:31] Starting compilation in watch mode...

[오후 9:21:37] Found 0 errors. Watching for file changes.
```

- 타입 에러가 발생했을 때

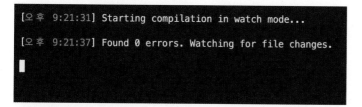

```
[오후 9:23:17] File change detected. Starting incremental compilation...

app/views/registration/DriverLicenseFormScreen.tsx:125:11 - error TS2322: Type '{ v
isible: boolean; onPressClose: () => void; wrongProps: number; }' is not assignable
 to type 'IntrinsicAttributes & Props'.
  Property 'wrongProps' does not exist on type 'IntrinsicAttributes & Props'.

125          wrongProps={1}
             ~~~~~~~~~~

[오후 9:23:17] Found 1 error. Watching for file changes.
```

타입 커버리지 확인하기

타입스크립트를 사용하면서 any 타입을 이곳저곳에서 남발[1] 하면 타입스크립트의 장점을 활용하지 못할 수 있다. 따라서 현재 프로젝트에서 얼마나 타입스크립트를 적절하게 쓰고 있는지 확인할 필요가 있다. 프로젝트의 모든 부분이 타입스크립트 통제하에 돌아가고 있는지를 정량적으로 판단하기 위해 다음과 같은 스크립트를 사용할 수 있다.

---

1 이른바 any 스크립트라고 부른다.

npx type-coverage —detail

이 스크립트를 사용하면 현재 프로젝트의 타입 커버리지와 **any**를 사용하고 있는 변수의 위치가 나타난다.

- 타입 커버리지 스크립트 확인 결과

앞의 그림을 보면 전체의 약 85.78%에 해당하는 변수가 타입으로 지정되어 있음을 확인할 수 있다. 반대로 말하면 약 14%(2만 개)의 변수는 any로 선언되어 있다는 것이다.

타입스크립트로 마이그레이션 중인 프로젝트나 레거시 코드가 많은 프로젝트를 다룰 때 타입 커버리지를 체크함으로써 더 나은 코드 퀄리티로 리팩터링하기 위한 기반을 마련하는 데 도움이 되는 정량적인 지표를 얻을 수 있다.

② 설정 파일 활용하기

타입스크립트 컴파일 속도 높이기

tsconfig의 incremental 속성을 활용하여 타입스크립트의 컴파일 속도를 높일 수 있다. incremental 속성을 true로 설정하면 증분 컴파일이 활성화되어 매번 모든 대상을 컴파일 하는 것이 아니라 변경된 부분만 컴파일하게 된다. 이로써 모든 대상을 컴파일하지 않아도 되므로 컴파일타임을 줄일 수 있다. 이 설정은 tsconfig 파일에 추가하거나 스크립트에서 사용할 수 있다.

- tsconfig 파일에 설정 추가

```
// tsconfig에 추가
{
  "compilerOptions": {
    ...
    incremental: true
  }
}
```

- 스크립트 활용

```
yarn tsc —noEmit —incremental —diagnostic
```

- incremental 미적용 시

```
Files:            1027
Lines:          290570
Nodes:          942690
Identifiers:    288806
Symbols:        603014
Types:          134746
Instantiations: 406542
Memory used:   540032K
I/O read:        0.75s
I/O write:       0.00s
Parse time:      6.67s
Bind time:       1.59s
Check time:     15.99s
Emit time:       0.00s
Total time:     24.25s
```

- incremental 적용 시

```
Files:            1027
Lines:          290570
Nodes:          942690
Identifiers:    288806
Symbols:        202654
Types:           13161
Instantiations:  29010
Memory used:   321981K
I/O read:        0.62s
I/O write:       0.00s
Parse time:      6.43s
Bind time:       1.73s
Check time:      2.01s
Emit time:       0.18s
Total time:     10.36s
```

전체 시간(Total time)을 비교해보면 incremental 속성을 적용했을 때가 기존보다 10초 이상 빨라진 것을 확인할 수 있다. 특히 검사 시간(Check time)의 차이가 확연하다.

③ 에디터 활용하기

에디터에서 타입스크립트 서버 재시작하기

VSCode나 WebStorm과 같은 자바스크립트 IDE에서 프로그래밍하다 보면, 때로는 정의된 타입이 있는 객체인데도 임포트되지 않거나 자동 완성 기능이 동작하지 않는 경우를 종종 볼 수 있다.

이런 상황에서는 타입스크립트 서버를 재실행하면 된다. VSCode에서는 **Restart TS server** 기능을 지원하는데 ⌘Command ＋ Shift ＋P (윈도우: Ctrl ＋ Shift ＋P)를 누르고 실행하면 된다.

WebStorm은 **TypeScript tool window** 기능을 지원한다. 에디터의 오른쪽 하단 바에 위치한 **TypeScript** 메뉴에서 **Restart TypeScript Service**를 클릭하면 타입스크립트 서버가 재실행된다.

12.3 타입스크립트 마이그레이션

이번에는 기존에 진행하고 있던 자바스크립트 프로젝트를 타입스크립트로 마이그레이션하는 사례를 살펴보자.

① 타입스크립트 마이그레이션의 필요성

타입스크립트를 새로운 기술 스택으로 도입하는 결정을 했더라도 반드시 기존 프로젝트를 타입스크립트로 마이그레이션해야만 하는 것은 아니다. 우아한형제들에서는 타입스크립트로 프로젝트를 새로 구축한 사례가 기존 자바스크립트 프로젝트를 타입스크립트로 마이그레이션한 사례보다 많다. 아마도 새로운 설계를 바탕으로 타입을 작성하는 게 더 효율적이었기 때문일 것이다.

빠르게 변화하는 비즈니스 환경에서는 기존 코드의 구조적인 한계가 드러날 수 있다. 이런 상황에서 자바스크립트 코드를 타입스크립트 코드로 변환하는 것은 현재 비즈니스 로직에 맞지 않는 인터페이스만 추가하는 작업에 불과할 수도 있다. 이런 작업은 마이그레이션 과정 자체에 대한 의구심을 불러일으킬 수 있으며, 타입스크립트 코드로 성공적으로 변환을 마치더라도 타입스크립트의 장점을 충분히 활용하기 어려울 수 있다.

따라서 상황에 따라 비즈니스 요구 사항의 변화를 반영할 수 있는 새로운 설계를 기반으로 타입을 작성하는 게 효율적일 수 있다. 프로젝트의 규모와 특성 및 내외부 여건을 종합적으로 고려하여, 기존 프로젝트를 신규 프로젝트로 바꾸는 게 나을지 단순히 마이그레이션하는 게 나을지를 신중하게 따져봐야 한다.

② 점진적인 마이그레이션

정말 작은 프로젝트가 아닌 이상, 하루아침에 전체 마이그레이션을 완료할 수는 없을 것이다. 따라서 작은 부분부터 시작하여 점차 범위를 넓혀가며 마이그레이션을 진행하게 된다. 이런 식으로 타입스크립트 마이그레이션을 점진적으로 진행할 수 있다면 참으로 다행이다. 작은 부분부터 마이그레이션을 시작할 수 있기 때문에 진입 장벽이 낮아지고 프로젝트의 전반적인 동작을 안정적으로 유지할 수 있게 된다.

하지만 단순히 allowJS를 true, noImplicitAny를 false로 설정한 채 무기한으로 마이그레이션을 미루는 것은 지양해야 한다. 데드라인이 없는 프로젝트는 언제 완료될지 모르는 과도기에 빠질 수 있다. 따라서 점진적인 타입스크립트 마이그레이션을 진행하기로 했다면, 프로젝트 참여자와 함께 우선순위를 대략적이라도 설정해두는 게 좋다.

③ 마이그레이션 진행하기

타입스크립트 마이그레이션을 진행하기로 했다면 다음과 같은 단계를 거치게 된다.

1. 타입스크립트 개발 환경을 설정하고, 빌드 파이프라인에 타입스크립트 컴파일러를 통합한다. tsconfig.json 파일에서 allowJS를 true로 noImplicitAny를 false로 설정해야 한다. allowJS(기본값: false)는 자바스크립트 파일을 컴파일할 때 사용하는 옵션으로, 기존 자바스크립트 함수를 타입스크립트에서 임포트하거나 반대로 타입스크립트 함수를 자바스크립트에서 임포트할 수 있게 해준다. 또한 noImplicitAny는 암시적 any 타입이 있을 때 오류가 발생하게 하는 옵션이다. 따라서 타입을 점진적으로 추가하는 과정에서는 오류가 발생하지 않도록 noImplicitAny를 false로 설정해야 한다.

2. 작성된 자바스크립트 파일을 타입스크립트 파일로 변환한다. 이 단계에서는 필요한 타입과 인터페이스를 하나씩 정의하며 함수 시그니처를 추가해간다.

3. 기존 자바스크립트 파일을 모두 타입스크립트로 변환하는 작업이 완료되었다면 tsconfig.json 파일에서 allowJS를 false로 변경하고, noImplicitAny를 true로 설정하여 타입이 명시되지 않은 부분이 없는지 점검한다.

12.4 모노레포

여러 프로젝트를 관리하는 경우에는 일반적으로 개별 프로젝트마다 별도의 레포지토리^{repository}를 생성하여 관리한다. 이때, 프로젝트마다 고유하고 독립적인 코드가 존재한다면 통합이 필요하지 않을 수도 있다. 하지만 공통된 요소를 찾아낼 수 있다면 이를 통합하여 조금 더 효율적으로 관리할 수 있다. 이 절에서는 여러 프로젝트를 관리하는 상황에서 공통적인 요소를 통합하는 과정을 살펴본다.

▶ 독립적으로 존재하는 3개의 프로젝트

위 그림과 같이 3개의 독립적인 프로젝트가 있다고 가정해보자. 개발자는 각각의 레포지토리에서 해당 프로젝트를 위한 Jest, 바벨, ESLint, 타입스크립트 등의 설정 파일을 별도로 구성하고 빌드 파이프라인, 공통적인 컴포넌트 그리고 해당 프로젝트에 필요한 소스코드를 독립적으로 관리하고 있다. 이러한 상황에서 만약 프로젝트에 필요한 기능이 다른 프로젝트에 존재한다면 아래 그림과 같이 단순히 해당 기능을 복사하여 붙여넣기 함으로써 빠르게 구현할 수 있다.

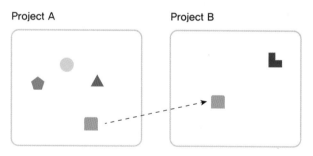

▶ 기능 복붙하기

이런 과정을 통해 개발 시간을 아낄 수 있지만 프로젝트 관리 측면에서 이러움이 생기기도 한다. 예를 들어, 여러 프로젝트에 동일한 코드를 복사하여 붙여 넣은 후에 뒤늦게 새로운 버그가 발견되거나 기능 확장을 위해 해당 기능을 수정해야 할 때 프로젝트의 개수만큼 반복적인 수정 작업을 해야 한다. 특정 라이브러리에 문제가 생기거나 더 이상 사용되지 않는 경우에도 마찬가지로 모든 프로젝트에서 일일이 대응해야 한다.

따라서 개발자가 변경이 필요한 지점을 모두 인지하고 있어야 하기 때문에 개발자 경험(DX)이 저하될 수 있다. 장기적으로도 프로젝트 관리가 어려워지면서 업무 효율이 갈수록 악화되는 현상이 발생하게 된다.

이처럼 분산된 구조는 생산성을 떨어뜨리는 결과를 초래한다. 이런 상황에서 벗어나기 위해서는 반복되는 코드를 함수화하여 통합하듯이 한 곳에서 프로젝트를 관리할 수 있도록 통합해야 한다.

2 통합할 수 있는 요소 찾기

모든 요소를 통합할 수 있다면 이상적이겠지만, 완전히 동일한 프로젝트가 아니라면 프로젝트마다 다른 요소가 존재하기 마련이다. 따라서 먼저 프로젝트 내에서 공통으로 통합할 수 있는 요소를 찾아야 한다.

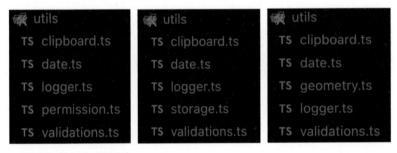

▶ 프로젝트별 utils 디렉토리

각 프로젝트의 utils 디렉토리는 앞의 그림과 같다. 여기서 clipboard, date, logger, validation 파일은 통합할 수 있는 파일로 보인다. 물론 각 파일의 소스코드가 같지 않다면 통합을 위해 일부 수정해야 한다.

3 공통 모듈화로 관리하기

소스코드를 수정한 다음에 모듈화를 통해 통합할 수 있다. 이 과정에서 npm과 같은 패키지 관리자를 활용하여 공통 모듈을 생성하고 관리한다면 각 프로젝트에서 간편하게 모듈과 의존성을 맺고 사용할 수 있게 된다. 새로운 프로젝트를 시작하더라도 모듈을 통해 코드를 재사용할 수 있으며, 특정 기능의 변경이 필요할 때는 해당 모듈의 소스코드만 수정하면 되기 때문에 유지보수도 쉬워진다.

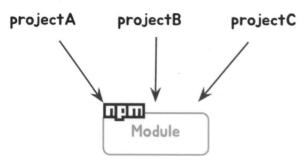

▶ 공통 모듈화

공통 모듈화를 통해 단순한 코드 복사 작업은 줄었지만 여전히 아쉬운 점이 있다. 만약 공통 모듈에 변경이 발생한다면 해당 모듈을 사용하는 프로젝트에서도 추가 작업이 필요할 수 있다. 또한 공통 모듈의 개수가 늘어나면 관리해야 할 레포지토리도 그만큼 늘어난다.

새로운 공통 모듈이 필요하다면 개발자는 새로운 레포지토리를 생성하고 개발 환경을 설정하며 패키지 관리자를 사용하여 모듈을 게시해야 한다. 새로운 프로젝트를 시작할 때도 빌드를 위한 CI/CD 파이프라인, Lint, 테스트 등도 별도로 설정해야 한다.

④ 모노레포의 탄생

모노레포Monorepo란 버전 관리 시스템에서 여러 프로젝트를 하나의 레포지토리로 통합하여 관리하는 소프트웨어 개발 전략이다. 이전에는 다양한 기능을 가진 프로젝트를 하나의 레포지토리로 관리하는 모놀리식Monolithic 기법을 주로 사용했다. 하지만 모놀리식 구조는 코드 간의 직접적인 의존이 발생하여 일부 로직만 변경될 때도 전체 프로젝트에 영향을 줄 수 있다. 이에 따라 설계적인 측면과 빌드 및 배포 등에서 효율적이지 못했다.

당연하게도 효율적인 구조에 대한 수요가 생겼고 거대한 프로젝트를 작은 프로젝트의 집합으로 나누어 관리하는 폴리레포polyrepo 방식과 하나의 레포지토리로 모든 것을 관리하는 모노레포 방식이 등장하게 되었다. 최근에는 작은 프로젝트에서도 번들러, 테스트, Lint, CI/CD 스크립트나 도커 등 다양한 설정을 적용한다.

이러한 상황에서 모노레포를 사용하면 개발 환경 설정도 통합할 수 있어서 더 효율적인 관리가 가능해진다. 요즘은 많은 프로젝트에서 모노레포를 채택하고 있다. 우아한형제들에서도 10개 이상의 내부 프로젝트가 모노레포로 진행되고 있다. 그만큼 모노레포는 유용하게 활용할 수 있는 구조이다

모노레포로 관리했을 때의 장점

모노레포는 앞서 설명한 대로 여러 프로젝트를 하나의 레포지토리로 통합하여 관리하며, 프로젝트마다 개별적인 레포지토리를 만드는 방식과는 달리 Lint, CI/CD 등 개발 환경 설정도 통합적으로 관리하기 때문에 불필요한 코드 중복을 줄여준다.

개별적으로 프로젝트를 형성하는 폴리레포와는 다르게 공통 모듈도 동일한 프로젝트 내에서 관리되므로 별도의 패키지 관리자를 통해 모듈을 게시하지 않아도 된다. 이에 따라 기능 변화를 쉽게 추적하고 의존성을 관리할 수 있게 된다.

모노레포로 관리했을 때의 단점

모노레포로 프로젝트를 관리할 때 시간이 지나면서 레포지토리가 거대해질 수 있다. 그리고 하나의 레포지토리에 여러 팀의 이해관계가 얽혀있다면 소유권과 권한 관리가 복잡해질 수 있다. 따라서 각 프로젝트나 모듈의 소유권을 명확히 정의하고 규칙을 설정해야 하는 과정이 별도로 필요하다.

우형 이야기

우아한형제들 구성원들의 모노레포에 대한 생각

Q. 모노레포를 사용하고 있나요? 그렇다면 모노레포를 사용하면서 느낀점을 알고 싶습니다.

메이팀 네, 모노레포를 사용하고 있어요. 모노레포 안에 있는 패키지의 개별적인 버저닝이 필요했어요. 특히 디자인 시스템을 개발하고 있기 때문에 패키지 수가 엄청 많았어요. 또한 패키지들끼리 연관성이 높아서 한 곳에서 효율적으로 관리할 필요가 있다고 생각했어요.

왐팀 공통적인 코드를 관리한다는 측면에서는 모노레포가 유용하다고 생각합니다. 하지만 하나의 프로젝트처럼 관리되지 않는 모노레포를 사용할 때는 아쉬운 점이 있어요. 개발실에서 쓰는 모든

어드민을 합쳐놓은 모노레포가 있어요. 같은 개발실에서 사용하는 모노레포이지만 한 팀이 아니라 여러 부서에서 관리하다 보니 깃 로그를 읽고 변경 내역을 빠르게 파악하는 게 어려워요. 또한 모노레포로 합쳐져 있지만 배포 주기가 각각 다릅니다. 이런 부분까지 고려해서 어떻게 모노레포를 더 잘 활용할 수 있을지 지속적으로 고민해야 할 것 같아요.

배달이팀 저희는 pnpm과 Learna + npm workspace를 사용하여 모노레포를 관리하고 있어요. 모노레포를 사용하면 패키지 간의 연관 관계가 있을 때 버저닝이 확실하게 보장된다는 장점이 있습니다. 그리고 공통적인 부분을 새로운 패키지로 분리해야 할 때도 빠르게 작업할 수 있어서 좋습니다. 하지만 모노레포로 개발하게 되면 모든 패키지를 보게 되어 퍼포먼스가 떨어지는 것 같기도 해요. 예전에 초창기 설정 때 공통 의존성이 꼬이는 문제가 발생한 적이 있어요. 문제를 해결하는 데 많은 리소스가 투입돼서 힘들었던 적이 있어요.

냥이팀 Lerna를 사용하여 모노레포를 관리하고 있어요. 특히 디자인 시스템에서는 모든 모노레포 패키지를 순회하며 빌드하거나 npm 레지스트리 등록 등의 작업을 해야 하는데, 이런 동작과 관련된 예시를 찾아보기 좋았던 게 Lerna였어요. 또한 패키지 번들러로 롤업을 사용해야 했는데 Lerna를 사용한 관련 예시가 많아서 큰 도움이 되었어요.

감자팀 yarn berry를 모노레포를 관리하는 데 사용하고 있습니다. 하지만 파일을 찾는 데 어려움을 겪은 적이 있어요. 만약에 비슷한 이름을 가진 파일이 있다면 해당 파일의 경로까지 찾아야 했기 때문에 매우 힘들죠. 그나마 전통적인 node_modules가 있다면 좀 나은데, yarn berry는 프로젝트별로 파일을 열기도 어려워요. 따라서 모든 상황에 yarn berry를 추천하는 것은 아니에요. 다른 프로젝트에서는 nx를 사용하는데 다양한 기능을 써야할 때 편리합니다. yarn berry가 node_modules를 사용하지 않는 구조를 채택하면서 발생한 문제를 단일 프로젝트서도 해결하기 어려운데 모노레포를 사용할 때는 더 헤매게 되는 것 같아요. nx를 사용하면 이런 단점을 보완할 수 있어요. 특히 특정 패키지만 배포해야 할 때 필요한 모듈만 정리해서 제공해준다는 점이 좋았던 것 같아요.

```
1   (13장) =>
2   {(<타입스크립트와
3      객체 지향/>)
4   };
```

이 장에서는 타입스크립트와 리액트 환경에서 객체 지향을 어떻게 활용하고 더 나은 방향으로 발전시킬 수 있는지 알아본다.

13.1 타입스크립트의 객체 지향

객체 지향을 이해하고 있는 프론트엔드 개발자라면 한 번쯤 이런 의문을 가져봤을 것이다.

"프론트엔드에 객체 지향을 어떻게 적용하지?"

언뜻 보기에 객체 지향은 프론트엔드 개발과는 거리가 먼 개념처럼 느껴질 수 있다. 하지만 사실 우리는 이미 객체 지향을 적용하고 있다. 이 절에서는 타입스크립트와 리액트에서 어떤 식으로 객체 지향을 쓰고 있는지 그리고 어떻게 효과적으로 활용할 수 있을지를 살펴볼 것이다.

물론 자바스크립트로도 객체 지향 프로그래밍을 할 수 있다. 자바스크립트는 프로토타입 기반의 객체 지향 언어로 분류된다. 그러나 자바스크립트는 전통적인 객체 지향 프로그래밍 언어에서 기대할 수 있는 일부 기능을 지원하지 않아 객체 지향을 온전히 구현하는 데 부족함이 있다. 이러한 제약을 타입스크립트가 private과 같은 접근 제어자나 추상 클래스, 추상 메서드 같은 기능을 지원하면서 해결해준다. 타입스크립트는 객체 지향을 구현할 수 있도록 도와주는 자바스크립트의 슈퍼셋으로 볼 수 있다.

타입스크립트는 점진적 타이핑, 구조적 타이핑 그리고 덕 타이핑이 결합한 언어이다. 이 3가지 개념이 섞인 언어는 흔치 않은데 이것들을 한데 모아 객체 지향의 폭을 넓혀준다.

- 점진적 타이핑은 프로그램 전체가 아닌 개발자가 명시한 일부분만 정적 타입 검사를 거치게 하고 나머지 부분은 그대로 동적 타입 검사가 이루어지게 하여 점진적 개선을 할 수 있도록 해준다.
- 덕 타이핑은 객체의 변수와 메서드 집합이 객체의 타입을 결정하게 해준다.
- 구조적 타이핑을 구조적 타입 시스템이라고도 부른다. 명시적인 선언이나 이름에 의존하여 명확한 상속 관계를 지향하는 노미널 타이핑Nominal Typin과 달리, 구조적 타이핑은 객체의 속성에 해당하는 특정 타입의 속성을 갖는지를 검사하여 타입 호환성을 결정한다.

대표적인 노미널 타이핑 언어로 자바, C# 등을 들 수 있다. 노미널 타이핑 언어는 인터페이스와 클래스가 일대일로 대응된다. 그러나 타입스크립트 같은 구조적 타이핑 언어는 하나의 클래스에 여러 인터페이스가 연결될 수 있으며, 하나의 인터페이스에 여러 클래스가 연결될 수도 있다. 게다가 앞서 언급했듯이 타입스크립트는 자바스크립트의 슈퍼셋으로 기존 웹 환경과 잘 호환되며, 객체 지향을 자바스크립트보다 더 쉽게 표현할 수 있게 해준다. 이제 우리는 복잡한 비즈니스 로직을 타입스크립트로 좀 더 수월하게 구현할 수 있게 되었다.

타입스크립트를 활용해 프론트엔드에서 객체 지향을 구현할 수 있다. 객체는 별다른 게 아니다. 우리가 자주 쓰고 있는 컴포넌트도 객체의 한 형태다. 컴포넌트는 스스로 책임을 져야하는 역할을 수행하면서 다른 컴포넌트 객체와 협력하는 독립적인 객체다. 컴포넌트를 조합하는 것도 객체 지향을 활용하는 것이라고 볼 수 있다. 물론 JSX 문법은 선언적이라는 특성이 있지만 이미 우리는 컴포넌트를 개발하면서 사실상 객체 지향을 구현하고 있다.

그렇다면 객체 지향의 관점에서 타입스크립트가 프론트엔드에 어떤 이점을 주는지 살펴보자.

> 1 타입스크립트는 prop을 인터페이스로 정의할 수 있다. 객체 지향 패러다임에서는 객체 간의 협력 관계에 초점을 둔다. 컴포넌트 간의 협력 관계를 표현하는 것이 prop이다. 또한 객체 자체가 아니라 프레임워크에 의해 객체의 의존성이 주입되는 DI^Dependency Injection(의존성 주입) 패턴을 따르는데, 이러한 패턴을 더욱 명확하게 표현할 수 있게 해주는 것이 타입스크립트다.

우리는 이미 리액트나 뷰 같은 도구를 사용하며 DI를 활용하고 있다. DI는 객체 간의 의존 관계를 설정하는 데 사용된다. DI를 구현하기 위해서는 A 클래스가 B 클래스에 의존한다고 하더라도, A가 B의 구체 클래스가 아닌 B의 인터페이스에 의존하도록 설계해야 한다. DI 패턴을 따르면 객체 간의 결합도를 낮출 수 있는데 타입스크립트로 DI 패턴을 더욱 명확하게 표현할 수 있다.

> 2 타입스크립트 자체가 객체 지향적으로 다양한 측면을 표현하는 데 큰 장점을 가지고 있다. 앞서 언급한 대로 타입스크립트는 점진적 타이핑, 구조적 타이핑, 덕 타이핑을 결합한 언어로 객체 지향의 폭을 넓혀준다.

프론트엔드 개발에서 객체 지향은 중요한 개념이다. 이쯤에서 한 번 고민해야 할 게 있다. 객체 지향을 따르기 위해서는 객체 간의 협력과 역할에 집중해야 한다. 과연 우리는 컴포넌트를 만들 때 컴포넌트의 역할과 컴포넌트 간의 협력에 초점을 맞추고 있었을까?

사실, 웹 개발을 하면서 제대로 된 객체 지향을 구현하기 어려운 이유가 있다. 웹 개발에서는 선언적인 언어 또는 문법을 사용할 때가 있기 때문이다. 우리는 JSX와 같은 선언적인 문법을 사용하여 마크업을 처리한다. 일반적으로 객체 지향을 구현하려면 객체 간의 협력 관계를 먼저 고려하고, 메시지를 정의하여 해당 메시지를 수신할 알맞은 객체를 결정하는 절차를 따르게 된다.

하지만 HTML 마크업을 선언적으로 작성할 때는 컴포넌트 간의 관계를 먼저 떠올리기 어렵다. 디자인 요구 사항이 제시되어야 그에 맞춰 마크업을 진행할 수밖에 없다. 이처럼 컴포넌트 간의 협력 관계를 먼저 고려하고 메시지를 정하는 것은 현실적으로 힘든 일이다. 게다가 애플리케이션의 변동 사항에 유연하게 대응하기 위해, 다시 말해 변경이 용이하고 유지보수성이 높은 설계를 하기 위해 객체 지향을 구현하는 것인데 사전에 레이아웃의 변화를 예측할 수 없다. 단지 레이아웃의 변경 사항이 생기면 그저 묵묵히 받아들일 뿐이다.

이러한 레이아웃의 변동에 좀 더 나은 대응을 하기 위해 MVP, MVC, MVVM 등의 다양한 패턴이 등장했지만 이것들이 만병통치약은 아니다. 선언적인 문법을 사용하면서 객체 지향을 완벽하게 구현한다는 것은 너무 이상적인 이야기다. 이 2가지를 균형 있게 유지하는 방법은 아직 존재하지 않는다.

컴포넌트만 객체일까? 아니다. 만약 어떤 상품이 존재하고 이를 담을 수 있는 장바구니가 있다고 가정해보자. 이들이 유기적으로 상호작용한다면 객체라고 볼 수 있다. 리액트에서 컴포넌트는 props를 받아 결과물을 렌더링한다. 이때 props로 전달되는 값을 객체로 해석할 수도 있다. 또한 리뷰 데이터를 props로 받아 렌더링하는 컴포넌트가 있다면, 이 리뷰 데이터를 각각의 원시값이 아닌 하나의 객체로 전달하여 사용할 수도 있을 것이다. 좀 더 크게 보면 상태 관리 측면에서 유기적인 객체를 생성할 수도 있을 것이다. 특히 MobX는 객체 지향 패러다임을 기반으로 한 대표적인 상태 관리 라이브러리다.

그렇다면 어떻게 프론트엔드에서 객체 지향을 효과적으로 활용할 수 있을까? 회사의 전략과 프로젝트의 방향성에 따라 다양한 접근 방식이 있을 것이다. 특히 레이아웃은 예상치 못한 변동 사항이 생길 가능성이 높기 때문에 미확정 영역gray area으로 두고 공통으로 사용되는 컴포넌트와 비즈니스 영역에서 객체 지향 원칙을 적용하여 설계하면 좋은 구조를 개발할 수 있을 것이다.

13.2 우아한형제들의 활용 방식

우아한형제들의 한 팀에서는 다음과 같은 설계 방식을 사용한다.

- 온전히 레이아웃만 담당하는 컴포넌트 영역
- 컴포넌트 영역 위에서 레이아웃과 비즈니스 로직을 연결해주는 커스텀 훅 영역
- 훅 영역 위에서 객체로서 상호 협력하는 모델 영역
- 모델 영역 위에서 API를 해석하여 모델로 전달하는 API 레이어 영역

각 영역이 어떻게 구성되었는지 살펴보자.

① 컴포넌트 영역

우선 컴포넌트부터 살펴보자. 아래는 장바구니 관련 다이얼로그 컴포넌트 코드다.

 components/CartCloseoutDialog.tsx

```tsx
import { useCartStore } from "store/modules/cart";

const CartCloseoutDialog: React.VFC = () => {
  const cartStore = useCartStore();

  return (
    <Dialog
      opened={cartStore.PresentationTracker.isDialogOpen("closeout")}
      title="마감 세일이란?"
      onRequestClose={cartStore.PresentationTracker.closeDialog}
    >
      <div
        css={css`
          margin-top: 8px;
        `}
      >
        지점별 한정 수량으로 제공되는 할인 상품입니다. 재고 소진 시 가격이 달라질 수 있습니다.
유통기한이 다소 짧으나 좋은 품질의 상품입니다.
      </div>
    </Dialog>
  );
};

export default CartCloseoutDialog;
```

정말 온전히 레이아웃 영역만 담당하는 것을 볼 수 있다. 그렇다면 비즈니스 로직은 use-CartStore 내부 어딘가에 존재할 것이다. 전역 상태를 관리하는 스토어 내의 useCartStore 를 살펴보자.

2 커스텀 훅 영역

📄 store/cart.ts

```typescript
class CartStore {
  public async add(target: RecommendProduct): Promise<void> {
    const response = await addToCart(
      addToCartRequest({
        auths: this.requestInfo.AuthHeaders,
        cartProducts: this.productsTracker.PurchasableProducts,
        shopID: this.shopID,
        target,
      })
    );
    return response.fork(
      (error, _, statusCode) => {
        switch (statusCode) {
          case ResponseStatus.FAILURE:
            this.presentationTracker.pushToast(error);
            break;
          case ResponseStatus.CLIENT_ERROR:
            this.presentationTracker.pushToast("네트워크가 연결되지 않았습니다.");
            break;
          default:
            this.presentationTracker.pushToast("연결 상태가 일시적으로 불안정합니다.");
        }
      },
      (message) => this.applyAddedProduct(target, message)
    );
  }
}

const [CartStoreProvider, useCartStore] = setupContext<CartStore>("CartStore");
export { CartStore, CartStoreProvider, useCartStore };
```

왜 훅이 아닌 스토어로 들어가는지 의문을 가질 수 있겠지만, 해당 스토어 객체에서 최종적으로 사용되는 **setupContext**는 컨텍스트와 관련된 훅을 다루는 유틸리티 함수이기 때문에 훅 영역의 로직으로 봐도 될 것이다. 즉, 장바구니에 상품을 담는 비즈니스 로직을 레이아웃과 연결해주기 위한 커스텀 훅 영역이라는 것을 확인할 수 있다.

그리고 해당 스토어 객체 내에서 addToCart를 호출하고 있다. addToCart는 분명 API를 호출하는 함수일 것이며, 내부에서는 addToCartRequest 시리얼라이저 함수를 호출하고 있다. addToCartRequest 시리얼라이저 함수를 살펴보자.

serializers/cart/addToCartRequest.ts

```ts
import { AddToCartRequest } from "models/externals/Cart/Request";
import { IRequestHeader } from "models/externals/lib";
import {
  RecommendProduct,
  RecommendProductItem,
} from "models/internals/Cart/RecommendProduct";
import { Product } from "models/internals/Stuff/Product";

interface Params {
  auths: IRequestHeader;
  cartProducts: Product[];
  shopID: number;
  target: RecommendProduct;
}

function addToCartRequest({
  auths,
  cartProducts,
  shopID,
  target,
}: Params): AddToCartRequest {
  const productAlreadyInCart = cartProducts.find(
    (product) => product.getId() === target.getId()
  );

  return {
    body: {
      items: target.getItems().map((item) => ({
        itemId: item.id,
        quantity: getItemQuantityFor(productAlreadyInCart, item),
        salePrice: item.price,
      })),
      productId: target.getId(),
```

```
      shopId: shopID,
    },
    headers: auths,
  };
}

export { addToCartRequest };
```

이 함수는 **AddToCartRequest** 타입의 객체를 반환하며, 매개변수(파라미터)로 받는 **target**
은 **RecommendProduct** 타입을 가진다. 해당 타입에 대한 정의는 어디서 확인할 수 있을까?
이제 모델 영역을 살펴보자.

3 모델 영역

 models/Cart.ts

```
export interface AddToCartRequest {
  body: {
    shopId: number;
    items: { itemId: number; quantity: number; salePrice: number }[];
    productId: number;
  };
  headers: IRequestHeader;
}

/**
 * 추천 상품 관련 class
 */
export class RecommendProduct {
  public getId(): number {
    return this.id;
  }

  public getName(): string {
    return this.name;
  }

  public getThumbnail(): string {
```

```
    return this.thumbnailImageUrl;
  }

  public getPrice(): RecommendProductPrice {
    return this.price;
  }

  public getCalculatedPrice(): number {
    const price = this.getPrice();
    return price.sale?.price ?? price.origin;
  }

  public getItems(): RecommendProductItem[] {
    return this.items;
  }

  public getType(): string {
    return this.type;
  }

  public getRef(): string {
    return this.ref;
  }

  constructor(init: ICartRecommendProductResponse) {
    this.id = init.id;
    this.name = init.displayName;
    this.thumbnailImageUrl = init.thumbnailImageUrl;
    this.price = {
      sale: init.displayDiscounted
        ? {
            price: Math.floor(init.salePrice),
            percent: init.discountPercent,
          }
        : null,
      origin: Math.floor(init.retailPrice),
    };
    this.type = init.saleUnit;
    this.items = init.items.map((item) => {
      return {
        id: item.id,
```

```
        minQuantity: item.minCount,
        price: Math.floor(item.salePrice),
      };
    });
    this.ref = init.productRef;
  }

  private id: number;
  private name: string;
  private thumbnailImageUrl: string;
  private price: RecommendProductPrice;
  private items: RecommendProductItem[];
  private type: string;
  private ref: string;
}
```

RecommendProduct는 클래스로 표현된 객체로 추천 상품을 나타내며, 이 객체는 다른 컴포넌트 및 모델 객체와 함께 협력하게 된다. 마지막으로 훅에서 실제로 실행되는 addToCart 함수를 살펴보자.

④ API 레이어 영역

 apis/Cart.ts

```
// APIResponse는 데이터 로드에 성공한 상태와 실패한 상태의 반환 값을 제네릭하게 표현해주는 API
응답 객체이다
// (APIResponse<OK, Error>)

interface APIResponse<OK, Error> {
  // API 응답에 성공한 경우의 데이터 형식
  ok: OK;

  // API 응답에 실패한 경우의 에러 형식
  error: Error;
}

export const addToCart = async (
  param: AddToCartRequest
```

```
): Promise<APIResponse<string, string>> => {
  return (await GatewayAPI.post<IAddCartResponse>("/v3/cart", param)).map(
    (data) => data.message
  );
};
```

지금까지 살펴본 예시는 대규모 서비스를 구성하는 프로젝트의 극히 일부분에 불과하므로 생략된 코드가 많고 역할이 세세하게 분배되어 있어 정확히 어떤 객체 또는 함수가 컴포넌트 · 훅 · 모델 · API 레이어 영역에 포함된 것인지 판단하기 어렵다. 하지만 앞의 예시만으로도 어떤 식으로 각 객체에 적절한 역할과 책임을 할당하여 올바른 협력을 구성하고 설계해야 하는지를 이해할 수 있을 것이다.

많이 하는 착각 중 하나가 객체 지향 구현 자체를 클래스라고 생각하는 것이다. 전혀 그렇지 않다. 클래스는 객체를 표현하는 방법의 도구일 뿐이다. 컴포넌트를 함수형으로 선언하든 클래스형으로 선언하든 모두 객체를 나타낸다.

그렇다면 어떤 방식을 사용하는 게 나을까? 리액트 훅이 나온 순간부터 함수 컴포넌트의 사용률이 높아졌으며, 실제로 리액트 공식 문서에서도 함수 컴포넌트를 권장하고 있다. 애플리케이션 설계는 트레이드오프의 결과물이며 우리는 둘 중 상황에 맞는 적절한 방법을 선택해야 한다. 실제로 틀에서 찍어내듯 일관된 템플릿에 맞춘 컴포넌트를 많이 생성해야 할 때는 클래스 컴포넌트 방식을 따를 때도 있다. 예를 들어 페이지 템플릿을 클래스 컴포넌트로 만들어서 공통으로 정의되어야 할 행동(예: 내비게이션의 뒤로가기 버튼을 눌렀을 때의 동작 등)을 abstract 메서드로 만들어 사용하기도 한다.

한편으론 '해당 행동을 단순히 props로 넘겨도 되지 않을까'라고 생각할 수도 있다. 공통으로 쓰이는 템플릿을 클래스 컴포넌트로 정의한다면 해당 코드에 익숙한 개발자는 빠르고 쉽게 컴포넌트를 만들어낼 것이다. 그러나 상속 구조가 복잡해지면 코드 해석이 어려워지고 디버깅도 힘들어진다. 특히 새로운 팀원은 설계를 이해하는 데 시간이 오래 걸릴 수 있다. 따라서 프로젝트에 어떤 방식이 가장 적합한지를 심도 있게 고민하면서 설계해야 한다.

13.3 캡슐화와 추상화

마지막으로 캡슐화와 추상화에 대해 간단히 알아보자. 캡슐화는 객체 지향에서 끊임없이 나오는 핵심 개념 중 하나이다. 캡슐화와 추상화가 객체 지향 패러다임의 근본적인 지향점까지는 아닐지라도 올바른 협력을 설계하기 위해서는 적절한 캡슐화가 이루어져야 한다. 프로젝트 설계의 궁극적인 목표는 객체들이 유기적으로 협력하게끔 만들어서 적절하게 도메인 분리를 하는 것이다. 이를 위해 캡슐화는 중요한 도구가 될 수 있다. 추상화도 별것이 아니다. 객체들을 모델링하는 과정 자체가 추상화다. 이 객체들을 좀 더 사람이 인지할 수 있도록 적합한(Cart, Product, Seller 등) 설계를 하는 것이 곧 추상화다.

캡슐화란 다른 객체 내부의 데이터를 꺼내와서 직접 다루지 않고, 해당 객체에게 처리할 행위를 따로 요청함으로써 협력하는 것이다. 프론트엔드 관점에서 쉽게 생각해보자. 컴포넌트는 객체다. 그렇다면 컴포넌트의 내부 데이터인 상태state가 바로 캡슐화의 대상이 될 수 있다. 결국 컴포넌트 내의 상태와 prop을 잘 다루는 것도 캡슐화의 개념에 부합하는 것이다.

Prop drilling이 심할수록 컴포넌트 간의 결합도는 높아지며 내부 처리 로직이 외부로 드러나기 마련이다. 즉, Prop drilling은 좋지 못한 관계를 형성하게 하고 캡슐화를 저해한다. 이런 문제를 해결하기 위해 옵저버 패턴이 등장했으며 나아가 컨텍스트 API 및 Redux, MobX, Recoil과 같은 다양한 상태 관리 라이브러리가 생겨났다. 이러한 도구를 필요한 곳에 적절히 활용해보자.

적절하게 캡슐화되고 추상화된 컴포넌트를 활용하면 애플리케이션을 더 유기적으로 구성할 수 있다. 최종적인 우리의 지향점은 객체들이 유기적으로 협력하게끔 해서 올바르게 도메인을 분리하는 것이다. 객체 지향 패러다임에 매몰되기보다는 어떻게 하면 더 유기적인 협력 관계를 만들어낼 수 있을지, 명확하게 도메인을 분리할 수 있을지에 집중해보자. 그러면 객체 지향이 추구하고자 하는 방향에 가깝게 프론트엔드 개발을 할 수 있을 것이다.

"이것이 객체 지향이야"라고 확신을 가지고 개발하기란 어려운 일이다. 그런데도 객체 지향은 현실 세계와 닮은 패러다임이기에 객체 지향을 의식하지 않고 개발하더라도 나중에 보면 객체 지향이 이미 적용되어 있을 때가 많다. 객체 지향 패러다임의 원론적인 부분에 집중하기보다는 실제 코드를 작성하며 객체 지향을 경험해보는 게 중요하다. 명심하자. 우리는 이미 객체 지향을 구현하고 있다.

우리가 객체 지향을 따르고 있는 게 아니라면 여전히 JQuery를 사용하며 DOM을 직접 제어하고 있을 것이다. 객체 지향을 단순한 설계 방법의 하나로 볼 게 아니라 현시대의 패러다임으로 봐야 한다. 함수, 클래스, 모듈을 분리하는 것도 객체 지향 프로그래밍의 일부다.

객체 지향의 핵심은 말 그대로 객체이지만, 객체 그 자체보다는 객체의 책임을 먼저 생각하라고 말한다. 물론 어려운 일이다. 그러면 이렇게 해보자. 우선 객체나 책임을 신경 쓰지 않고 개발 속도에 집중하여 화면 전체를 만든 후에 각 부분의 역할과 책임을 나누면서 리팩터링하는 방법도 객체 지향을 구현하기 위한 트레이닝이 될 수 있다. 이렇게 경험이 쌓이다 보면 화면을 구성하기 전에 개별적인 컴포넌트를 먼저 생각하게 될지도 모른다.

어쨌든 설계 방식도 트레이드오프다. 한 달 동안 사용할 광고 페이지를 만들어야 한다면 단지 동작만 하도록 빨리 코드를 작성하는 게 생산성 측면에서 나을 수도 있다. 객체 지향은 유지보수를 위한 개념인데, 유지보수가 필요하지 않다면 객체 지향을 꼭 따를 필요가 없을지도 모른다. 어디에나 반드시 객체 지향이 적용되어야 하는 것은 아니지만 객체 지향 관점으로 개발하는 것은 여전히 중요하다. 현실 세계를 잘 반영하고 좋은 추상화를 어떻게 만들지 고민하며 개발한다면 변경에 유연하고 유지보수하기 쉬운 설계를 구축할 수 있을 것이다.

찾아보기